真理の本性

真理性質の実質性を擁護する

須田悠基

Suda Yuki

勁草書房

はしがき

　本書が主題として扱うのは，〈真理 truth〉である。真理の本性の探究を行う〈真理論 truth theory〉と呼ばれる哲学分野の議論に定位し，真理とはなにかという問いに答えることが本書の目的となる。

　この問いに答えることには，重要な意義がある。なぜなら，真理は，哲学の諸分野におけるいずれも重要な議論において参照されているものだからである。たとえば，我々は，「地球は丸い」「拷問は悪い」「約束は守るべきだ」といった平叙文を主張したりするが，こうした平叙文はいかなる場合に真となるのか。文の真理条件を検討するこのような試みは，言語哲学の議論の重要な一部を占めている。同様に，哲学の主要分野の一つを担う認識論は，真なる信念を最大化し，偽なる信念を最小化することを目標とする営みとしてしばしば定式化される。この目標に照らして，どのような信念を抱くことが望ましいかを認識論では評価しているのである。さらに，哲学における重要な手法の一つとされる論証は，真なる前提から別の真なる結論を導くための手法である。

　このように，哲学諸分野の重要な議論のいくつかは，〈真理〉と切り離してはおけないものである。そのため，真理の本性がどのようなものであると判明するかによって，そうした哲学諸分野の議論も影響を受けることになる。また逆に，真理の本性が一切分からないとなれば，そうした哲学諸分野の議論も宙に浮いたものとなりかねない。それゆえ，真理の本性がどのようなものなのかという問いに答えを与えることは非常に重要である。

　しかしながら，この問いをめぐっては，いくつかの混乱がある。詳しくは本書の序章で論じることにするが，従来の分析哲学の各領域における議論では，「真理 truth／真である is true」という述語をめぐる議論，真理という性質をめぐる議論，真理という概念をめぐる議論という三つのレベルの議論がしばし

ば混同されており，さらに性質としての真理の本性をめぐっては，現在まで論争が続いていて統一見解がないのである。

　そこで本書では，真理に関する述語／性質／概念の議論を明確に区別した上で，性質としての真理の本性の解明を目指すことにしたい。その際，真理性質の本性をめぐる議論における二大陣営である〈インフレ主義 inflationism〉と〈デフレ主義 deflationism〉と呼ばれる立場の対立を参照しながら検討を進めていくという手法を採る。おおまかには，インフレ主義は，真理が実質性を持つ性質であると主張する立場であり，他方のデフレ主義は，真理はなんら実質性を伴わない性質であると主張する立場である。本書では，このうちデフレ主義の見解は正しくなく，少なくともある種のインフレ主義的な理解を真理性質に認める必要があることを示し，真理性質の本性について必ず合意しなければならないいくつかの主張を導くことにしたい。

　そのために，本書ではまず序章において，真理についての議論を，述語に関する議論，性質に関する議論，概念に関する議論に区別する作業を行う。また同時に，インフレ主義とデフレ主義それぞれがいかなる立場であるかを正確に定式化し，本書で論駁を目指すこととなるデフレ主義の二つの核となるテーゼを明示する。

　序章での作業を終えた後，本論ではデフレ主義の論駁を目指す議論を具体的に見ていく。デフレ主義の論駁に際しては，〈形而上学 metaphysics〉と〈認識論 epistemology〉の二つの領域の議論からアプローチする道がある。そのため，二部に分けてそれぞれのアプローチから真理の本性に迫っていくことにしたい。まず，第Ⅰ部となる第1章〜第3章では，〈形而上学〉の議論から，真理の本性を探究する。具体的には，〈真理〉という性質がいかなる場合に成り立つのかを示す構成理論を特定する，という試みの見込みを精査する。第1章では，真理の一元主義と呼ばれるインフレ主義のヴァリアント —— 対応説・整合説・プラグマティズム説 —— を，その理論的道具立てとともに確認し，それぞれの立場が抱える問題を指摘する。第2章では，真理の多元主義と呼ばれるインフレ主義のヴァリアントを，その理論的道具立てとともに確認し，この立場が解決困難な課題を抱えていることを示す。第3章では，道徳文の真理を説明する各種メタ倫理学説を精査し，これらの立場のうち，いずれが正しいか

を判断する形而上学的根拠が現状では存在しないため，形而上学的な議論から真理の本性を明確にすることは今のところ困難であることを明らかにする。

　第Ⅱ部となる第4章〜第6章では，上記の形而上学的探究の見込みの薄さを受けて方針を転換し，〈認識論〉の議論から，真理の本性に関するインフレ主義の擁護を試みる。具体的には，〈認識論という分野においては，インフレ主義的な真理理解を採用しなければ説明できないようなことがらがある〉という主張を裏づけることでデフレ主義を論駁する，という議論を複数検討していく。第4章では，認識論において用いられている〈認識的理由 epistemic reason〉と呼ばれる理由が特定の信念を抱くべき規範性を持つ理由——規範理由——となる根拠を，真理の実質性に紐づけて与えようとする議論を複数検討する。その上で，このような議論はいずれも十分な説得性を持つに至っておらず，また，認識的理由が規範理由として扱われる根拠は，真理の実質性に紐づけることなく説明可能であるため，この議論によってインフレ主義を擁護することはできないことを明らかにする。第5章では，認識的理由の〈規範性〉ではなく，認識的理由という概念そのものが，実質的な真理性質を前提しなければ適切に理解できないものであることを示す。そのために，まず，認識的理由を参照しながら特定の信念を抱くことの正当性／合理性を評価する〈認識的評価 epistemic evaluation〉と呼ばれる実践を取り上げ，この実践はそもそもどのような営みなのかという点を，メタ認識論の議論を参照しながら明確化する。この作業により，認識的評価は，認識的理由という〈真理が特定の実質を伴う性質であると前提しなければ適切に理解できない道具立て〉を必要とする実践であるため，この認識的評価の実践を適切に保存するためには，真理性質の本性に関するインフレ主義の理解を受け入れざるをえない，ということを明らかにする。第6章では，第5章で行った論証に対するデフレ主義からの反論の余地について検討し，これを退けるとともに，筆者独自の新たなインフレ主義の立場を提示する。

　最後に結語において，本書の道筋を再確認し，本書の議論を通してなにが論証されたのかを位置づけることにしたい。

真理の本性

真理性質の実質性を擁護する

目　次

vi　目次

はしがき

序　章　真理をめぐる問いと対立 ……………………………………… 1

0.1　真理述語・真理性質・真理概念の区別　1

0.2　インフレ主義とデフレ主義　8

0.3　インフレ主義の基本テーゼ　10

0.4　デフレ主義　11

0.4.1　真理述語の機能分析に基づく基本テーゼと
コアテーゼの導出　12

0.4.2　コアテーゼの正しい解釈　21

0.4.3　デフレ主義の論駁に必要なこと　28

まとめ　32

第Ⅰ部　形而上学

第1章　真理の一元主義 ……………………………………………… 37

1.1　対応説　38

1.1.1　対応説の基本発想と道具立て　38

1.1.2　対応説に指摘される問題点　44

1.1.3　対応説の応答可能性の検討　50

1.2　整合説　54

1.2.1　整合説の基本発想と道具立て　55

1.2.2　整合説の問題点　58

1.3　プラグマティズム説　61

1.3.1　プラグマティズム説の基本発想と道具立て　62

1.3.2　インフレ主義プラグマティズムと
デフレ主義プラグマティズム　65

1.3.3　インフレ主義プラグマティズム説の問題点　71

まとめ　72

第2章　真理の多元主義 ……………………………………………… 73

2.1　真理の多元主義の基本主張　73

2.2　強い多元主義　83

2.3　穏健な多元主義　85

2.3.1　プラティチュードベースの機能主義　85

2.3.2　穏健な多元主義の問題点　86

2.3.2.1　評価的判断命題の問題　87

2.3.2.2　混合原子命題の問題　89

2.3.2.3　命題のトピック合成性に対する反例　90

2.3.3　多元主義の応答可能性について　92

2.3.3.1　評価的判断命題の問題の考察　92

2.3.3.2　混合原子命題問題の考察　94

2.3.3.3　トピック合成性問題の考察　96

2.3.4　穏健な多元主義の評価　98

まとめ　99

第3章　形而上学のなにが問題か ……………………………… 101

3.1　スコープ問題は多元主義を形而上学的に導かない　102

3.1.1　Edwards の議論とそれへの批判　103

3.1.2　Lynch の議論とそれへの批判　108

3.2　道徳命題に対するスコープ問題への一元主義的対処法　111

3.2.1　還元的対応説　111

3.2.2　非自然主義的道徳実在論　113

3.2.3　錯誤説　114

3.2.4　表出主義　115

3.3　正しい対処法特定の困難　116

3.3.1　還元的対応説の課題　117

viii 目次

　　3.3.2　非自然主義的道徳実在論の課題　125

　　3.3.3　錯誤説の課題　127

　　3.3.4　表出主義の課題　128

　3.4　インフレ主義の困難とデフレ主義の優位性　130

　まとめ　133

小括と第Ⅱ部の展望 ………………………………………………… 135

第Ⅱ部　認識論

第4章　真理の実質性と信念の規範 ……………………… 143

　4.1　信念の規範理由としての認識的理由　145

　4.2　真理の実質性と認識的理由の規範性を結びつける議論　148

　　4.2.1　目的論　149

　　　4.2.1.1　主観主義的道具主義　149

　　　4.2.1.2　主観主義的道具主義の問題点　151

　　　4.2.1.3　客観主義的道具主義　155

　　　4.2.1.4　客観主義的道具主義の問題点　158

　　4.2.2　認識的構成主義　163

　　　4.2.2.1　推論からの論証と透明性テーゼ　166

　　　4.2.2.2　透明性テーゼの問題点　168

　　　4.2.2.3　反主意主義　170

　　　4.2.2.4　反主意主義に基づく認識的構成主義の問題点　171

　4.3　認識的理由の規範性を真理の実質性によって
　　　　根拠づける必要性はない　173

　まとめ　175

目　次　ix

第5章　メタ認識論と真理 …………………………………… 177

5.1　認識的評価を説明する二つの立場
　　　──認識的記述主義と認識的表出主義　178

5.2　認識的表出主義と認識的評価　179

　5.2.1　認識的表出主義　179

　5.2.2　認識的表出主義の二つの問題　186

　　5.2.2.1　二階の認識的評価の問題　186

　　5.2.2.2　自説の正当化問題　189

　5.2.3　認識的表出主義からの応答　191

　　5.2.3.1　二階の認識的評価の問題への応答　191

　　5.2.3.2　自説の正当化問題への応答　192

　5.2.4　認識的表出主義の応答の問題点　195

　　5.2.4.1　二階の認識的評価の問題に対する Kappel の応答の不備　195

　　5.2.4.2　自説の正当化問題に対してデフレ主義を
　　　　　　採用することの問題点　198

　5.2.5　認識的表出主義による再反論の検討　200

5.3　認識的評価の本性と実質的真理性質の構成的結びつき　204

　5.3.1　証拠の分類におけるインフレ主義的真理の不可欠性　204

　5.3.2　メタ認識論におけるインフレ主義的真理の不可欠性　218

5.4　証拠構成主義と規範構成主義の導出　218

　まとめ　220

第6章　機能主義的ミニマルインフレ主義と
　　　方法論的インフレ主義 …………………………… 223

6.1　機能主義的ミニマルインフレ主義　225

　6.1.1　機能主義的ミニマルインフレ主義に対する可能な批判　225

　6.1.2　機能主義的ミニマルインフレ主義の応答　227

　6.1.3　機能主義的ミニマルインフレ主義の限界　234

x　　目　次

6.2　方法論的インフレ主義とその利点　　238
まとめ　244

結　語 ……………………………………………………………………… 245

参考文献　249
あとがき　259
人名索引　263
事項索引　266

序　章　真理をめぐる問いと対立

　本章ではまず，真理をめぐる議論を，真理述語に関する議論・真理性質に関する議論・真理概念に関する議論に分ける作業を行う。その上で，真理性質の本性をめぐって対立するインフレ主義とデフレ主義という二つの立場について，それぞれ確認する。本書ではこのうち，デフレ主義を論駁してインフレ主義的な真理性質の理解を擁護することになるので，デフレ主義を退けるためになにをしなければならないのかを本章で明示し，今後の議論の準備を整えることにしたい。

0.1　真理述語・真理性質・真理概念の区別

　はしがきでも述べたように，〈真理〉は，哲学の諸分野の重要な議論において参照されている。言語哲学では文の真理条件を検討する議論において，認識論ではいかなる場合にどのような信念を抱くのが適切なのかを検討する議論において[1]，論証では真なる前提から別のどのような真なる結論を導くことができるかを検討する議論において，それぞれ真理が参照されている。これらの議論は文の真理，信念の真理，論証における前提・結論の真理という異なる関心と紐づいたもののように見えるが，実際には，扱っている対象は同一であると言える。なぜかと言うと，はしがきで見た「地球は丸い」「拷問は悪い」「約束は守るべきだ」といった平叙文は命題を表現し，信念のような心的状態はその内容として命題を持ち，また，論証における前提・結論もまた命題であると通

---

1)　認識論が真なる信念の獲得を目指す営みであるという見解については，たとえば Alston（1985, 59）; Pritchard（2006, 56）を参照。

2　序　章　真理をめぐる問いと対立

常理解されるため，どの議論においても，命題の真偽が問題とされているから
である[2]。

　命題とは，平叙文の形で表現される，文や信念の内容である。この命題は，
言語を超えて共有されうるような内容として哲学の議論では措定されている。
たとえば，日本語の「雪は白い」という文と，英語の "snow is white" という文
は，その言語に相違があるが，同一の命題を表現しているとされる[3]。実際，
日本語を介さない英語話者に，「雪は白い」という文の意味を問われたなら，
「この文の意味は，英語の "snow is white" で意味されるものと同じだ」と答え
るのは，この文の意味を伝える上での一つの自然な方法だろう。また，「雪は
白い」という文 S_1 が正しいと信じている主体と，"snow is white" という文 S_2
が正しいと信じている主体は，いずれもそれぞれの文で表されている同一のこ
とがら —— 空から降ってくる水蒸気が結晶化した冷たい対象が，白色をしてい
るということ —— を信じていると考えるのも，自然なことだろう。そのため，
S_1 で表される内容，S_2 で表される内容，そして，$S_1／S_2$ は正しいと主体が信
じている際に信じられている内容は，言語の違いや文の内容なのか信念の内容
なのかといった違いがありながらも，いずれも同一の内容であると言える。こ
のように平叙文の形式で表され，言語を超えて共有されうる文や信念の内容を，
哲学では「命題」という名で呼んでいるのである[4]。

　この命題の最も重要な特徴は，〈真理適合性 truth-aptness〉を持つというこ
とである。真理適合性とは，真偽いずれかの値をとり，真偽評価が可能である
ことを意味する —— ある平叙文にこの真理適合性が認められるということは，

---

2)　cf. Jago, 2018, 5. 彼は，真偽の主要な担い手は常に命題であり，信念や文は，それが命題を内容
として表現することによって派生的に真偽の担い手となると理解する。

3)　この〈平常文で表現される内容〉〈言語を超えて共有されうる内容〉という特徴は，〈命題〉とい
うものに関するミニマルな特徴として Horwich (1998) が述べているものである。彼は，哲学者た
ちが合意するこのミニマルな特徴づけで命題というものの理解には十分であるとする。本書では，
1.1 節でこの命題の構造についてのより正確な特徴づけを確認するが，ここではひとまずこのミニ
マルな特徴づけで十分である。

4)　今見た事例について，〈異なる言語の二つの平叙文がいずれも同一の内容を表している事例〉だ
と認める者は，注3で述べた〈命題〉のミニマルな特徴を認めることになるので，少なくともこの
ミニマルな意味では，命題というものを受け入れていることになる。そして，上で述べたように，
日常の実践に照らしても，我々はミニマルな意味で命題という道具立てを受け入れていると言える
ので，命題の存在を措定することは正当化可能だろう。

その平叙文が命題を表現するということと同義である[5]。たとえば、「静かにしなさい」という命令文は、それ自体真偽の値をとる真偽評価の対象となるような文ではないため、命題を表現しない。それに対し、「雪は白い」という文は、真偽評価が可能であるため、《雪は白い》という命題を表現する。

このように捉えると、先の哲学諸分野の営みについても以下のように述べ直すことができる。まず、言語哲学は、文はいかなる場合に真偽評価が可能な命題を表現し、また、いかなる場合にその命題は真となるのかという問いを一つの主題とする。認識論は、ある命題を信じることが正当なのはいかなる場合かといった問いを扱うことで、真なる信念を抱く —— 真なる命題を信じる —— ための方法を探る探究を行っている。また、論証は、前提となるある真なる命題から、結論となる命題の真理がいかに支持されるかを示す、命題の真理を重視した営みである。

このように、命題の〈真理〉に関わる問いは哲学諸分野の議論においていずれも重要な場面に顔を出し、その議論の不可欠な一部を成していると見ることができる。

しかしながら、こうした不可欠性が認められるにもかかわらず、現状、〈命題が真であるとはいかなることなのか〉という問いは十分に答えられているとは言えない[6]。また、真理の本性を明らかにする探究を進めていくためには、真理をめぐる議論における〈真理述語〉〈真理性質〉〈真理概念〉という三つの異なるレベルの差異を正確に踏まえた議論を行う必要があるのだが、現在までの哲学の議論ではそれが十分になされておらず、区別が曖昧なまま真理に言及する議論が分析哲学の各領域でしばしば見られるという状態にある[7]。

---

5) ただし、真理適合性の理解は論理によっても変化する。ファジー論理の場合には、文が0〜1の間のいずれかの値をとることとして、多値論理 —— ここでは3値を例にする —— を採る場合には、0, 0.5, 1のいずれかの値をとることとして、真理適合性は理解されることになる。しかし、このうちいずれの論理をとるかは本書の議論に影響を与えることはないので、議論を分かりやすくするために、2値論理に限定して以降の議論を進めることにする。

6) 本書が主題的に扱うインフレ主義とデフレ主義という二つの立場はこの問いをめぐって長年争っているが、この争いは現状決着を見ていない上に、両陣営の内部でも理解が一様ではない。この点については本書の第Ⅰ部を通して見ていくことになる。

7) たとえば、Bar-On & Simmons（2007）は、真理概念に関する主張と真理性質に関する主張を取り違えてしまっている分析哲学の論者たちに言及し、その誤りを正している。

4　序　章　真理をめぐる問いと対立

　この混乱を整理・解消するためには，述語／性質／概念というそれぞれの議論の相違を十分に理解し，それぞれの特徴と三者の関係を把握しておく必要がある。ここでその整理を行うことにしよう。まず述語とは，「x は F である」という形式の表現で，x の部分に単称名辞が代入されることで文を形成する文未満の語である。たとえば，「x は人間である」という述語は，x の部分に単称名辞「ソクラテス」が代入されると，「ソクラテスは人間である」という文を形成する。そして，述語 F は，F によって述定される〈F である〉という〈性質 property〉を指示するとされる[8]。性質とは，述語 F の外延に共有される特徴のことである。F は，「x は F である」の x に当てはまる対象の集合を外延に持つ。たとえば，ソクラテス，プラトン，アリストテレスは「x は人間である」の x に当てはまるため，「人間である」という述語の外延は，彼らを含む集合となる。そのため，「人間である」という述語は，ソクラテス，プラトン，アリストテレスなどが共有する一つの特徴である〈人間である〉という性質を指示しているということになる。このとき，外延集合の要素である対象 o がこの F によって指示される特徴（性質）を持つことを，o は F を例化していると言う。この性質は，ある対象の集合に特定の述語 F を適用する我々の恣意的な実践に基づいて F の外延に帰属されるものであると考えられることも，実際に F の外延がなんらかの本性を共有していてそれを指示しているのだと考えられることもある。

　次に，概念とは思考／思想 thought の構成単位であるとされ，あるものを分類したり，記憶したり，推論したりといった心理的プロセスに不可欠なものとされる[9]。たとえば，ある対象をリンゴと同定し，それを他の対象から認知的に区別できる者は〈リンゴ〉概念を有している。概念というものはいくつかの典型的な条件を有するものであり，ある対象が概念 C に含まれるという判断は，この条件が充足されているかに照らして行われる[10]——たとえば，ある対

────────────

8)　cf. Edwards, 2018b, 8.

9)　cf. Margolis & Stephen, 2021.

10)　ただし，Margolis & Stephen（2021, §2）で述べられているように，この概念 C に含まれるための条件が，必要十分条件の形で与えられるか否かについては論争がある。しかし，概念にはそれに含まれるために満たす必要がある条件があり，それに基づいて対象が概念に含まれるかの判断がなされるという考え自体はいずれの立場でも前提されている。

象が〈リンゴ〉という概念に含まれるかどうかは，それが赤くて，丸くて，バラ科である，といった条件を満たしているかで判断される，といったように。この C に含まれるための条件を〈包摂条件〉と呼ぶことにしよう。そして，基本的に，概念は語と結びついている —— 〈水〉は「水」に，〈リンゴ〉は「リンゴ」に結びつく[11]。そのため，ある対象に対する語 w の適用可否の判断に際して，w と結びつく概念の包摂条件が参照されるという関係に，語と概念は立つと言える[12]。たとえば，任意の対象が〈水〉概念に含まれるための包摂条件が〈化学組成が H_2O である〉ことだとすると，ある対象 o に「水である」という述語を適用できるかどうかは，o が水概念の包摂条件である〈化学組成が H_2O である〉を満たすかどうかによって判断される，といった具合である。

概念は，性質とは異なる。まず，概念は我々が認知の際にそれに基づいて対象の分類を行うものであるが，性質は，対象に帰属される特徴のことである[13]。また，ある概念が存在することは，その概念に含まれる対象が実在することを含意しない。たとえば，我々は〈ユニコーン〉という概念を持ち，この概念の包摂条件が，角を持つこと，動物であること，四足歩行であること，馬と異なること，等々であると把握していて，それゆえ，ユニコーンでないものとユニコーンであるものを認知において選り分けることができるかもしれない。しかしそのことは，ユニコーン概念に含まれる対象が実在することを必ずしも含意しない。概念は述語の適用条件と関わるのであるから，ユニコーン概念に含まれる対象がいない場合，「x はユニコーンである」という述語には適用される対象がいないことになり，述語が適用される対象の集合が共有する性質 —— ユニコーン性 —— も存在しないことになる。このように，性質と概念は区別されるものである。

さて，述語・性質・概念の関係をまとめると，性質も概念も述語に結びつけ

---

11) cf. Margolis & Stephen, 2021, §4.

12) 逆のパターンもありうる。つまり，語の適用条件判断に合わせて概念の包摂条件が満たされているかが判断されるというケースである。このうち，語の適用条件判断と概念の包摂条件判断のいずれか一方に認識論的優先性があるのか否かという点については，本書では判断を保留することにする。

13) cf. Edwards, 2018b, 19.

6　序　章　真理をめぐる問いと対立

られているが，その結びつき方が異なると言える。述語と性質の関係は，述語
はそれが当てはまる対象の集合が共有する〈性質〉を指示する，というもので
ある。これに対し，述語と概念の関係は，対象への述語の適用可否はその述語
と結びつく概念によって判断される，というものである。そのため，述語の適
切な使用と概念の包摂条件の把握は不可分である。また，ある概念が存在する
としても，それが当てはまる対象や性質が実在しないということはありうる。

　また，これら三者——述語・性質・概念——は互いに影響を与え合う関係に
ある。たとえば，性質についての理解の更新によって，概念の包摂条件が連動
して変化し，これにより述語の適用条件も変更される，などといったことがあ
りうる。そして，このような影響を与え合う仕方については，二つのパターン
が考えられる。実際に，リンゴという対象を例に，三者の影響関係を考えてみ
よう。対象リンゴに「リンゴ」という述語を適用する条件は，〈リンゴ〉概念
によって与えられる。しかしこのとき，〈リンゴ〉概念の包摂条件が，対象リ
ンゴが持つ特徴（性質）を基に同定されたり改定されたりするということがあ
りうる。たとえば，リンゴがもともと持っている〈赤さ〉〈丸さ〉といった性
質から，リンゴ概念の包摂条件——対象が赤いこと，丸いことなど——が確定
されたり[14]，対象の探究によって〈バラ科である〉ことが判明して，包摂条件
にバラ科であることが追加されたりするかもしれない。この場合，述語・性
質・概念の三者は以下の(a)のような仕方で連動している。

(a)対象が持つ性質の特徴を探究する ⇒ その対象を区別するための概念の包
　摂条件が，探究によって明らかとなった性質を基に同定・改定される ⇒
　その概念と結びつく述語の適用条件が定まる。

　それに対し，我々の言語実践のみを基に，対象に任意の性質を帰属するとい
うケースもありうる。たとえば，Edwards（2018b）は，「カッコいい」という
述語に含まれる対象は，それ自体がカッコよさという性質をもともと有してい
るのではなく，我々が言語実践においてこの述語を任意の対象集合に適用する

---

14)　青りんごのように，赤さ性を持たないが〈リンゴ〉に含まれる例外的な対象もあるが，それは
　　ここでは無視する。

ことによって，その対象集合が〈カッコよさ〉性を持つと措定しているのだとする。この場合，三者の影響関係は以下の(b)のようなものとなる。

(b)述語 F を任意の対象に適用するという実践を行う ⇒ 実践において F が適用される対象の外延的定義に基づいて，F に結びつく概念の包摂条件が同定される[15] ⇒ F が適用される対象の集合に，述語が指示する性質が例化されていると措定される。

(a)の場合は，対象が実際に有する性質から，それを指示する述語，その述語の適用条件を規定する概念の包摂条件が決定されることになるため，性質についての探究によって，概念の理解が更新されることがある。他方で，(b)の場合は，性質は我々の言語運用実践に合わせて措定されているものに過ぎないので，我々の探究によって性質の本性についてなにかが明らかにされ，それが概念理解に影響するといった余地はあまりない[16]。

以上が，述語・性質・概念の関係と，それぞれの特徴となる。すると，これらそれぞれのレベルを分けて議論を行っている真理論とは，「x は真である」という述語，それが指示する〈真理〉性質，その述語の適用条件を規定する〈真理〉概念，というこれら三者を区別し，そのそれぞれの機能・特徴・本性を探る営みということになる。本書では，このうち特に，性質としての真理の本性について，それが(a)のような仕方で理解されるべきものなのか，あるいは(b)のような仕方で理解されるべきものなのかを解き明かすことを全体の目標として議論を進める。詳細は以下で見ていくことになるが，なぜ真理性質の議論に焦点化するのかという理由としては，真理述語の機能や，真理概念の把握に必要な特徴については論者間である程度の合意が見られるのに対して，性質と

---

15) この場合，外延同士の間に我々が見出す類似性などから，ある対象が概念に含まれるかの判定が行われることになるだろう。

16) このように，〈性質〉はなんであれ述語の外延が共有する特徴のことで，また，外延の対象集合が実際に持つ本性等とは無関係に単に措定されるものでもありうるので，〈性質〉というものを認めること自体に特定の形而上学的コミットメントが伴うということはない。そのため，真理という性質の本性について検討する本書の議論も，事前になんらかの形而上学的コミットメントを伴う存在者（たとえば，なんらかの非自然的存在者）として〈性質〉というものを前提した上で議論をしているというわけではない。

しての真理については，全く異なる理解をする〈インフレ主義〉と〈デフレ主義〉という現状調停が成されていない二大陣営による対立があり，その本性についてほとんど十分な合意が得られていないという事情がある。先の整理に照らせば，〈性質としての真理〉とは，「命題pは真である」と述定される際に，真理述語の適用対象である命題pが例化する性質のことである。この性質の本性が明らかにされない限り，〈命題が真である〉——すなわち〈命題が真理性質を例化する〉——とはいかなることなのかという問いには答えられない。本節の冒頭で示したように，哲学諸分野の重要な問いのいくつかは，〈命題が真であるとはいかなることなのか〉という問いと切り離してはおけないものであるため，この性質としての真理の本性についての合意が得られない状態は，そうした哲学諸分野の議論を宙に浮いたものにしてしまいかねない。つまり，重要かつ喫緊の課題として，〈性質〉としての〈真理〉の本性解明が行われねばならないのである。

　さて，このような目標の下で行われる本書での作業が円滑に進められるためには，足がかりとすべき土台が必要である。それが，インフレ主義とデフレ主義という今しがた言及した未調停の対立である。この対立を調停することを通じて，真理性質の本性の解明に迫ることができる。

　そこで本書では，この対立に依拠して議論を進めることにする。そして，デフレ主義の真理性質に関する理解は正しくなく，少なくともある種のインフレ主義的な理解を認める必要があることを示し，真理性質の本性について必ず合意せねばならないいくつかの主張を導く。

　本書はこのようにインフレ主義とデフレ主義の対立を軸に議論の道筋を組み立てるため，その土台となるインフレ主義とデフレ主義の対立状況を整理する必要がある。そこで，本章の残りの節で，本書全体でこれから行っていく議論のための準備として，インフレ主義とデフレ主義の立場の相違を正確に定式化することにしよう。

0.2　インフレ主義とデフレ主義

　先に示した通り，真理性質についての問いは，以下の問いとして捉えられる。

［問い1］命題が真である ── 真理性質を例化する ── とはいかなることなのか。

　また，この問いと結びつく論点として，命題が真理性質を例化するという事態は，その性質を例化する命題の特徴に基づいて説明されるようなものなのか否か，という問いがある。これは，つまり，真理という性質は，先の(a)と(b)の区分で言ったときに，単に我々の「真理述語」の適用実践から，その外延集合に帰属されるものとして措定されるという(b)のようなものに過ぎないのか，あるいは，真理性質は，それを例化する命題についての探究によって明らかにされるような特徴を有し，この探究によって真理述語や真理概念の理解の更新を引き起こす余地がある ──(a)の関係に立つ── のか，という次の問いである。

［問い2］命題が真理性質を例化するのはその命題が持つ特徴のゆえなのか，それとも，真理性質は，我々の真理述語の適用実践に基づいて，その外延に措定された性質に過ぎないのか。

　これらの問いに答える方針は，大別して二つある。一つは，「真理のインフレ主義 inflationism of truth」と呼ばれる立場であり，もう一つは，「真理のデフレ主義 deflationism of truth」と呼ばれる立場である ── 以下，それぞれインフレ主義，デフレ主義と呼ぶ。
　前者のインフレ主義は，［問い1］について，命題が真理という性質を例化するとは，その命題が真理を実現する特定の性質 ── 真理実現性質 ── を有する，ということであると考える。その上で，［問い2］に対して，命題が真理性質を例化するのは，その命題が真理実現性質を持つという特徴のゆえだと答える。そして，この立場は，実際に命題の真理の構成理論を与え，真理性質がいかなる仕方で例化されるのかを説明しようとする。ここで，構成理論とは〈命題の真理がなにによって成り立つのか〉に関する説明を与える理論のことを指す。
　それに対し，後者のデフレ主義は，［問い2］に対して(b)の仕方で答え，それゆえ，［問い1］に対しては，命題が真理を例化するとは，単に我々の真理

述語の適用実践において，その命題が真理述語の適用対象になると見做されている，ということに過ぎないとする。そのため，真理性質を例化するために命題が真理実現性質のようなものを持つ必要はないとし，命題の真理がいかなる場合に例化されるかを統一的に説明する構成理論を与えようとするインフレ主義の試みも見込みのないものとして拒否する。

この二つの立場を簡単に整理すると，インフレ主義は，真理性質に構成理論や固有の説明役割を認め，また，真理性質には重要性や実質性があると主張する立場である。それに対し，デフレ主義は，真理性質の構成理論を否定し，真理性質の重要性や実質性をインフレ主義が認めるよりも弱めようとする —— デフレートする —— 立場である。

それぞれの立場について，より詳細に確認していこう。

0.3 インフレ主義の基本テーゼ

先にも述べたように，インフレ主義は，命題が真理性質を例化するには特定の真理実現性質を所有する必要があるとし，この真理実現性質がなんであるかに関する特定の構成理論を与えようとする。これは，以下の形の基本テーゼとして定式化できる。

> インフレ主義の基本テーゼ：すべての命題 p について，それを真にする真理実現性質 F が存在し，p はこの F を持つ場合にのみ，真理性質を例化し，真になる。

たとえば，インフレ主義の一つの立場である〈対応説 correspondence theory〉は，F として，事実との〈対応〉という性質を挙げ，命題は事実と〈対応している〉という性質を獲得する場合に真理性質を例化すると答える。

また，インフレ主義は，文の〈真理適合性（命題を表現するか否か）〉と命題の真理性質の構成理論の間に結びつきがあると主張する立場である，という特徴がある。より正確に述べると，この立場は，ある文が真偽判断可能な命題を表現することができるためには，その文が真理実現性質の充足可能性を持つ内

容を表現しているのでなければならないと考える[17]。例として，命題の真理実現性質を事実との〈対応〉とする対応説を仮定してこの点を確認しよう。この立場では，「地球は丸い」のような文は，「地球」という名辞で指示される地球という対象が，「丸い」という語で指示される〈丸さ〉という性質を例化していると述定する文であると理解される。そして，この文は，地球という対象と〈丸さ〉という性質が存在し，前者が後者の性質を所有する余地があるため，それが述べる内容が事実として成立する可能性を持つ。そのため，この文は命題を表現すると言える。他方で，「丸い三角は赤い」といったような文はどうだろうか。この文の場合，〈丸い三角〉という性質は矛盾を含んでおり実在すると言えないため，そのような対象について語る文は，事実との対応可能性を持つ内容を表現していない。そのため，「丸い三角は赤い」という文は，対応説の下では，真理適合性が認められない —— この文は命題を表現しない —— と判断される。

　以上の点は，文の真理適合性判断と命題の真理の構成理論が，インフレ主義において不可分な結びつきを持つことを意味する。また，命題の真偽も，当然，構成理論によって特定された真理実現性質を命題が実際に充足しているか否かによって判断されることになる。

　インフレ主義はこのように，真理という〈性質〉の本性に関する形而上学的な主張を伴い，それによって文の真理適合性の有無，並びに命題の真理条件を与える立場として特徴づけられる。命題の真理の構成理論が具体的にどんなものなのかという理解をめぐって複数のヴァリアントに分かれることになるのだが，その点は第1章以降で見ることにする。ひとまず，以上の理解でデフレ主義との対比に必要なインフレ主義の説明は十分である。

0.4　デフレ主義

　次に，インフレ主義と対比される形で導出されるデフレ主義の特徴について確認しよう。

---

17)　cf. Schroeder, 2010, §8.2.

0.4.1 真理述語の機能分析に基づく基本テーゼとコアテーゼの導出

デフレ主義は，先述の通り，インフレ主義に反して命題の真理を構成する理論の存在を認めない。デフレ主義がこのように考えるのは，真理性質というものが，(b)のような仕方で我々の真理述語の適用実践に合わせてその外延集合に措定された性質に過ぎない，と彼らが理解するからである。しかし，このような理解はいかなる仕方で導出されるのだろうか。その導出過程を見ていこう。

まず，デフレ主義者は，我々の言語における「x は真である」という述語の機能・役割の分析から真理の探究をスタートし，この機能を果たすために必要な道具立てを導出する。そして，その道具立てを保つ上で真理性質に探究を待つ本性があると考える必要はない，という仕方で議論を導く[18]。

では，実際に真理述語の機能について彼らはいかなる分析を行ったのか[19]。最初期のデフレ主義者である Ramsey は，ある命題が真だと述べることは，その命題を表現する文を単に発話することと変わらないと指摘する[20]。たとえば，「《地球は丸い》は真である」と述べることは，単に「地球は丸い」と述べることと同値である[21]。そのため，「真である」という語は冗長なものである。それゆえ，この述語が果たす役割は，それが適用される命題が，探究によって明らかとなるようななんらかの特徴を持つ真理性質を有していると述定することではない。むしろ，この述語の重要な機能は，他者の主張に対して間接的に

---

18) たとえば，Devitt（2001）によれば，デフレ主義は，真理性質の本性や役割を探究することを主目的とするインフレ主義とは違い，真理述語の本性・役割に主に着目する。

19) 以下のヴァリアントの種類の整理に関しては，Armour-Garb et al.（2022）を参考にした。

20) Ramsey は，この見解が提示された（1991）と（1990）で異なる真理の担い手を念頭に議論を進めている。（1991）では，真理の担い手の主要なものを〈信念〉として，（1990）では，〈命題〉として議論を進めている。ただし，（1991）でも，この信念が，我々が通常「命題」と呼ぶような特徴を持つものを対象にした態度 —— 命題的態度 —— であることを認める。その特徴とは，異なる言語を使用する者によっても共有されうる内容を持つということである。二人の異なる言語・イメージ体系を持つ者たちであっても，「雪は白い」と "Snow is white" によって表される内容に関する信念は，命題類似的なものを対象とした同内容の信念であると Ramsey は主張している。Ramsey が（1991）でこの態度の対象を「命題」と呼ばない方針を採るのは，命題の本性や地位の不明瞭さからこの存在者に論争的な面があることを考慮しているからである（cf. p. 7）。
　しかし本書では，信念は命題を内容に持つことで派生的に真理値を有するという理解を採っており，これは Ramsey のような信念をベースとした議論でも成り立つこと，また，極めて薄い意味で「命題」を理解するという方針においても本書と Ramsey とは同様であるため，Ramsey の議論は命題に関する議論として取り扱うことにする。

21) cf. Ramsey, 1991, 12; 1990, 128.

真理帰属を行うことを可能にし[22]，またその際に，無限の連言を一つ一つ列挙しない形で量化して，省略して主張することを可能にすることである。たとえば，「S が言ったことはすべて真だ」という発話は，S の主張 x（$x = S$ の主張したこと $a_1, a_2, \cdots, a_n$）をすべて量化し，それがいずれも真であると間接的に述べるものとなる。このとき，S の主張（$a_1, a_2, \cdots, a_n$）を具体的に把握・特定できなくとも，その主張を量化し，そのすべてを真と是認することを「真である」という述語は可能にしてくれる[23]。つまり，S の主張のそれぞれに言及するのを回避することを可能にしてくれるのである。このように，連言を省略し，他者の主張に間接的な真理帰属を行えるようにすることが「真である」という述語の主たる機能であるとされる。そのため，「真である」という語は，意味論的には元の文に付け加えるものはなく，「地球は丸い」と「地球は丸いということは真である」の真理値は完全に同値である。このような Ramsey の真理述語の分析は，〈冗長説 redundancy theory〉という名で，真理述語の理論の一つを成している。

　また，Quine（1992）も，冗長説の見解と同様，文 S とそれに真理述語を付け足した文が同一のことを述べている，と主張した[24]。Quine の見解に特徴的なのは，真理述語に〈脱引用〉という機能があるとする点であり，このことから彼の提示するデフレ主義の立場は〈脱引用説 disquotational theory〉と呼ばれる。それによれば，「雪は白い」のような任意の引用符で囲まれた文に「真である」という述語を付け足し，「文「雪は白い」は真である」という文を作り出すと，文「雪は白い」についての言明を，実際の雪について，それは白い

22）cf. Ramsey, 1990, 128.

23）cf. Ramsey, 1990, 135-136.

24）ただし，Ramsey が真理の担い手を命題と考えたのに対し，Quine は文だと考え，命題の存在を否定した点で両者には差異がある。Quine が命題の存在を否定した理由の一つは以下のようなものである。命題は，異なる言語の文「雪は白い」と "Snow is white" で表されうる同一の意味内容を持つ，と通常規定される。しかし，ある異なる文が常に同一の客観的情報を持つと想定すること，またその同一性を特定する方法があると考えることに Quine は懐疑的であり（cf. Quine, 1986, 8），それゆえ，命題という存在者を彼は許容しない。また，もう一つには，〈脱引用〉という機能のみを真理述語の機能とする彼の脱引用説では，引用符を付けて表現されるのは通常，文であるため，命題を議論に持ち込まなくとも十分だったということがある（cf. Moore, 2020, §4.1）。

　しかし筆者は，この点に深入りしない。ある二つの異なる文が共有しうる言語超越的な意味内容として命題を規定し，そのようなものが存在すると仮定して議論を進める。

14 序 章 真理をめぐる問いと対立

と直接述べることに転換できる。これは，「真である」という述語の追加が，
文の引用符を外す役割をしているからだとされる。つまり，ある文・命題につ
いて「真である」と述定すると，その文・命題が言及する実際の出来事につい
ての語りに〈意味論的に下降 semantic descent〉して発話することが可能にな
る。こうした意味論的下降を可能にするのが，述語「真である」の機能である。
また，本来一般化の対象とならないようなものについての語りを，「真である」
を追加することで文についての語りに転換する〈意味論的上昇 semantic as-
cent〉を可能にする機能も真理述語にはある。たとえば，Quine によれば，
我々は「トムは死ぬ」「ディックは死ぬ」といった文であれば，それらの事例
から単純に一般化して，「すべての人は死ぬ」などと言うことができる。この
ことは，文の形式と関わる。「すべての人は死ぬ」という一般化文は，「すべて
の人であるxについて，xは死ぬ」という形式を持つと理解できる。そして，
この形式の変項xには，名辞で名指される対象が必要となる。「トムは死ぬ」
と「ディックは死ぬ」という二つの事例は，名辞によって名指される対象〈ト
ム〉〈ディック〉が存在するため，この形式に当てはめて表現できる。しかし，
「もし時間の流れがあるならば，時間の流れがある」といった文については，
その埋め込み文に現れる「時間の流れ」という語はそうした一般化の対象とな
る存在者を名指す名辞ではない[25]。そのため，一般化の形式の変項に当てはめ
ることができない。しかし，我々は言語実践においてこうした対象についても
一般化して語ることがあり，そのような実践を行えないと不都合である。この
とき，真理述語があれば，「「もしpならばp」という形式の文はすべて真であ
る」といった形で，時間の流れではなく，それについて語る〈文〉そのものを
名辞化して，「時間の流れ」という語を含む文について一般化して語ることが
可能となる。つまり，真理述語は，ある文が語る世界の事態についてではなく，
文自体を対象として語る，意味論的に上昇しての発話を可能にする機能を持っ
ているのである[26]。脱引用説によれば，こうした意味論的上昇による文の一般

---

25) 「時間の流れ」によって名指される対象が存在しないか否かについては異論の余地がありうるか
　もしれないが，Quine のこの説明の下では，少なくともそうした名辞ではないものとして扱われて
　いるので，ここではそれに従う。
26) 　以上の点は，Quine（1992, 81）を参照した。

化や，引用符の解除による意味論的下降という機能が，真理述語の機能である。

　Grover et al.（1975）によって支持されるデフレ主義のヴァリアントである〈代文説 prosentential theory〉は，「真である」という述語が，文レベルで代名詞を作り出す機能を果たすと主張する。たとえば主体 S_1 が「地球は丸い」と発話した後，S_2 が「それは真だ」と言ったとき，「真である」という述語があるおかげで，S_2 の「それは真だ」という発話は，その前に述べられた平叙文の形式の先行詞「地球は丸い」に文レベルで照応し，完全に同一の内容を引き継ぐ「代文」を作り出すことができる[27]。同様に，「S の主張したことはすべて真だ」といった形式の文も，S の主張内容のすべてを連言で繋いだものの内容を引き継いで，その真理を語る代文となる。このように，真理述語には他の文の内容を引き継いで主張を行うことを可能にする機能があるとされる[28]。

　以上のように，真理述語の機能に関して，複数の立場のデフレ主義が説明を与えている[29]。いずれの機能が真理述語の主たる機能かは各立場で見解が分かれる。しかし，いずれにせよ重要なポイントは，これらの機能のどれをとっても，真理述語がそのように機能する理由を理解する上で，以下の〈同値図式 equivalence schema: 以下 ES〉が真理述語の適用条件であることを把握していれば十分だ，という点にある[30]。

27）　語のレベルで照応を行う他の言語的語彙——代名詞や，代動詞 proverb など——の呼び名に倣って，文のレベルでその内容を引き継ぐこの言語的語彙を Grover らは「代文 prosentence」と呼んでいる（cf. Grover et al., 1975, 87）。

28）　さらに進んで Grover らは，真理述語はこの機能を果たす用途でのみ存在するもので，それゆえ，それが適用される対象がもともと持っている性質を述定するものと理解する必要はないと考える。このことを分かりやすく示すため，Grover は適当な語として「tthat」という語をあつらえ，その語を〈代文の機能を果たす語彙〉と規定して我々の言語の語彙に加えたと仮定する（cf. Grover et al., 1975, 90）。このとき，その語彙はなんらかの世界のことがらを述定する述語ではないことが分かるだろう。そして，彼らは，真理述語は「tthat」と機能的に変わるところのないものであると主張する（92）。そのため，真理述語の機能が本当に代文を作り出すことだけであるならば，真理述語はそれが適用される命題がもともと持つなんらかの性質を記述するものではないという Grover らの求める結論が出てくる。

29）　デフレ主義のヴァリアントはこのように，主に真理述語の主たる機能をめぐる意見の相違によって生じる。また，真理の担い手を命題と文のいずれとするかも分岐点である。

30）　この ES は，あらゆるヴァリアントのデフレ主義者が，真理述語の用法の中核にあるものとして受け入れるものである（cf. Armour-Garb et al., 2022, §1.1）。

　　もともとこの ES は，Alfred Tarski の真理述語の分析に基づく真理の定義に由来する。Tarski（1944）はある文 S について，「S は真である」と述べる際に用いられる真理述語「真である」の用法に着目し，我々がその語を使用するのが適切であると認めるための必要十分条件を分析した。そ

16　序　章　真理をめぐる問いと対立

ES：《p》は真である iff p

　左辺の二重山括弧内の p には任意の命題[31]が，右辺の p にはその命題を表す平叙文が入る。この図式は，任意の命題を左辺に代入することで，その命題の真理条件を作り出す。たとえば，《雪が白い》という命題を左辺の p に代入すれば，その真理条件〈《雪が白い》は真である iff 雪が白い〉が得られる。当然，ほかのどのような命題に関しても代入によって同様の結果が得られる。そして，デフレ主義によれば，真理述語とは，任意の命題が ES に代入されることで作り出される双条件の右辺が成立する際に，その命題に適用可能であるような述語と理解される[32]。

　上で見た真理述語の機能のそれぞれは，この図式の把握のみによって以下のように説明が可能である。まず，〈省略〉という機能の説明は以下のようになる。S の具体的な発話内容のそれぞれを，ES の右辺と左辺の p に代入する。左辺の命題は，《p＝S の各主張内容の連言》となる。こうすると，各主張内容を一つに取りまとめた命題 p として S の各発話を扱えるので，S が主張したそれぞれの文について具体的に言及することなく，省略してその真偽を述べることができる。〈代文〉としての照応機能の説明も，この派生として理解できる。

して，「X は真である iff p」という形の規約 —— これは規約 T と呼ばれる —— を，真理述語の使用の適切性条件の核として捉える。この規約の p には任意の文が入り，その文に引用符を付けて名辞化したものが左辺の X に入る。この規約に個々の文 —— ここでは「雪が白い」を例にする —— を代入すると，「「雪は白い」は真である iff 雪は白い」といった形の同値文が得られる。そして，Tarski いわく，個々の文について，この規約 T に当てはめて得られる同値文のすべてを肯定するような仕方で「真である」という述語が用いられている場合に，真理述語の用法は適切性条件を満たすのだとされる。そして，この規約 T に当てはめられる個々の同値文の事例のそれぞれが，真理述語の部分的定義となっており，その個々の同値文の連言が真理の一般的定義を為す —— 以上の Tarski の真理述語の分析の整理は，山岡（1996, 第 1 章）の整理に基づく。デフレ主義者が採用する ES は，この Tarski の規約 T を用いた真理定義の着想を下地に構想されたものと理解されている（cf. Armour-Garb et al., 2022）。

31)　デフレ主義者の中には，ES の左辺を命題ではなく，〈文〉と見做す者たちもいる。しかしながら，文を主要な真理の担い手とすると，真理が言語超越的であることを説明できないという難点がある（cf. Horwich, 1998）。

32)　そのため，ES に代入されることで作られる個々の命題の双条件は，真理述語と結びつく真理〈概念〉の包摂条件を部分的に定義する公理となっている。このそれぞれの具体的な双条件の諸公理の全体から成るものとして真理述語の意味は捉えられるため，その語の適用条件と結びつく真理概念もその公理の全体を把握する際に理解される概念として定式化される。

0.4 デフレ主義　17

他者 S の発話内容を省略した上で，S の主張を命題 p としてひとまとめにし，p の真理を語れることは今見た。このとき，p について語ることは，S の主張内容のそれぞれについて語ることと同義である。つまり，S の主張を省略して命題 p を作り出せることは，S の主張内容をそのまま引き継ぐ命題を作り出せるということを含意するのである。脱引用説の語るような〈意味論的下降〉についても，ES を理解していれば十分である。左辺が成り立つ場合，それは右辺が成り立つことと同値なので，命題や文についての主張を，右辺の〈対象そのものに関する主張〉に転換可能である。そして当然，〈意味論的上昇〉は，これを逆転させたものとなる。

　以上のように，真理述語の役割はいずれも，ES を把握することのみで把握できると言える[33]。そして，真理述語はこのような役割に尽きるものであり，その役割のためだけに要請された述語だ，とデフレ主義者は主張する[34]。そのため，真理述語はその適用対象である命題がもともと持っている特徴としての性質を指示するものではなく，また，その適用対象の特徴を探究することによってその適用条件が修正されたりすることのない述語だとされる。ここからデフレ主義者は，真理性質というものは探究の対象となるような本性を持つものではないとする[35]。むしろ，デフレ主義の理解の下では，「p は真である」といった真理述語を含む文が ES に代入されて命題を表現すると考える際に，この文の述部——「真である」——の指示対象となる性質を措定したほうが意味論上の処理が楽だ[36]という理由のみから，真理性質は要請されるのである。すなわち，性質についての(b)の理解を採っている。

　次に重要なことは，ES は双条件なので，どのような命題 p についても，この図式に当てはめて右辺の文 p を主張してよい場合には真であると主張してよい，ということをデフレ主義が重視する点である。このように，ES の右辺の

33）　cf. Armour-Garb & Beall, 2005.

34）　cf. Armour-Garb, 2012a, 275.

35）　cf. Armour-Garb, 2012b, §2.

36）　真理性質を認めれば，「p は真である」という文に現れる「真である」という語を，性質を指示する述語と認めることができるので，「真である」という語を含む文を通常の平叙文と同様の仕方で扱える。デフレ主義が真理を性質と認めることのこうした利点については Armour-Garb er al.（2022, §1.2）を参照のこと。

成立可否のみから真理述語の適用可否を判断する場合，インフレ主義のように命題の真理を実現する性質に訴えて個々の命題の真理を構成する理論を特定することは，必ずしも要請されないことが分かる。ES に照らして命題の真偽を把握する上で最低限必要になるのは，命題を表現する右辺の〈文〉の使用が適切になる条件のみであり，左辺の命題の真理をなにかの性質が構成するか否かは，命題の真理について語る際に言及することが必須のものではないからである。

　また，このような理解を採るデフレ主義にあっては，インフレ主義とさらに重要な点で相違がある。それは，文の〈真理適合性〉がどのような場合に認められるかという点である。文の真理適合性とは，先に述べたように，その文が真か偽の値をとりうる――命題を表現する――ということである。インフレ主義の下では，各命題には，それを構成する統一理論があるのだった。そのためこの理解では，命題 p を表現する文は真理実現性質 F を持つ場合に真となり，その F の所有に失敗する場合に偽となる。捉え方を変えれば，F をそもそも所有する可能性を持つ内容を表現していない文は，真になる余地も，その F を所有することに失敗する余地もないので，そのような文は真理適合性を認められない。それに対し，デフレ主義では真理実現性質を不要とするため，ある平叙文は，それが ES の右辺に代入できると認められるだけで，常に真理適合性を持つことになる。なぜなら，ある文が ES の右辺に代入されうるということは，その文はそれと同内容の ES の左辺の命題を表現する――真偽の値をとる――と認められることを意味するからである。

　ここから，デフレ主義は，真理実現性質に訴えない仕方で ES の右辺への文の代入可能性の有無のみからその文の真理適合性条件を与え，かつ，先に挙げた真理述語の各機能以外に，真理性質に関する形而上学的に興味深い点があることを否定する立場であるということになる[37]。

　ただし，この ES の右辺に置かれることができる文については，一定の制約

---

37)　たとえばこうしたデフレ主義の代表的なものとして，Horwich（1998）がある。彼は，ES から導かれる真理述語の機能だけを認め，真理概念・真理性質に関しては形而上学的な探究を待つ本性はないとし，適切な使用条件を持つ有意味な文として我々によって認められる文であれば真理適合性を認める，という方針を採る。彼はこの自身の立場を〈ミニマリズム minimalism〉と呼んでいる。

がある。まず，嘘つき文と呼ばれるような文はこの右辺に代入されうる文から除外されなければならない[38]。嘘つき文とは，「この文は真ではない」のような，自己言及的な文である——この文を a と呼ぶことにする。a を ES の右辺に代入可能な文と認めると，矛盾を引き起こしてしまう。まず，a を ES の右辺に代入した場合，〈《a》は真である iff a〉という ES の事例が得られる。このとき，ES によれば，右辺の a が成り立つことと，左辺の《a》が真であることは同義となるため，《a》の真理には a の成立が必要となる。しかしながら，a は，〈a が真でない〉と主張する文なのであるから，a が成り立つのは，$\neg a$ が成り立つときである。しかし，a と $\neg a$ が同時に成り立つことはないため，この真理条件は矛盾を含む。

そのため，こうした文を ES に代入可能なものと認めてしまうと，ES の公理の事例は矛盾を含むことになり，うまく機能しなくなってしまう。こうした点からデフレ主義者たちは，嘘つき文を除外する仕方で，ES に代入可能な文を制限する[39]。

また，同様に我々の実践において有意味と認められない文も除外される必要がある。たとえば，「丸い三角はおいしい」のような，統語論的には文と見做せるが有意味とは認められないような文は除外する必要がある。そのため，デフレ主義は，ES に代入可能な文を以下のように規定・制限する〈真理適合性のミニマリズム minimalism about truth-aptness〉を前提とすることになる[40]。

真理適合性のミニマリズム[41]：

---

38) ただし，多値論理を導入するなどの方法を採り，真と偽の中間の真偽不確定の値を認める場合は，嘘つき文を ES から排除することなく処理することが可能かもしれない。しかし，本章注5でも述べたように，本書では，議論を分かりやすくするため，2値論理の下で議論を進めていくこととする。

39) cf. Horwich, 1998, 41-42.

40) デフレ主義が真理適合性のミニマリズムを含意するという点については論者間で広い合意がある。たとえば，Vignolo（2010, 82）がこの点について言及している——ただし，Vignolo 自身はこうした論者間の合意はあるものの，デフレ主義者が真理適合性のミニマリズムを採用することは必須ではないとする立場であるため，その点に注意が必要である。

41) 真理適合性のミニマリズムのこの定式化は，Wright（1992, 72-74）で示されたアイディアを，Wyatt（2013）がより明瞭な形で提示したものを参照している。また，同様の定式化を行っている論者として Lenman（2003, 33-34）がいる。

20　序　章　真理をめぐる問いと対立

文Φの真理適合性は，以下の条件が満たされる場合に認められる。

　　統語論条件：Φが宣言的統語論を有している —— Φは文法的に，否定や命
　　　　題的態度動詞に埋め込み可能であり，条件文の前件として機能しうる。
　　認定条件：Φの使用が保証された受け入れ可能性の基準によって統制され
　　　　ている。

認定条件の〈保証された受け入れ可能性の基準〉というのは少し不明瞭なので
補足しておくと，これは，我々の言語実践においてΦが有意味な文として受け
入れられる基準を満たしている，ということである。たとえば，「リンゴはお
いしい」は我々の実践によってその使用が適切だと認められる文だが，「丸い
三角はおいしい」は認められない，などである[42]。

　デフレ主義では，この統語論条件と認定条件の二つの条件を満たし，嘘つき
文でもない平叙文のみが，ES の右辺に代入可能な，真理適合性を持つ文とい
うことになる。

　さて，ここまで見てきたデフレ主義の主張をまとめると，デフレ主義は以下
の基本テーゼから成る立場と捉えることができる。

　デフレ主義の基本テーゼ：
　①真理述語の各機能を理解するには，ES の把握以上のものは必要ない。
　②ES の右辺に文を代入することによって，その文が表現する命題の真理条
　　件が与えられる。また，文が真理適合的である —— 命題を表現する —— の
　　は，その文が ES の右辺に代入可能な場合である。この代入可能性は真理
　　適合性のミニマリズムによって与えられる。
　③真理についての探究は〈真理述語〉の機能についてのものに尽くされるべ
　　きであり，〈真理性質〉に関する探究は不要である。

---

42)　この際，どのような文の使用が適切と認められるかは共同体や文脈によって変わりうる。その
　ため，共同体の文の使用基準次第では，「丸い三角はおいしい」が有意味とされることもありうる。
　また，ある文が〈認定条件〉を満たすためには，その文を構成する名辞の指示対象が実際に存在し
　ていたりすることは必須でなく，日常の言語実践でその文の使用を我々が認めてさえいれば十分な
　ため，この条件の採用がデフレ主義に特定の形而上学的立場へのコミットメントを課すことはない。

0.4 デフレ主義 21

　このとき，③の主張は，真理性質の本性の探究は等閑視してよい，という主張よりも強いことを意味しているとされる。より強い形而上学的含意を持つ主張として，真理性質には探究を待つ興味深い本性を認める必要はない，と主張しているのである[43]。これは，以下のコアテーゼにまとめられる。

　デフレ主義のコアテーゼ：真理は非‐実質的な性質である[44]。

つまり，インフレ主義のように構成理論を与えずとも，我々の真理述語を用いた実践の説明や，命題の真理条件・文の真理適合性の認定条件の提供は可能であるとするだけでなく，〈真理性質には探究を待つ本性がある〉というインフレ主義の根底にある形而上学的主張にもデフレ主義は反対しているのである。
　しかし，なぜ真理性質には実質的な本性がないと考えるのか，そして，そもそもこのテーゼは正確にどのような意味で捉えればよいのか，これらの点には不明瞭さが残る。実際，コアテーゼをどのような意味で用いているかはデフレ主義の論者ごとにいくつか見解が分かれる。そのため，本書での論駁対象を明瞭にするためにも，このコアテーゼの正しい解釈を適切に特徴づけておかねばならない。

0.4.2　コアテーゼの正しい解釈

　デフレ主義のコアテーゼが実際に意味するところがなんであるかについては，Wyatt（2016）が子細な整理と検討を行っている。それによれば，コアテー

---

[43]　たとえば，自身もデフレ主義者である Armour-Garb は，Armour-Garb et al.（2022, §1.2）でデフレ主義一般の立場の特徴づけを行った際に，〈真理性質はたとえ存在するとしても非‐実質的なものでしかない〉とする理解がデフレ主義者たちに共有されていると整理している。同様に，Armour-Garb & Beall（2005）でも，デフレ主義は「真理性質に実質性や基底をなす本性があることを拒否する」（1-2）立場であると特徴づけるのが適切であるとしている。

[44]　デフレ主義者の中には，そもそも性質としての真理の存在自体を認めない者もいる。そうした者たちは純粋なデフレ主義者 pure deflationists と呼ばれる。これに対比して，真理性質の存在を認めるがそれは非‐実質的な性質だとするデフレ主義者は，穏健なデフレ主義者 moderate deflationists と呼ばれる（cf. Wyatt, 2021, 455-456）。
　本書では，純粋なデフレ主義は直接扱わない。しかしながら，穏健なデフレ主義を論駁していく過程で真理性質の存在を認める必要があることが示されるため，この論証が成功すれば，同時に純粋なデフレ主義も論駁されることになる。

22　序　章　真理をめぐる問いと対立

は五つの異なる意味でしばしば主張されている。

(i)真理性質は〈形而上学的に透明 metaphysically transparent な性質〉である。

(ii)真理性質は〈非 - 説明的な性質〉である。

(iii)真理性質は〈構成理論〉を欠く。

(iv)真理性質は〈豊富な性質〉である。

(v)真理性質は〈論理的な性質〉である。

　それぞれ確認していこう。まず，(i)は，「真理概念を所有するあらゆる実際の認知者は，その真理概念の所有という事実のみによって，さらなる経験的探究やアプリオリな論証なしに，真理性質に関する本質的事実のすべてを知ることができる」ということを意味する[45]。このとき，経験的探究を経ねば見出すことができないような本性など一切ない性質だという意味で，この性質は〈形而上学的に透明な性質〉と呼ばれる。つまり，(i)のような意味で解釈する場合，真理性質とは，探究を経ずに，真理概念の所有によってその性質の本性についてすべて理解できるようなものだ，という主張としてコアテーゼは理解されることになる[46]。これは一般に，〈真理についての概念デフレ主義〉という立場とセットとなっている。概念デフレ主義とは，真理という〈概念〉を理解し所有するためには，ES に文を代入して作られる個々の双条件の事例が与えられた際に，それを受け入れる傾向を持つことで十分だ，というものである。この概念デフレ主義を採ることで，真理概念の理解・把握には経験的探究が不要だと言うことができる。なぜなら，ES の事例は，いずれも《《p》は真である iff p》という形式で左辺と右辺が同内容であるため，p に代入されるものがなんであれ，この ES の事例はトリヴィアルに受け入れられるだろうからである。そして，デフレ主義の理解では，真理性質は，(b)のような性質として，真理述

---

45)　Wyatt, 2016, 366. Wyatt は，この〈形而上学的透明性〉に関する定式化について，Damnjanovic (2010) を援用している。

46)　Lynch は，この(i)をデフレ主義のコアテーゼの意味として理解し，デフレ主義にこの主張へのコミットを帰している（cf. Lynch, 2009, 106-107）。

語の適用対象に単に措定される性質である。この真理述語の適用条件は真理概念の包摂条件に基づいて把握されるので，真理概念を把握すれば，真理性質がどのような場合に対象に帰属される性質であるかはすべて把握できる。それゆえ，経験的探究を必要としない真理概念の把握によって，真理性質について知るべきことはすべて把握できるとされる。

(ii)の真理性質は非‐説明的な性質だ，というのは，真理性質は，その本性によりなんらかの世界内の事実を説明する能力を有する，といった形而上学的な含意を一切持たないということである。たとえば，第4章で争点となるように，真理はその本性上内在的な価値を有し，それが信念形成を規範的に導く役割を果たしているという見解を一部のインフレ主義者は提示するのだが，この(ii)の意味でコアテーゼが主張される際には，そのような役割は真理性質には全く存在しないと言われている，ということになる[47]。

(iii)の真理性質には構成理論が存在しない，というのは，真理性質はそれを構成する理論を持たず，なにによって真となるのかという説明を受け付けない，ということである。これは，インフレ主義者の引き受ける〈すべての真なる命題によって所有されている，そのおかげで命題が真となるような性質Fが存在する〉というテーゼの否定ということになる。実際，Horwichは，この意味でコアテーゼを主張することがある。たとえば彼は，「真理はなにかほかのより根本的な性質によって構成されることはない」(Horwich, 1998, 145) と述べている。また，Dodd (2008) も，「真理がなにに存するかという説明は存在しえない。つまり，すべての真であるもののみによって共有されている性質F，真理が真であるのがFのおかげであるような性質Fを発見する見込みはない」(133-134) のであり，そのような性質Fを見つけ出そうとするプロジェクトは見当違いだとする (134)。そのため，この(iii)の意味で主張される際には，真理性質は，構成理論を与えるという仕方で還元的に説明される余地を持った性質ではない，という主張としてコアテーゼは理解される。

(iv)が述べているのは，まばら sparse な性質と豊富 abundant な性質というよく知られた形而上学における性質の区分に照らして，真理性質が豊富な性質

---

47) Horwichは，この意味でコアテーゼを主張することがある (cf. Horwich, 1998, 140-141)。

24 序　章　真理をめぐる問いと対立

にカテゴライズされるということである[48]。まばらな性質とは，存在者の間の類似性を根拠づけるような性質のことを指す。たとえば〈電子である〉という性質であれば，電荷を持っていて，ある種の因果的作用を持つといった特徴をその外延がみな必ず持っていなければならない。それに対し，豊富な性質とは，外延すべてが共有するそのような特徴が存在しない性質のことである。たとえば，我々は述語「クオーキー」を創造し，以下の条件を満たすクオーキー性をこの述語が指示すると定義することで，「クオーキー」はクオーキー性を指示すると規約的に決めることができる。

〈x はクオーキー性である iff x がクオークであるか x がターキーである〉

しかし，この場合，「クオーキー」という述語の外延の対象すべてが共有するような特徴は存在しない[49]。〈クオーク性〉を共有する対象であればいずれも物質を構成する役割を果たす類似の特徴を持っていて，〈ターキー性〉を共有する対象であればいずれも食べることで栄養を与えてくれたりといった役割を果たす類似の特徴を持っているだろう。しかし，〈クオーキー性〉を満たす対象の中には，クオークの特徴を満たすがターキーの特徴を満たさなかったり，ターキーの特徴は満たすがクオークの特徴を満たさなかったりといった仕方で，互いの類似性の根拠となるような特徴を共有しないものが含まれる。そのため，豊富な性質は，類似性の根拠となるような特徴をその外延すべてが共有してはいないような雑多な性質なのである。これを踏まえると，つまり，(iv)の意味で述べられる場合のコアテーゼは，真理性質は，それを例化するものみなが共有する本性的特徴のようなものは一切存在しないため，まばらな性質が果たすような〈それを例化する外延同士の類似性の根拠を示す〉説明役割を果たさないという主張となる。

　最後に，(v)の真理が論理的性質であるとは，Oh（2013）いわく，真理が推論

---

48)　この意味でコアテーゼを主張している議論としては，Horwich（1998, 37-38）や Edwards（2013, 291-292）がある。

49)　以上の〈まばらな性質〉と〈豊富な性質〉の区別に関しては，Gamester（2020）の説明を参照した。

的性質であるということを指す[50]。それによれば，《xは真である》という命題 —— ここでxには任意の命題が入る —— があるとき，〈真である〉という性質は，それが帰属されるxそのものを無条件に推論することを許す機能を持つ。これを論理的でない性質と対比してみよう。論理的でない性質とされる〈磁気を持つ〉の場合，その性質を含む命題《xは磁気を持つ》から《xはプラスチックではない》を導く推論が可能かどうかを判断するには，〈磁気を持つ〉という性質の本性に関する経験的探究が不可欠である。しかし，真理性質を含む命題《pは真である》から他の命題《p》を推論できることについては，経験的探究を要さない。つまり，真理性質とは，こうした推論機能のみを果たし，かつ，その機能の発揮に経験的探究を要さないような性質であるとされるのである。

前項では，なぜデフレ主義者が③を〈真理性質の本性の探究は等閑視してよい〉という弱い主張ではなく，〈真理性質には探究を待つ本性がない〉という強い主張として引き受けていたのかという疑問があったが，真理という性質が(i)から(v)のいずれかの解釈で捉えられるような性質に過ぎないと彼らが考えていたのであれば，それが探究の必要がある興味深い本性を持っていないとされたことも頷ける。

さて，問題は，いずれの解釈をコアテーゼの正確な解釈として引き受けるべきかという点である。この点を以下検討していこう。まず，(i)の解釈はコアテーゼの意味として採用可能ではない。なぜなら，この解釈が前提とする概念デフレ主義が妥当とは言い難いからである。概念デフレ主義は，ESの事例を把握することのみで，真理概念について知るべきことが尽くされるとする。そして，真理性質の本性について知るべきことは，真理概念の把握によってすべて知ることができるとされる。だが，真理概念の定義に含まれるESの具体事例には，わずかの者によってしかその使用の有意味性の有無が把握されていないようなものがある。たとえば，Wyattは以下の事例を挙げる。〈《連続体仮説

---

50) この(v)については，Wyatt（2016）の理解は，デフレ主義者自身の主張に則ったものとなっていない。彼は，この主張によってデフレ主義者が意味するところが十分把握できないため，自身で解釈を補って(v)の意味でのコアテーゼを検討するとしている（cf. Wyatt, 2016, 376）。本書では，デフレ主義者自身の主張するコアテーゼを正確に反映させるため，Wyattによる理解ではなく，自身もデフレ主義者であるOh（2013）による明瞭な説明を採用する。

はツェルメロ＝フレンケル集合理論とは独立である》という命題は真である
iff 連続体仮説はツェルメロ＝フレンケル集合理論とは独立である〉という事
例である。ES の右辺には，有意味な文しか代入できないため，この事例が ES
の事例として適切かを把握するには，「連続体仮説はツェルメロ＝フレンケル
集合理論とは独立である」という文が ES に代入可能な有意味な文であると理
解できなければならない。しかし，その判断ができる者はわずかであろう。
ES への有意味な文の代入によって得られる各々の事例を受け入れることが真
理概念の把握に必要であるなら，こうした文が有意味であるかを経験的に理解
するに先立って真理概念を把握できる者はわずかに限られる。その場合，真理
概念の把握には ES に代入可能である有意味な文かを専門家等に確認しなけれ
ばならないような事例が含まれるため，(i)は成り立たない。そのため，(i)はそ
もそも妥当でない主張となる。

　(ii)から(v)については，より根本的なものと派生的なものがある。つまり，こ
のうちいくつかは，別のいくつかから導出可能な主張である。Wyatt は，最
も根本的なコアテーゼの主張とそれ以外の派生的な主張とを区別するために，
以下の制約の下で各解釈を分析する。

　(α)デフレ的制約 deflationary constraint：コアテーゼとして妥当であるため
　　には，真理性質に関するインフレ主義の理論の形而上学的探究のなにかを
　　デフレートするものでなければならない。
　(β)形而上学的制約 metaphysical constraint：コアテーゼとして妥当であるた
　　めには，真理述語や真理概念に関するテーゼではなく，真理性質の特徴に
　　ついてのテーゼでなければならない。
　(γ)特殊例制約 special case constraint：コアテーゼとして妥当であるために
　　は，他から派生するテーゼではなく，根本的なテーゼでなければならない。

これらの制約のうち，(α)と(β)は，各コアテーゼの解釈がインフレ主義との非両
立性を示す主張となっているかを見る上で重要となる。(γ)は，コアテーゼの派
生的な解釈を，根本的な解釈の下に還元する制約となる。
　さて，(ii)と(iii)の解釈は，それ自体に問題もなく，コアテーゼの趣旨も捉えて

いるものと言える。(ii)の説明役割の否定は，真理性質の本性に頼らねば説明可能にならないようなものは存在しないという主張であるため，真理という〈性質〉について，その本性的役割の探究という形而上学プロジェクトをデフレートするものとなっている。そのため，(α)と(β)を満たす。また，他の解釈に還元されないので，(γ)も満たす。

(iii)の構成理論の欠如は，真理性質を実現する性質 F の存在を否定する点で，インフレ主義から形而上学的なデフレ化を主張している。また，真理〈性質〉について，構成理論が存在しないと主張するものとなっている。このため，(α)と(β)を満たす。また，他の解釈に還元されない点で，(γ)も満たす。

しかし，(ii)と(iii)が成り立つのであれば，(iv)と(v)は採用の必要がない。まず，(iv)の〈真理は豊富な性質であり，その外延すべてが共有する特徴はない〉というコアテーゼの解釈は，(ii)と(iii)が成り立つ場合これらから導出されるので，この解釈は派生的なものである。なぜなら，(iii)が成り立つなら真なる命題が〈真理実現性質 F を持つ〉といった特徴を共有することはないし，(ii)が成り立つならば，真理性質にはそれがなければ行えない説明役割はないのであるから，真理がそれを例化する外延同士の類似性の根拠を説明する役割を持つ性質でないことは自明である。

同様に，(v)の真理性質は経験的探究なしに別の命題への推論を行えるという特徴も派生的なものであり，これは ES と(ii)から導ける。ES は左辺の命題 p が真であるときには，単に p が成り立っていると推論することを許すのだから，真理性質が(v)のような特徴を満たすことは説明可能であるし，それ以上の役割がないことは，説明役割の欠如した性質であるとする(ii)から導かれる。

そのため，以上を踏まえると，デフレ主義のコアテーゼは，(ii)と(iii)の二つの意味が中心にあるということになる。これを改めて，〈コアテーゼ①〉と〈コアテーゼ②〉として以下のように定式化しておこう。

コアテーゼ①：真理性質は，それがなにによって成り立つかについての構成理論を持たない。

コアテーゼ②：真理性質は，その存在によって世界内の事実を説明可能にしてくれるような本性を持たない。

本書では，デフレ主義全体が共有するこのコアテーゼ自体の問題点を示すことで，デフレ主義のプロジェクトが維持不可能であると示すことを目標とする。なお，本書の主目的はすべてのデフレ主義に共通するコアテーゼの批判を行うことであるため，デフレ主義の個々のヴァリアントに特有の問題は扱わない。

0.4.3 デフレ主義の論駁に必要なこと

ここまで，デフレ主義の基本的主張とその核となるテーゼを見てきた。しかし，デフレ主義の論駁に進む上では，もう少し細かい点に注意を向ける必要がある。なにをすればデフレ主義の論駁を行ったことになるのかという点を本章の最後に整理することで，今後の議論の見通しを良くしておきたい。

そのために，まず，デフレ主義とインフレ主義の争点が，述語／性質／概念という三つのレベルの〈真理〉のうちどのレベルを問題にするものであるかを改めて整理しておこう。先にも述べたように，デフレ主義の主張に関して，〈述語〉〈性質〉〈概念〉それぞれのレベルの〈真理〉についての主張を分けて考える必要がある。まず，述語の水準について言えば，デフレ主義は，真理述語の機能について〈省略〉〈脱引用〉〈代文〉などの複数のものがあるという分析をしていた。しかし，真理述語がこれらの機能を持つこと，並びに，ES の把握のみで真理述語のこれら機能を理解するには十分だということについては，インフレ主義も認めることができる。また，真理述語の使用の適切性条件が ES によって統制されること自体も，インフレ主義は認める[51]。そのため，真理述語の機能に関する理解はデフレ主義のみに固有のものではなく，インフレ主義とデフレ主義の争点は真理述語の機能をめぐってのものではないと言える。

次に，デフレ主義は，〈真理概念〉のデフレ化を主張する概念デフレ主義と，〈真理性質〉のデフレ化を主張する性質デフレ主義に分けられる[52]。概念デフレ主義は，先にも見たように，ES の把握によって我々がこの概念について把握するべきことは尽くされるという主張である。それに対し，性質デフレ主義

---

51)　cf. Armour-Garb & Beall, 2005, 2; Lynch, 2009, 28-29.

52)　この区別については，Bar-On & Simons（2007）も参照のこと。ただし，Bar-On & Simons は，本書で〈性質デフレ主義〉と呼ぶ立場を，〈形而上学的デフレ主義 metaphysical deflationism〉と呼んでいる点に注意が必要である。

は，コアテーゼの①②を引き受ける立場を指す。この際，概念デフレ主義は，性質デフレ主義とは独立の立場であるため，仮に概念デフレ主義を論駁して，真理概念には ES で把握される以上の意味が我々によって認められていると示せたとしても，真理性質に関するコアテーゼを論駁したことにはならない[53]。先にも述べたように，概念が存在することは，それが適用される対象や性質の実在を含意しない。そのため，我々が真理概念を ES で把握される以上のものとして理解しているからといって，そのような理解を反映した性質が存在することを示したことにはならないのである。

よって，真理概念についてのデフレ主義の論駁は，真理性質に関する性質デフレ主義の論駁にはならない。先にも述べたように，本書の目的は性質としての真理の本性を解明することである。そして，この目的達成のために，真理性質についてのインフレ主義とデフレ主義のいずれが正しいかを我々は検討することにしたのであった。それゆえ，本書が目指すデフレ主義の論駁のためには，概念デフレ主義ではなく，あくまで真理性質に関するコアテーゼを否定し，性質デフレ主義の論駁を行わなければならない。

このとき，インフレ主義がデフレ主義に反して真理性質の実質性を擁護するためには，コアテーゼ①②の双方を論駁しなければならない。なぜなら，一方のコアテーゼを論駁するだけに留まる場合——仮に①を論駁したとする——，少なくともコアテーゼ②の意味では真理性質は非－実質的であることを認めざるをえないからである。そうすると，真理性質になんらかの本性を認めなければ説明できないような世界内の事実はなく，あってもなくても困ることはないような性質であると認めなければならない。しかしその場合，真理性質を重要なものとしてインフレ主義が擁護するべき理由はもはや失われると考えられる。デフレ主義の視点から見ても，一方だけでもコアテーゼを擁護できるならば，真理性質の実質性をある程度までデフレートすることはできる。その意味で，コアテーゼを一方でも擁護できればデフレ主義にとっては望ましいと言える。実際，Wyatt（2021）によれば，デフレ主義はコアテーゼのうち，一方のみを

---

[53] Bar-On & Simons（2007）は実際に，性質デフレ主義と概念デフレ主義を，互いを含意しない独立の立場として特徴づけた上で，性質デフレ主義は擁護の余地があるが，概念デフレ主義は擁護できないと主張している。

30　序　章　真理をめぐる問いと対立

採用するという方針を採ることもできる。すなわち，以下のようにデフレ主義者には選択肢がある。

　　選択肢1：コアテーゼ①を採用＋コアテーゼ②を拒否する。
　　選択肢2：コアテーゼ①を拒否＋コアテーゼ②を採用する。
　　選択肢3：コアテーゼ①と②をともに採用する。

　そのため，真理性質の実質性を担保し，インフレ主義を擁護するためには，コアテーゼ①②の双方をともに否定すること —— 真理性質が構成理論を持ち，かつ，その性質なしには行えないような説明役割があると示すこと —— が必要であると言える。これが本書で目指すゴールとなる。

　このとき，コアテーゼ①の論駁の成功条件について注意すべき点がある。コアテーゼ①は，真理には構成理論がなく，命題の真理がなぜ成り立つのかという説明が存在しないという主張であった。だが，デフレ主義の〈命題の真理の構成理論が存在しない〉という主張は，個々の命題の真理についてなにも根拠を用意できないということを意味しない。なぜなら，ES の右辺の文の主張の適切性条件に，なんらかの根拠を求めることを課すことができるからである。たとえば，ES の右辺の文を主張する適切性条件として，一部の文については事実が成立していることを課す ——「雪が白い」の主張の適切性条件に，雪が白いという事実が成立していることを課す —— などといった方針が選択可能であり，その場合，命題の真理を主張する根拠を右辺の文の主張の適切性条件に求めることができるのである[54]。つまり，命題の真理を構成する真理実現性質のようなものに訴えられなくても，命題の真理の根拠を挙げることはデフレ主義であっても可能である。

　そのため，一部の命題だけを取り上げて，その命題の真理がなぜ成り立つのかに関する説明が存在することを提示するだけでは，デフレ主義のコアテーゼ

---

54)　実際，Asay (2020); (2021) や Horwich (2008), Schulte (2011) は，〈真理メーカー truthmaker〉と呼ばれる通常インフレ主義に固有のものと見做されがちな道具立ても，命題の真理に関する構成理論を否定するデフレ主義者が利用可能な道具立てだとする。この真理メーカーについて，詳しくは 1.1 節で見ることとなる。

①——命題の真理がなぜ成り立つのかを説明する構成理論は存在しない——の論駁にはならない。命題の真理の構成理論を特定する作業がコアテーゼ①の論駁になるのは，すべての命題の真理に等しく当てはまる構成理論を突き止めることができた場合のみということになる。

　最後に，もう一つ注意しておく必要があるのが，挙証責任という考えである。インフレ主義は，ES 自体と，真理述語が省略・脱引用・代文といった機能を持つというデフレ主義者の説明を受け入れる。先にも見た通り，インフレ主義も，ES に依拠して真理述語の適用条件や機能について理解する点で変わりはないのである[55]。その上で，真理性質に関する実質性をさらに追加で主張し，ES の成立には真理を構成する実現性質が必要であるとする点，そして，真理性質には不可欠の説明役割があるとする点が，インフレ主義がデフレ主義に対立する点ということになる。これは，インフレ主義がデフレ主義の道具立てを引き受けた上で，それに上積みして，真理性質に本性や説明役割といったものを与えようとするという，デフレ主義にプラスアルファで主張を追加する立場だということを意味する。そして，インフレ主義者もデフレ主義の道具立てを引き受けている以上，デフレ主義者は自身の道具立ての正当性について説明する責任を負わない。むしろ，プラスアルファの上積み分について，その正しさを示す挙証責任が，インフレ主義の側にあるのである。

　それゆえ，インフレ主義が十分な仕方でコアテーゼを否定する論証を与えられない限りは，暫定的にデフレ主義の優位が認められる。そのため，挙証責任を負わないデフレ主義者は，インフレ主義が問題を取り除けない限りはデフレ主義を採用すればよいとする〈方法論的デフレ主義〉と呼ばれる態度を採ることができる[56]。

　まとめると，インフレ主義は，デフレ主義者が認める真理述語の機能に関する説明を引き受けている。そして，それに対する上積み部分の論証——真理の実質性擁護——についてインフレ主義が問題を抱えうまくいかない限りはデフレ主義をひとまず採用するという，方法論的デフレ主義と呼ばれる方針をデフ

---

55)　Lynch（2009, 28-29）がこの点を具体的に明示している。

56)　この方針は Field（1994, 263）により提案された。また，Wrenn（2014）でもこの方針は採用されている。

32   序 章 真理をめぐる問いと対立

レ主義は採用できる。よって，インフレ主義者は，真理の実質性を擁護する論
証を与え，コアテーゼを支持するデフレ主義の立場は採用不可能であると明確
に示せなければならない。

　そのため，本書の方針は，コアテーゼを認めるデフレ主義の立場ではどうあ
っても解決できない問題があると示し，コアテーゼ①②の双方を論駁してイン
フレ主義を擁護する，というものになる。

まとめ

　本章では，本書全体で取り組む課題を設定するという作業を行った。この課
題は次章以降の議論全体に関わるため，改めて簡潔に整理しておこう。

　まず，インフレ主義は，命題の真理の構成理論に関して以下の基本テーゼが
あると主張する。

　　インフレ主義の基本テーゼ：すべての命題 p について，それを真にする真理
　　　実現性質 F が存在し，p はこの F を持つ場合にのみ，真理性質を例化し，
　　　真になる。

そして，平叙文の真理適合性についても，この基本テーゼに従い，真理実現性
質の例化可能性の有無から判断する。

　それに対してデフレ主義は，このようなテーゼを否定し，まず真理に関する
同値図式（ES）を主張する。

　　ES：《p》は真である iff p

命題の真理は，真理実現性質によってではなく，この ES の双条件によって与
えられる。右辺の文の主張可能性によって，左辺の命題の真理を説明するので
ある。また，ES の右辺に代入可能な平叙文はすべて，真理適合性を認められ
るとする。この ES から導ける真理述語の機能である〈省略〉〈脱引用〉〈代
文〉を除き，真理性質には興味深い形而上学的特徴はないとし，以下のコアテ

ーゼを提唱する。

　コアテーゼ①：真理性質は，それがなにによって成り立つかについての構成
　　理論を持たない。

　コアテーゼ②：真理性質は，その存在によって世界内の事実を説明可能にし
　　てくれるような本性を持たない。

こうした方針を導出するデフレ主義の動機は，真理述語が我々の実践で果たす
機能は，インフレ主義のような理解をせずとも ES を把握することで余すとこ
ろなく与えることが可能だ，ということにある。

　そして，本書では，このデフレ主義のコアテーゼ①②の双方を否定すること
で，インフレ主義を擁護することを目指す。

　次章以降では，実際にこの試みを行っていくことになるが，この試みに際し
ては，以下の二つの仕方でのアプローチが可能である。

　構成理論アプローチ：真理性質の構成理論を与えコアテーゼ①を論駁し，こ
　　の構成理論が真理性質の説明力を担保していること ―― コアテーゼ②の否
　　定 ―― を導く。

　本性的説明役割アプローチ：真理性質にはその本性上，不可欠な説明役割が
　　あると示してコアテーゼ②を論駁する。そして，これを基に，そのような
　　説明役割を認めるためには，各命題の真理すべてが特定の仕方で例化され
　　る（なんらかの構成理論がある）と受け入れることが必要である ―― コア
　　テーゼ①の否定 ―― と示す。

　第Ⅰ部を構成する第1章から第3章では，このうち，デフレ主義のコアテー
ゼ①を論駁する作業，すなわち，まず構成理論を与えるというインフレ主義の
〈構成理論アプローチ〉の作業に迫っていく。これは，真理という性質はいか
なる仕方で例化されるのかという形而上学的な問いとなる。しかし，本書では，
従来のこうした構成理論アプローチの探究は遂行上の難点があまりにも多く，

34 　序　章　真理をめぐる問いと対立

見込みがないため，インフレ主義者は形而上学の議論から一旦離れなければならないと指摘することとなる[57]。

　構成理論アプローチの見込みのなさを受け，第Ⅱ部（第4章から第6章）では，〈本性的説明役割アプローチ〉を探究する方針に転換し，このアプローチを実際に検討していく。近年の研究者の中には，真理の本性が認識論において不可欠の役割を果たすとする議論を行う者が現れてきている。そのため，第Ⅱ部では，こうした議論を足掛かりにして，認識論における真理の本性的説明役割を検討する。まず，第4章では，信念の真理を支持する認識的理由が規範性を持つ理由を，真理の本性に訴えて説明する議論を確認する。しかし，この試みには見込みがないことが示される。第4章の議論の失敗を受け，第5章では，認識的理由の〈規範性〉に着目するのではなく，認識的理由という概念そのものに焦点化する形で，コアテーゼ②の論駁を行う。具体的には，認識論という領域の営みの中で用いられている〈認識的理由〉という概念そのものが真理性質に依拠して同定されるものであり，かつ，この真理性質は，デフレ主義では認められないような本性を持つものと理解せざるをえないのだと論証することでコアテーゼ②を論駁する。この際，メタ認識論の議論を参照する形で，この論証が行われることになる。こうした議論を踏まえ，最終章となる第6章では，第5章の論証とそこから導かれた結論に対する反論の可能性を精査する。結果として，考えられうる反論はどれも退けられ，本書で提示されるインフレ主義の擁護論証の妥当性が示されることとなる。また，真理性質とは，〈機能主義的ミニマルインフレ主義〉と〈方法論的インフレ主義〉という筆者が独自に提案する二つの立場に基づいて理解されるべきものであることがこの章で明らかにされる。

---

[57]　ただし，これは真理論における形而上学の探究を捨て去るということを意味するわけではなく，形而上学的探究はインフレ主義をデフレ主義から擁護した後に取り組むべき課題なのだ，ということである――この点は第6章で詳しく確認することになる。

第Ⅰ部　形而上学

　第Ⅰ部（第1章〜第3章）では，デフレ主義に対する反論として，コアテーゼ①を先行して論駁する〈構成理論アプローチ〉を検討していく。これは，命題が真理性質を例化するという事態を十全に説明する構成理論を与える，という形而上学的な探究を通じて，コアテーゼ①を論駁するアプローチである。本書でこのアプローチを先行して検討する理由は，真理論のこれまでの議論のほとんどがこのアプローチによって進められてきており，〈本性的説明役割アプローチ〉の議論も，構成理論アプローチの議論の蓄積を前提としてなされているものだからである。このため，構成理論アプローチの議論を先に確認せずに本性的説明役割アプローチの議論を検討してしまうと，議論の前提となる背景・道具立て等を把握できず，議論を追えなくなってしまう危険性がある。また，インフレ主義とデフレ主義の両立場のより詳細な特徴づけを理解する上でも，構成理論アプローチでなされてきた議論を確認して，真理論の議論のこれまでの流れを把握しておいたほうがよい。以上の理由から，本書ではまずこの第Ⅰ部で，構成理論アプローチを検討していく。

　さて，このアプローチで目指される〈命題の真理の構成理論を与える〉というのは，つまり，インフレ主義の基本テーゼに内実を与える，ということである。このテーゼを今一度確認しておこう。

　　インフレ主義の基本テーゼ：すべての命題 p について，それを真にする真理
　　実現性質 F が存在し，p はこの F を持つ場合にのみ，真理性質を例化し，

36　第Ⅰ部　形而上学

　真になる。

インフレ主義者が真理性質の例化に関する構成理論を与えるというのはつまり，
この基本テーゼの F に該当する真理実現性質を特定するということである。
この F を見つけ出してコアテーゼ①を論駁しようとするのが，構成理論アプ
ローチである。

　まず第1章では，真理の一元主義と呼ばれる，すべての命題の真理を単一の
真理実現性質によって説明する立場を見ていく。

　第2章では，こうした立場に対して指摘されるスコープ問題と呼ばれる問題
の解消のために提案され，近年新たに興隆を見せている，真理の多元主義とい
う立場を検討する。多元主義には強い多元主義と穏健な多元主義があり，前者
は混合推論を処理できないという問題があるためうまくいかないことを見る。
また，後者の立場には彼らが依拠するドメインという道具立てに問題が生じる
ため，こちらもやはり構成理論の提供に失敗することを見る。

　第3章では，構成理論アプローチに基づく形而上学の試みの最大の困難であ
るスコープ問題に対する複数の対処法を検討し，このスコープ問題は現段階で
は解消する見込みがないことを示していく。そして，これにより構成理論アプ
ローチが抱える原理的問題を炙り出し，このアプローチではデフレ主義の論駁
は望めないことを示す。

第1章 真理の一元主義

本章では，インフレ主義の中でも真理の一元主義と呼ばれる理論のヴァリアントを複数検討し，これらがいずれも，十分な真理の構成理論を与えてデフレ主義のコアテーゼを退けるようなものとはならないことを見る。

インフレ主義の基本テーゼをここで再度示しておこう。

インフレ主義の基本テーゼ：すべての命題 p について，それを真にする真理実現性質 F が存在し，p はこの F を持つ場合にのみ，真理性質を例化し，真になる。

一元主義は，この基本テーゼについて，F に当てはまる性質が唯一つのみであると主張する立場を指す。そのため，インフレ主義の基本テーゼは以下のように解釈される。

一元主義の基本テーゼ：すべての命題 p について，それを真にする真理実現性質 F が唯一つ存在し，p はこの F を持つ場合にのみ，真理性質を例化し，真になる。

このように一元主義は，インフレ主義の基本テーゼに現れる真理実現性質 F を唯一つに限定するため，その立場を展開する上での制約が二つ生じる。一つは，どの命題についても，その真理を同一の真理実現性質 F によって説明できねばならないということである。二つ目は，我々が真偽判断可能だと考える文について，その真理適合性をこの構成理論に則って適切に与えられねばなら

38　第1章　真理の一元主義

ないことである。一元主義は，この二つのタスクを処理できる仕方で構成理論を与えられるのでなければならない。

　さて，一元主義の基本テーゼの F にどのような性質を置くかで，一元主義は複数のヴァリアントに分けられることととなる。本章ではそのヴァリアントを節を分けて順次見ていくことにしよう。

　はじめに 1.1 節で F に〈事実との対応〉という性質を置く〈真理の対応説 correspondence theory of truth〉を，1.2 節で F に他の信念体系との〈整合〉という性質を置く〈整合説 coherence theory of truth〉を，最後に 1.3 節で F に認識実践上の〈保証〉という性質を置く〈プラグマティズム説 pragmatic theory of truth〉を見ることにし，それぞれが問題を抱えていることを確認する。

1.1　対応説

　〈対応説 correspondence theory〉は，真理を実在との対応として説明する[1]。まずはこの説の基本的発想と道具立てを確認し，デフレ主義のコアテーゼ①をどのように論駁しようとする立場なのかを同定する。その後，項を分けてこの説の問題点を見ていこう。

1.1.1　対応説の基本発想と道具立て

　この説の基本的な発想は，「真理とは実在との対応である」という標語によって表される。彼らが使用する道具立てによって定式化すると，以下のように言い表すことができる。

　　対応説の基本テーゼ：〈真理の担い手 truthbearer〉は，〈真理メーカー truthmaker〉と〈対応 correspond〉することによって真になる[2]。

---

1)　Glanzberg（2021）によれば，対応説と類似した発想の真理論はアリストテレスの議論などにも見られるが，〈対応説〉と実際に呼称される現在の形の理論は，20 世紀初頭の Bertrand Russel と G. E. Moore の仕事から発展してきたものとされる。

2)　ここでは〈真理メーカー〉や〈真理の担い手〉という語を，具体的になにが（文／命題／心的状態のどれが），なにと（事実／実在の事態／可能的事態などのどれと）対応するのかという点につ

この主張を正確に理解するために，ここで〈真理の担い手〉と〈真理メーカー〉という語の説明を補っておこう。

真理の担い手とは，真／偽の値を実際にとる対象のことを指しており，文トークン・心的状態（信念）・命題が標準例として挙げられる。このうち，論者によってなにを真理の担い手とするかは異なる。しかし，文トークンも心的状態も，序章で述べたように，その内容は〈命題〉であるため，文トークンや心的状態は命題を表現することで派生的に真理の担い手となっていると考えることができる[3]。そのため本書では，対応説の基本テーゼの〈真理の担い手〉を，常に〈命題〉として捉えることにする。

次に，真理メーカーとは，〈真理の担い手（命題）〉の真理を担保するもの —— そのおかげで命題が真となるようなもの —— のことを指す。冒頭で示した対応説の標語「真理とは実在との対応である」で示されているように，対応説においては，この真理メーカーは，なんらかの〈実在〉であるとされる。実在ということでこの立場が標準的に意味するのは，〈事実〉である[4]。事実とは，世界で成り立っていることがらのことであり，Mulligan & Fabrice（2021）によれば，ある対象 o がなんらかの性質 F を例化している，あるいは，o_1 が別の対象 o_2 となんらかの関係に立っている，ということを指す。たとえば，雪という対象が白さという性質を例化しているとか，猫がマットという別の対象に対して〈上に立つ〉という関係にある場合，事実が成り立つ[5]。

さて，以上をまとめると，真理の対応説とは，真理の担い手である命題が真理メーカーである事実と〈対応〉する場合に真となる，という立場として定式化される。しかし，一番肝心な，真理の担い手と真理メーカーとの〈対応〉とは，両者の間のいかなる関係のことなのだろうか。スタンダードな方針は，対応関係を〈真理の担い手〉と〈真理メーカー〉の構成要素間の構造の共有関係によって説明する，というものである[6]。Kirkham（1995）や Rasmussen（2014）

いて特定のコミットを要請しないアンブレラタームとして用いている。これらの語のこの用法については David（2020）を参照。

3) 同様の指摘として Asay（2020, §1.2）も参照のこと。

4) cf. Rasmussen, 2014, 8.

5) このような定式化の下では，事実は〈事態〉〈出来事〉〈トロープ〉といった複数の考え方のどれとも整合的である。同様の見解としては，Rasmussen（2014, 8）を参照。

40　第1章　真理の一元主義

によれば，この立場の代表的論者である Russel が，Russel（1912）において，真理の担い手と真理メーカーの構造の共有関係として〈対応〉を理解するというのはどういうことなのかについて，以下のような定式化を行っているとされる。

　　真理の担い手が真理メーカーと対応する iff（ⅰ）その真理の担い手が，特定の複数の対象同士が互いにいかに関係し合うかを特定し，かつ，（ⅱ）実際にそれらの対象がそのように関係し合っている。

つまり，命題（真理の担い手）が，対象同士の間の関係を特定の仕方で示していて，かつ，その命題によって描写されたのと正に同様の仕方で対象が関係する形で事実（真理メーカー）が成立していることを構造的共有関係と呼び，この関係が命題と事実の間に成り立っている場合に〈対応〉が成り立つということになる。

　これを，具体例を基に整理してみよう。《猫のティブルスがマットの上にいる》という命題 p は，ティブルスという対象が，マットという対象に対して〈上にいる〉という関係に立っていることを表している。このときに，実際にティブルスがマットに対して上にいるという関係に立っているという事実 f が成立している場合に，p と f の間に対応が成り立つということである。

　ただし，このとき，事実との構造の共有を指摘できる必要があるため，命題自体に特定の仕方で対象同士の関係の順序を扱う術がなければならない。つまり，〈ティブルス〉〈マット〉〈上にいる〉という構成要素だけでは，その要素

---

6)　Kirkham の分析では，この方針のほかにもう一つ，〈対応関係〉を構造の共有ではなく，命題と事実の間の〈相関関係〉と捉える方針がある（cf. Kirkham, 1995, §4.3）。Kirkham（1995）いわく，この方針では，命題と事実の間に同型の構造が共有されているといった条件を〈対応〉に課さない。むしろ，我々の言語的慣習の結果として，文が表現する内容である命題と事実は恣意的に関係づけられていて，それが対応という関係だとする（119）。つまり，これはある事実を記述する上で特定の語や文が用いられる習慣によって，その文によって表現される命題はその事実と対応することになったのだという説明である。しかし，Rasmussen（2014）は，対応を〈相関関係〉と捉えるこの方針は，結局，ある文が表現する命題が事実と対応するためには，その文の構成要素のそれぞれが事実の構成要素を指示し，事実の構造と同じように文が配置されていることを前提する必要があるので，〈対応〉を〈事実と命題の構造的共有関係〉と捉える立場を輸入することになると指摘している（126）。そのため，本書では〈相関関係〉としての〈対応〉理解は扱わない。

がいかなる構造を有しているかは確定できず，《マットがティブルスの上にいる》という命題と《ティブルスがマットの上にいる》という命題の区別ができないのである。そのため，事実の構造関係に合致する仕方で命題の構成要素が配置されていると言えるようにする必要がある。これは，構成要素間の順序問題と言われる（cf. Rasmussen, 2014）。

　このような対応関係の順序問題の処理などの必要性から，対応説の現在の論者は基本的に〈構造化された命題 structured proposition〉という命題観を採用する[7]。構造化された命題は，それを表現する文の統語構造を引き継ぐ命題であり，《――，――》という形で，構成要素の位置関係を区別するための構造をあらかじめ組み込んだ命題である。《雪は白い》ならば，以下のような構造を持つと言える。

《雪，は白い》

このような命題によって構成要素間の順序関係を適切に取り入れることができるようになるため，真理の担い手と真理メーカーの構造的一致に訴えるという方針が可能となる。

　この構造化された命題は〈ラッセル命題 Russellian proposition〉と〈フレーゲ命題 Fregean proposition〉の二種類に分類される[8]。ラッセル命題は，個物 particular・性質・関係を構成要素とする[9]。つまり，《地球は丸い》という命

7）cf. Glanzberg, 2021. 構造化された命題とは別の命題観として，可能世界の枠組みを用いて可能世界から外延への関数として命題を捉える立場もある。ただし，この立場では，命題の個別化が粗い基準でしか行えないという難点があるため，King（2017）によれば，構造化された命題としての命題観のほうが現在は一般的となっている。いずれの命題観が正しいかについては本書では検討しない。しかし，事実（真理メーカー）と命題（真理の担い手）が構成要素間の構造を共有することとして〈対応〉を理解する考え方は，〈命題〉に構成要素間の関係を表現する〈構造〉があることを認めない可能世界としての命題観では主張できないため，〈構成要素同士の構造の共有〉という〈対応〉理解を採るためには，構造化された命題を採る必要がある。本章注6で示したRasmussen の主張が正しい場合，対応説を採る論者は必ず，真理メーカーと真理の担い手の構造の共有関係として〈対応〉を理解する必要があるので，少なくとも対応説においては命題を可能世界の枠組みで理解する立場は採れないと考えられる。

8）cf. King, 2007; Jago, 2018, 27-28.

9）cf. Lynch, 2009, 132-133.

題であれば，それは，実際の世界内に存在する個物〈地球〉と〈丸い〉という性質から構成されると理解される。要するに，命題はそれが対応する事実と完全に同一の構成要素から成ると理解される[10]。

　もう一つのフレーゲ命題は，個物概念・性質概念・関係概念という三つの概念を構成要素に持つ。《地球は丸い》という命題は，個物〈地球〉についての概念と，性質〈丸さ〉についての概念が構成要素となる[11]。そのため，対象や性質それ自体ではなく，対象や性質に結びついていて，それを通して対象や性質がどのようなものかを我々が理解する〈概念〉が命題の構成要素となる[12]。たとえば，ラッセル命題では《キケロは演説家である》と《タリーは演説家である》は同一の対象と性質から成る同一命題である。それに対し，フレーゲ命題では，主語位置の個物概念が〈キケロ概念〉と〈タリー概念〉という仕方で異なるため，これらは異なる命題とされる[13]。つまり，フレーゲ命題のほうが，より命題の個別化基準が細かくなる傾向にある[14]。

　ラッセル命題がより主流の命題観であるということもあり[15]，本書では，ラ

---

10)　David（2018）は，対応説の論者が構造化された命題を採用する際には，ラッセル命題は採用できないと主張する。いわく，ラッセル命題では，命題と事実は完全に同一の構成要素から成るものなので，命題とそれが対応するはずの事実は同一となる。しかし，同一物は〈対応〉という異なる事物の間に想定される関係には立てない。そのため，ラッセル命題を採用する場合，真なる命題と事実を同一視する真理の同一性説と呼ばれる立場に回収される。
　　しかし，David の主張は正しくない。まず，事実と真なる命題を同一視する真理の同一性説においては，この同一性は，〈数的な同一性〉を意味する（cf. Newman, 2002, 130）。だが，事実と構成要素を共有するラッセル命題を採用するからといって，必ずしも真なる命題と事実との数的同一性を受け入れる必要はない。たとえば Alston（1997）は，ラッセル命題的な命題観を採用し，この命題 p とそれが対応する事実 f は構成要素が同一であるため，同一の内容を持つことまでは David 同様に認める。しかし，p と f は同一の構成要素を持つが，命題として扱われる際と事実として扱われる際で数的に異なる対象であるため，それらの間に対応関係が成り立つとする（38-39）。類似の見解は King（2007, 26-27）でも採用されている。また，Lynch（2009）も，対応説を部分的に取り入れる真理論を採用しているが，自身の真理論はラッセル命題と両立可能であると主張している（132-133）。つまり，David の主張は，構成要素が同一であるものを数的に同一のものとして扱わなければならないという前提の下でのみ成り立つが，構成要素が同一のものを必ずしも数的に同一のものとして扱う必要はないため，対応説はラッセル命題を排除しない。
11)　cf. Lynch, 2009, 133.
12)　cf. King, 2007, 11-12.
13)　cf. David, 2018, 250.
14)　しかしながら，フレーゲ命題であっても，キケロ概念とタリー概念の結びつく対象は同一の個物なので，それが対応する事実は一つである。
15)　cf. David, 2020, §6.

ッセル命題を前提に議論を進める。しかし，いずれの命題観を採っても後述する対応説の問題は同様に生じるため，本書での検討にこの選択は影響しない。

さて，以上を踏まえて，真理の対応説における説明を再確認しよう。例として，《地球は丸い》という命題を取り上げる。これは，主語位置の個物が，述部の性質を例化していることを示す内容の命題であると言える。このとき，対応説は，命題の内容と世界の側で成り立つ事実の，それぞれの構成要素と構造が一致している場合に，命題は真になる ── 〈対応〉という真理実現性質 F を例化する ── と主張する。つまり，命題内容の主語位置の構成要素が指示する対象と性質，これらが世界に存在していて，前者が後者を例化するという事実が成立している場合にのみ，命題は真になるということだ。そして，命題の構造の位置を占める対象・性質は存在するが，それらが例化関係には立っていないような場合には，命題は偽となる。他方で，そもそも構造の位置を占める対象や性質が存在しない場合，それは事実との対応の余地を端から持たないため，文は命題を表現せず真理適合性を持たない。このようにして，命題の真理が説明される。

この構造化された命題は，それを表現する文の統語構造を引き継ぎ，かつ，それによって事実と対応するため，この命題観の採用は対応説における文の意味論にも重要な仕方で影響する。指示的意味論が採用されることになるのである[16]。これは，単称名は個物を，個物に適用される述語はその個物が例化する性質をそれぞれ指示する，とする意味論である。構造化された命題は，それを表現する文の内容と統語構造を引き継ぐので，事実との対応関係 ── 同一の構成要素から成り，構造を共有すること ── の成立は，命題を表現する文の段階でその素地がなければならない。そのため，文の意味論においても，単称名辞と述語は，事実の構成要素である個物と性質を指示するものでなければならず，それらから成る文は事実の構造・内容を表象するものと理解されなければならないのである。

まとめると，対応説とは，構造化された命題と指示的意味論という道具立てを用いて，どのような命題についても，それが事実との〈対応〉という性質を

---

16) cf. Horgan, 2001, 68.

44　第1章　真理の一元主義

持つ——事実との構造的共有関係が成り立つ——場合に，真理性質が例化されるとする真理の構成理論を提示する立場である[17]。対応説では，この構成理論により，コアテーゼ①を否定することとなる。

　この説は，我々の認識とは独立に，世界の側で成り立つなんらかの事実が存在し，それが命題を真にするという実在論的直観に適うものである。この実在論的直観は，市井の人々から専門の哲学研究者まで含めて広く行き渡ったものであるため[18]，この直観に適うというのは対応説のアドバンテージである。また，事実との対応の有無によって命題の真理は決定されるため，真理とは我々がどう思うかとは無関係に成り立つという意味で客観的なものであると言うことができ，真理の客観性を担保しやすい。さらに，Rasmussen（2014）が指摘するように，世界の変化によって命題の真偽が変化する理由を適切に説明できるものになっている。そのため，このような方針で統一的に命題の真理の説明が可能であるならば，我々の理解に適う優れた利点を持つ理論を得ることができるだろう。

　しかし，対応説にはいくつか深刻な問題があり，このような構想でコアテーゼ①を論駁することは難しい。次項ではこの点を見ていこう。

1.1.2　対応説に指摘される問題点

　先に示したように，対応説は，〈真理の担い手（命題）〉と〈真理メーカー（事実）〉，そしてそれらを結びつける〈対応関係〉という三つの道具立てによって成り立つ[19]。

---

17)　対応説と，それとしばしば類似するものとして理解される真理メーカー理論の差分はこの点にある。対応説は，真理メーカーとして事実のみを置き，すべての命題の真理をこれによって説明する。それに対し，真理メーカー理論は，命題ごとに異なる種類の真理メーカーがありうると主張しうる。

18)　たとえば，秋葉（2014, 21-26）では，実在論的直観が人々の思考に深く根差したものであるということが指摘されている。また，真理についての対応説や，我々の精神から独立の事実の存在を認めるヘヴィーウェイトな実在論など，実在論的直観との親近性がしばしば指摘される立場が哲学者の間で最も支持されているというPhilPapersの2020年の調査結果（https://survey2020.philpeople.org/survey/results/all の「Truth: correspondence, deflationary, or epistemic?」および「Meta-ontology: heavyweight realism, deflationary realism, or anti-realism?」という質問項目を参照）からも，この実在論的直観が哲学者を含め我々の思考に根づいたものであるということが言えるだろう。

1.1 対応説　45

　この三つの道具立てのうち，対応説にとって深刻な問題は，真理メーカー（事実）という道具立てをすべての命題の真理の実現に要請することから生じる。具体的に生じる問題は二つあり，一つは〈スリングショット論法〉，もう一つは〈スコープ問題〉と呼ばれるものである。

　まずは一つ目の問題であるスリングショット論法を見ていこう。スリングショット論法とは，対応説の前提である，命題の真理は事実との対応によって成り立つとする主張を引き受けた場合，すべての真なる命題は，任意の事実によって真にされることになってしまう，というものだ。これは，対応説に対しての批判の論拠として Davidson（1969）により提起されたことで，有力な批判として認知されるようになった。

　この論法を具体的に確認しよう。まず，対応説の事実との対応という考えは以下のような形式と見ることができる。

　形式 F：文 p は事実 q に対応する。

このとき，形式 F が成り立つならば，対応説の真理の説明では p は真だということになる。そして，〈形式 F〉は，p に文を，q に p と構造的に同型な事実を代入可能なときに成り立つ[20]。たとえば，以下のような形である。

　文「東京は大阪の東にある」は事実〈東京は大阪の東にある〉に対応する。

　このとき，文 p に含まれる名辞を，同一の対象を指示する語に置き換えても，同一の事実との対応関係は成り立つはずである。たとえば，p 内の名辞「東京」を確定記述によって置き換えた「日本の首都は大阪の東にある」という文は，〈東京は大阪の東にある〉という同一の事実に対応すると考えるのは自然である[21]。つまり，文中の名辞を意味論的に同値な名辞に置換することは，同

───────────────

19)　cf. Lynch, Wyatt & Kim, 2021, 9.

20)　cf. Davidson, 1969, 752.

21)　このことはラッセル命題だけでなく，フレーゲ命題についても成り立つ。フレーゲ命題の場合，《東京は大阪の東にある》と《日本の首都は大阪の東にある》は主語位置の構成要素が〈東京〉と〈日本の首都〉という異なる概念であるため別の命題となるが，本章注 14 でも示したように，これ

46 第1章 真理の一元主義

一の事実との対応関係を保存すると言える。

　また同様に，p を論理的に同値な文によって置換しても，同一の事実に対応すると言えるだろう。すなわち，「東京は大阪の東にある」という文と，論理的に同値な文「大阪は東京の西にある」は，ともに同一の事実に対応すると考えるのは自然だろう。つまり，論理的に同値な文を置換しても，同じ事実との対応関係は保存されたままだと言える[22]。

　以上から，以下の前提を取り出せる[23]。

　前提1（論理的同値性）：論理的に同値な文を置換しても対応する事実は変わ
　　　らない。
　前提2（意味論的同値性）：任意の文 S に現れる単称名辞を，それと指示対象
　　　が同一の単称名辞で置き換えても，S が対応する事実は変わらない。

　この二つが，スリングショット論法の前提となる。そして，以上の前提から，〈任意の真なる文を置換して任意の真なる文を導出できるため，真なる文はすべて同一の事実によって真になる〉という結論を導くのがスリングショット論法である。

　実際に，前提1と前提2を引き受けた場合，任意の真なる文を置換して任意の真なる文を導出できるという結論が導かれることを見ていこう。まず，いずれも〈真〉である任意の文「Fa」と「Gb」を用意する――これらは「a は F である」と「b は G である」の短縮表現である。そして，a と b の間に成り立つ任意の関係を示す関係文「Rab」を用意する。ここでは，例として，「Fa」を「地球は丸い」とし，「Gb」を「東京タワーは赤い」としよう。そして，こ

　らの概念が結びつく対象は同一――東京という都市――であるため，対応する事実は同一となる。

22)　この議論は Davidson（1969, 752）に基づく――ただし，分かりやすさを考慮して，オリジナルの事例で用いられていた都市名（ナポリとレッドブラフ）を東京と大阪に変えている。また，Davidson は「東京は大阪の東にある」と「大阪は東京の西にある」のような文を論理的同値として議論を進めているが，両者の置換可能性は「東」「西」といった語彙の意味公準を規定してはじめて担保されるので，これら両文を厳密に論理的に同値な文と呼ぶべきか否かは微妙かもしれない。しかし，ここでは Davidson の用法に従い，これら文は論理的同値だと考えることにする。

23)　スリングショット論法がこれら前提を置くことについては，Church（1956, 24-25）; Davidson（1969, 752-753）; Perry（1996, 98）; Rasmussen（2014, 56-57）を参照。

の a = 地球と b = 東京タワーの間に成り立つ任意の関係を示す文「Rab」を，「a は b を部分に含む」という文としよう。このとき，前提1と前提2に従うと，次のような手順で Fa を Gb に置換することができることになる。

(1)文「地球は丸い」を，文「地球は「地球と同一であり，かつ，丸い」という記述を満たす唯一の対象である」に置換する。

(2)文「地球は「地球と同一であり，かつ，丸い」という記述を満たす唯一の対象である」を，文「地球は「地球と同一であり，かつ，東京タワーを部分に含む」という記述を満たす唯一の対象である」に置換する。

(3)文「地球は「地球と同一であり，かつ，東京タワーを部分に含む」という記述を満たす唯一の対象である」を，文「地球は東京タワーを部分に含む」に置換する。

(4)文「地球は東京タワーを部分に含む」を「東京タワーは「東京タワーと同一であり，かつ，地球の部分に含まれる」という記述を満たす唯一の対象である」に置換する[24]。

(5)文「東京タワーは「東京タワーと同一であり，かつ，地球の部分に含まれる」という記述を満たす唯一の対象である」を，文「東京タワーは「東京タワーと同一であり，かつ，赤い」という記述を満たす唯一の対象である」に置換する。

(6)「東京タワーは「東京タワーと同一であり，かつ，赤い」という記述を満たす唯一の対象である」を，文「東京タワーは赤い」に置換する。

さて，「地球は丸い」という文を論理的に同値な文によって置き換えていくことで「東京タワーは赤い」という文が導かれた。前提1より，論理的に同値な文は同一の事実に対応するのであるから，両者の文はいずれも同じ事実によって真にされるのでなければならない。どのような任意の二つの真なる文も，同様の手順で一方から他方に置換可能であるため，真なる文はすべて任意の同一

---

24) 文「地球は東京タワーを部分に含む」は「東京タワーは地球の部分に含まれる」と同値なため，前者を後者の文として読むことが許される。その上で，「東京タワーは地球の部分に含まれる」という文を，確定記述を含む文に置換すると，(4)が得られる。

48　第1章　真理の一元主義

の事実によって真になるということが導かれる。

　つまり，スリングショット論法が正しければ，対応説の〈事実との対応による真理の実現〉という考えは，すべての真なる命題は任意の事実によって真にされるという結論を含意するのである。この結論は，対応説による命題の真理の説明をトリヴィアルなものにしてしまうという点で問題があるとされる。たとえば秋葉（2014）は，スリングショット論法が成り立つ場合，各真理の担い手の真理はその内容に応じて，実在世界の特定の一部によって真理性の根拠が与えられるのだと言えなくなってしまい，すべての真理が真になる仕方が無差別かつ等しいものとなってしまうとする。そしてその場合，この真理の説明は「すべての真理は真理値〈真〉に対応することによって真である」とか「真理はなんらかの仕方で実在によって根拠づけられている」といった，ほとんど説明になっていないようなトリヴィアルなことしか言えなくなってしまうので，スリングショット論法を受け入れるのは実在によって真理を説明する理論にとって問題だとする。Davidson もまた，この問題ゆえに対応説は，トリヴィアルで空虚な説明を避けることに困難を抱えることになると指摘している[25]。これはつまり，あらゆる命題の真理条件が，〈同一の任意の事実に対応するとき〉ということになってしまうので，命題の真理条件を命題ごとに区別できない空虚な構成理論になっているという主張として理解できる。

　対応説に生じる第二の問題は，我々が実践において真理適合性を認めるような文について，その真理適合性を認めることが困難になる場合があるというものだ。1.1節並びに前項でも述べたように，一元主義においては，文はそれ自体で真理適合性を認められるわけではない。真理実現性質 ── 対応説においては〈対応〉── を獲得する余地があることが，真理適合性の認定条件なのである。しかし，以下のような文を考えてみると，この対応説の真理適合性理解には問題があるように思われる。

　「パンダは赤くない」
　「拷問は悪い」

25）　cf. Davidson, 1969, 748.

前者の文はある対象が特定の性質を持っていないことを述べているため，対応する事実がないように思われる。同様に，後者の文の述部に現れる〈悪さ〉という性質は，どのような存在論的身分を持つのかが不明瞭であり，その存在を認めることに躊躇するような性質である。そのため，このような述語を含む文に対応する事実があると言えるかは怪しい。しかし，これら文はそれぞれ，真偽評価が可能であり，それゆえ以下の命題を表現すると考えるのが普通ではないか。

　《パンダは赤くない》
　《拷問は悪い》

第一の命題はある事実の否定を表現する命題のため〈否定命題〉，第二の命題は主題が道徳的なものであるゆえに〈道徳命題〉とそれぞれ呼ばれる。

　第一の命題の問題は，この命題は一見して真であるように思われるが，対応説の描像の下では，〈真理〉とは実在 —— 事実 —— との対応であるので，仮にこの命題が真であると言うなら，特定の事実が成り立っていないという否定的事実が存在することを認め，それとの対応を主張しなければならないことである。ここで思い起こす必要があるのは，1.1.1 項で見た，対応説による〈事実〉の定式化である。それによれば，事実とは，世界で成り立っていることがらであり，対象が特定の性質を例化していることを意味するのであった。しかし，《パンダは赤くない》というのは，対象が赤さという性質を例化するという事実が成り立っていないことを示す命題であるので，そのような命題と対応する否定的事実なるものを認めてしまうと，もともと対応説で定式化された〈事実〉の理解と両立しないように思われるのである。しかし，否定的事実を用意できないのであれば，一見して真であるこの命題の真理適合性を担保できなくなるという問題を対応説は抱えることとなる。

　第二の命題の問題点は，〈悪さ〉のような時空に位置を持たない非自然的な性質が例化されうることを示さない限り，この命題の真理適合性を担保できないことである。しばしば我々は，道徳文が道徳命題を表現していると考え，その真偽を語る実践を行っているが，対応する事実として〈悪さ〉性を例化する

50　第1章　真理の一元主義

対象・行為・出来事等を示せなければ，対応説の下では道徳性質を含む命題は真理適合性を持つものとしては認められないため，そうした真偽を語ることは許されなくなってしまう。

　これらは，対応説の説明が適切に見える範囲から逸脱した命題群が存在するという指摘であり，その真理論の説明の範囲 scope にこうした命題が収まらないという意味で〈スコープ問題〉と呼ばれる。

　これらが対応説の主要な問題点である。このうち，特に道徳命題のスコープ問題は深刻なものであることを次項では確認し，対応説の構想ではコアテーゼ①を否定する真理の構成理論を与えることは難しいことを見る。

1.1.3　対応説の応答可能性の検討

　最初に，スリングショット論法についてどのような応答が可能かを指摘したい。

　まず，スリングショット論法が成り立つことで，〈すべての命題は任意の事実との対応によって真になる〉という結論が生じてしまうことは，コアテーゼ①を論駁するという目的のみから見た場合，対応説にとって必ずしもそれ自体で問題なわけではないということに注意する必要がある。なぜなら，これが仮に正しかったとしても，コアテーゼ①を論駁する構成理論自体は提供されるからである。命題が真となるためには必ず事実に —— それがどのような事実であれ —— 対応するのでなければならない，と言えるのであれば，すべての命題の真理に共通して当てはまる構成理論など存在しないとするデフレ主義のコアテーゼ①自体は論駁されるからだ。無論，スリングショット論法が成り立つ場合，対応説の真理の構成理論の正当性はおそらく完全に毀損されてしまうだろう。なぜなら，スリングショット論法から導かれる〈任意の命題が任意の事実によって真になる〉とする結論が正しければ，たとえば《東京は日本の首都である》という命題は〈マットの上に猫がいる〉という事実と対応して真となるなどとも言えてしまうからである。そのため，スリングショット論法が正しい場合，対応説の真理の構成理論が正当性を保つことはおそらく不可能である。しかし，世界内の任意の事実との対応がなければどの命題も真にはなりえないという非常に弱い構成理論でも，それを仮に説得的に与えられるならば，コアテ

1.1 対応説 51

ーゼ①の論駁には足るものとなる[26]。

とはいえ，今見たように，〈任意の事実との対応によって命題は真にされる〉という構成理論が正当性・説得性を担保できる余地はおそらくない。したがって，これに対しての応答が対応説にはやはり必要となる。対処として，論理的に同値な文を置換する過程で，命題と事実との〈構造的共有関係〉が失われていると指摘するという方法がある。この対処では，スリングショット論法の前提１である〈論理的に同値な文は同一の事実と対応する〉という考えが拒否されることになる。この点を，先の「地球は丸い」という文の事例で確認しよう。この文を置換して別の文を導いていくステップにおいて，「地球は丸い」は「地球は「地球と同一であり，かつ，丸い」という記述を満たす唯一の対象である」という文に置換されていた。しかし，対応説が前提する構造化された命題観に基づけば，文が表現する命題は，その文の統語構造を引き継ぐのでなければならない。そうだとすれば，それぞれの文の表現する命題は《地球は丸い》と《地球は地球と同一である∧地球は丸い》というように異なっていなければならない。そして，前者が原子命題であるのに対し，置換された文の表現する後者の命題は，論理定項を含む複合命題となっている。そうだとすれば，構造の同型性が両命題で保たれていない以上，この両命題は異なる事実に対応するのでなければならない。実際，《地球は丸い》という命題が〈地球は丸い〉という事実と構造を共有するのは――構成要素とその配置が完全に同一のため――明らかである一方，《地球は地球と同一である∧地球は丸い》という複合命題はその統語構造からして〈地球は丸い〉という事実と構造的共有関係を保っているとは理解し難い。そのため，こうした複合命題が仮に対応する事実があるならば，その事実は〈複合的事実〉と呼べるようなものでなければならないだろう。そのため，スリングショット論法の前提１は成り立たないと言える。

ただし，この対処の際，そのままでは，複合命題と構造を共有する〈複合的事実〉という論理定項をその構成要素に含める存在者を導入することになりかねない[27]。そのため，この対処を採る場合には，〈論理原子主義 logical atom-

---

26) そのため，スリングショット論法の引き起こす問題は，真理の構成理論は存在するか否かに関する真理論的問題としてよりも，直接には，文・命題の真理条件を個々に区別して扱いたいといった関心がある場合に対応説に生じる意味論的問題としての側面がより強いと考えられる。

52 第1章 真理の一元主義

ism〉という立場を同時に採用することが望ましい。論理原子主義とは，対応説の主張を原子命題のみに限定して適用し，複合命題に関しては対応する事実の存在を認めず，その部分となる原子命題の対応の成否から派生的に真偽評価をするという立場である[28]。

こうすれば，原子命題と複合命題とでその構造が違うため，両者は同一の事実に対応するとは言えないとしてスリングショット論法の成立を回避しつつ，〈複合的事実〉という存在者を要請せずに複合命題の真理を説明可能である。ただし，論理原子主義を採る場合には，対応説の基本テーゼに修正を行い，以下の二段構えのテーゼから成る真理の構成理論を用意する必要がある。

　　論理原子主義の対応説テーゼ：原子命題 p は真になる iff p が事実と対応する。かつ，複合命題 q は真になる iff q の構成要素である原子命題 p の論理関係から q が真であることが導かれる。

もしかすると，この方針に対しては，対応説を一元主義的な〈すべての真理を同一の真理実現性質によって説明する〉真理論から離れさせてしまうという懸念が表明されるかもしれない[29]。しかし，論理原子主義では，複合命題の真理も原子命題の〈対応〉関係から派生的に説明されているため，複合命題の真理も〈対応〉という真理実現性質をその構成要素が持つことによって説明されていると言うことができる。そのため，論理原子主義も対応説の構想の一つのヴァリアントとして認めることはできるだろう。

　また，以上のスリングショット論法への対処は一見してアドホックであるが，

---

27)　論理定項を含む事実を認めることには，少なくとも二点の問題が指摘されている。論理定項を世界に存在するなんらかの対象であると考える場合，どのような存在者として世界に存在すると理解すればよいのかがよく分からないというのがその一つ目である。実際，論理定項はその存在論的身分の不明瞭さから，奇妙な準 - 論理的対象 funny quasi-logical object と呼ばれ，その存在を認めることに躊躇する論者が多い（cf. David, 2020, §6）。二つ目の問題として，論理定項を認めることには存在論的にコストがかかるということがある。そのため，オッカムの剃刀などの基準に照らすと，認めなくて済むのならばそのほうがよいと言える。実際，以下に見るように〈∧〉のような論理定項を含む命題は，論理定項を存在者に含めずとも処理することができる。

28)　この立場の提唱者は Russel (1918) である。

29)　見方によっては，第2章で確認する真理実現性質を多元化する真理の多元主義の構想に近いと考える者もいるかもしれない。

実際には，命題と事実の間の構造的共有関係として〈対応〉を捉えるという対応説のもともとの基本方針に適ったものとなっている。こうした〈対応〉の理解に沿えば，原子命題と複合命題では同じ事実が対応していないと考えるのは，対応説にとってみれば自然なのであり，むしろ，スリングショット論法の前提1のように，論理的に同値な文・命題が常に同一の事実に対応するという考えのほうが対応説の構造的共有関係としての〈対応〉理解から外れていると言える。そのため，対応説論者は自身のもともとの方針に適う仕方で基本テーゼを修正して，スリングショット論法を回避することが可能なのである。

　むしろ，対応説をインフレ主義の構想として見たときにより深刻なのは，第二の問題——スコープ問題——である。無論，スコープ問題を生じさせる複数の種類の命題のうち，一部は対応説でも処理が可能である。否定命題については，今見た論理原子主義が一つの対処法となる。たとえば，《パンダは赤くない》は，《パンダは赤い》という原子命題に，論理定項〈¬〉を追加した複合命題として理解される。そして，〈パンダ〉と〈赤さ〉という性質はそれぞれ存在するが，パンダが赤さを例化している事実は成り立っていないため，この命題は偽である。複合命題である否定命題は，その原子命題の真理値の否定であるため，派生的に真となる。

　だが，道徳文の真理適合性の問題は深刻である。この文は，それが命題を表現するとすれば，複合命題ではなく原子命題なので，論理原子主義を採用することでは処理ができない。かといって，道徳文の真理適合性を認めない方針をただ採ってしまうわけにもいかない[30]。我々の多くは道徳文の真理適合性をしばしば当たり前に受け入れているからである。ある種の行為を悪いものと記述し主張する実践を現に行い，かつ，その判断は真偽を問いうるものだと見做している者が多くいるという点を対応説はシリアスに受け止めねばならない[31]。しかし，対応説の下で道徳文の真理適合性を認めるのは容易ではない。まず，対応説の下では，この文の真理適合性を認めるために〈道徳性質〉の実在を示

30）　ただし，第3章ではそうした方針の見込みも検討することになる。

31）　道徳文の真理適合性を認める論者と認めない論者の間の議論は非常に込み入ったものとなっているので，本節ではなく，第3章でより詳しく検討することにする。第3章の議論の結果として，対応説ではどのような対処を採るにせよ，道徳文を正しく処理する方法を見つけることには困難があるということが示されることとなる。

54 第1章 真理の一元主義

すことが必要となる。なぜなら，対応説では，文の真理適合性は，〈対応〉という真理実現性質の獲得の余地がある場合にしか認められないからである。そのためには，文の構成要素である名辞・述語の指示する対象・性質が少なくとも存在すると言えるのでなければならない。

しかし，道徳性質の実在を示すことはそれほど容易ではない。一つの方法としては，なんらかの自然的性質に還元する分析を行うことが考えられるが，こうした方法は〈開かれた問い open question〉にしかならないと言われている[32]。たとえば〈善〉を〈快が得られた状態〉として還元的に定義したとする。しかし，我々は，「では快が得られることは本当に善いのか？」という問いをその定義に投げかけることができる。還元的分析が閉じて終わることがないのではないか，という疑義があるのである。かといって，還元的分析ができなければ，どのような性質として，いかなる場合にその存在を主張することが正当なのかが分からないかもしれない。我々はしばしば道徳性質の帰属に際して，他者と不一致を引き起こす。そうだとすれば，いかなる場合に性質の例化が認められるかを見極めることは困難である。

そのため，対応説は，道徳文の真理適合性を認める必要があるが，その方法を対応説の理論の範囲では十分に見つけ出せないというジレンマを抱えている。一般に広く認められている道徳文の真理適合性を認められないというスコープ問題を生じさせる点で，対応説によってすべての命題の真理の構成理論・文の真理適合性を適切に与えるという構想は達成困難だと言えるだろう[33]。

1.2　整合説

一元主義的インフレ主義の立場が真理実現性質 F の候補として訴えることができるものは〈対応〉以外にも存在する。本節では，そうした代替候補の一つとして〈整合〉という性質に訴える〈整合説〉という立場の見込みについて

---

32)　これは，道徳性質を還元的に分析するという試みが閉じることがないにもかかわらず，そのような試みをなそうとすることは誤りであると示すために Moore（2012, ch. 2）が用いた論法で，「開かれた問い論法 open question argument」と呼ばれている。

33)　ただし，繰り返すが，第3章で再度，対応説によるこの道徳文をめぐるスコープ問題の応答可能性をより詳しく検討することになる。

1.2 整合説　55

検討していこう。

　整合説は，命題の真理性質の例化という構成理論を，ほかに信じられている諸命題との〈整合 coherence〉として与える立場である。これは，以下のような形を採る。

　　整合説の基本テーゼ：命題 p は真である iff p が他の諸信念に対して〈整合〉
　　という性質を持つ。

本節では，この立場によるコアテーゼ①の論駁方法を確認し，その問題点を整理する。

1.2.1　整合説の基本発想と道具立て

　Young（2001）によれば，整合説は，真理の担い手である命題に客観的な真理条件を認めるか否か，という点で対応説との差異を持つ。対応説では，命題を信じる信念主体の信念体系とは独立に，命題の真理条件として世界内の事実との対応が課される。このように対応説の下では，命題の真理条件は主体の信念体系との独立性という意味での客観性を持つのに対し，整合説では，命題の真理条件は常に，信念主体──個人や集団──によって持たれている〈信念〉との関係によって決定される。信念は，その内容に命題を持つ心的状態なので，この説は，命題の真理を，信念体系において真だと信じられている他の諸命題との整合関係として捉える，ということになる。つまり，整合説は我々の信念から独立した形で命題が真になる余地を認めないのである。

　ここでこの理論を把握するために必要なのは，〈整合〉とはなにかという点と，真理の担い手が真になるために必要な信念体系とは誰の信念体系なのかという点である。

　まず，前者について確認しよう。〈整合〉関係は，主体によって信じられている諸命題から成る〈信念体系〉と真理の担い手である〈命題〉との間に，〈一貫性 consistency〉と〈導出可能性 derivability〉が成り立つことだとされる[34]。一貫性とは，我々が「行為 x は悪い」という文が表現する命題を真と認めるなら，我々の信念体系は「行為 x は善い」「行為 x は賞賛に値する」など

56　第1章　真理の一元主義

のような文が表現する命題を内容とする信念を含む体系であってはならないということである。そして導出可能性は，信念体系に含まれる命題がすべて与えられたならば，特定の命題が導かれることになるという関係を意味する[35]。たとえば，《現象 P が生じた》《現象は原因なく生じることはない》といった命題が既に信じられていて，主体の信念体系に含まれているとする。このとき，この両者から，《P を生じさせる原因となるなにかが存在する》という命題が含意として導かれる。これが導出可能性と呼ばれるものである。このように，信念体系と命題の間に〈一貫性〉と〈導出可能性〉が成り立つことが，〈整合〉が成立することであるとされる。

　以上のように理解される〈整合〉は，道徳的主題に関わる命題など，広い範囲の命題について成り立ちうる。たとえば，我々の信念体系において，《道徳的に善いことと，快の増大は，一方が成り立つときに他方も成り立つ》と信じられているとしよう。この場合，我々の信念体系において A が快を増大させるものだと認められていることから，《A は道徳的に善い》という命題が真だということが一貫性を保ったまま導出可能である。このように，あらかじめ信念体系に含まれている命題群と，問題になっている命題の間に導出可能性と一貫性が成立するならば，どのような命題であっても〈整合〉性質を所有できるため，真になるものとして扱える[36]。また，〈快を増大させるものであること〉と〈善いものであること〉が実際に随伴的であることを示す事例が積み上げられていくことで，《道徳的に善いことと，快の増大は，一方が成り立つときに他方も成り立つ》という命題を含む信念体系のもっともらしさは強化されていくだろうから，対応説のように信念から独立した客観性を持ち出すことができ

---

34)　Dorsey, 2006.

35)　Lynch（2009）は，この二つに加え，信念体系が〈整合〉していることを示す特徴として，〈予測力 predictive power〉〈単純性 simplicity〉〈完全性 completeness〉も挙げている。ある信念体系 N が予測力を持つとは，N が未来の経験・判断を信頼可能な仕方で予測できることである。N が単純性を持つとは，N が任意の事象を説明する際に，その説明がアドホックとなったり，過度に複雑となったりしないということである。N が完全性を持つとは，適切な種類の命題すべてについて，その正誤に関する判断を N が含んでいるということである（167）。
　　しかしながら，これら三つは，信念体系にもともと含まれていない命題と既存の信念体系との間の整合関係ではなく，信念体系内の整合に関わる特徴である。本書で議論対象となっているのはもっぱら前者の関係なので，Lynch が挙げる三つの特徴は〈整合〉の特徴には含めない。

36)　この点については，Young（2001, 90）も参照のこと。

ずとも，命題の真理をある程度客観的に担保することができる。

　また，整合説は対応説とは異なり，命題と事実が構成要素・構造を共有するという考えや，その命題の構造は文から引き継がれるものであるといった考えを引き受ける必要がない[37]。対応説でこのような考えを引き受ける必要があったのは，命題と事実が構造を共有することで真理が成り立つとする，〈対応〉に基づく真理観を採用していたゆえであった。しかし整合説は，端から〈対応〉に基づく真理観を採用せず，命題と信念体系の間に〈一貫性〉と〈導出可能性〉が成り立ってさえいれば命題の真理は成り立つとするので，特定の命題観を採用したり，事実と命題の構造に言及する必要がないのである。さらに，対応説の下では，文の統語構造を引き継ぐ〈構造化された命題〉という命題観を採るために，指示的意味論を採る必要があったが，整合説にはこのような制限もない。そのため，対応説よりも比較的自由な意味論を採用することができる。たとえば，「拷問は悪い」といった文にしても，ある対象がもともと持っている悪さ性の存在を前提し，それを述定していると捉える必要はなく，「xは悪い」がどのような適用条件を持つと我々が見做すかに基づいて性質が措定されるのだと考えてもよい[38]。その場合，「拷問は悪い」という文は，我々が「悪い」という語の適用条件と見做すもの —— 他者の身体に危害を加える行為であるなど —— を，拷問が有している，という意味のものであることになる。

　以上で，整合関係とはなにかということとその含意を明確化したので，次に，どの信念体系との整合を整合説は要請するのか，という点について確認しよう。この点については，三つのパターンが考えられる。第一のものが，個々の主体それぞれの信念との整合である。第二のものが，コミュニティなどの集団レベルの信念体系との整合を課すものである。第三のものが，現実の主体ではなく，理想的状態における主体の信念体系（認知的制約を受けない神の信念体系[39]や，十分に不整合さを取り除くまで調整・拡張された場合に誰もが受け入れるような信

---

37)　cf. Granzberg, 2021, §1.2.

38)　実際，Young（2001）は，話者が特定の条件の下で命題を主張する実践を基に，当の命題の主張が適切となる条件が設定され，それが命題の真理条件として打ち立てられるとする（91）。そして，この命題は文によって表現されるので，文や語の意味も使用の適切性条件に紐づけて理解されることになる（91-92）。Young はこうした立場として整合説を特徴づけている。

39)　cf. Thagard, 2007, 30.

58 第1章 真理の一元主義

念体系[40]）との整合を課すものである。つまり，整合性評価を行う際にどの信念体系を参照するかに応じて，整合説は以下のパターンに区分できる。

パターン①：任意の主体の信念体系と命題 p が整合する場合，p は真になる。
パターン②：任意の集団の信念体系と命題 p が整合する場合，p は真になる。
パターン③：理想的状態の主体の信念体系と命題 p が整合する場合，p は真になる。

どのパターンを採るにしても，この説は，先に見た通り，対応説が突き付けられた道徳文の真理適合性の問題をクリアできるという利点を持つ。たとえば，「拷問は悪い」という文についても，以下のような仕方で説明可能である。我々の信念体系において，ある種の行為は望ましくなく認められないとあらかじめ信じられているとする。また，そうした望ましくない行為は〈悪さ〉を持つと信じられているとしよう。その場合，拷問が望ましくない行為と理解されるならば，「拷問は悪い」という文は信念体系と整合するため，真理適合性を持つ命題を表現する。そのため，道徳命題を表現する道徳文の真理適合性は問題なく認めることができる。

以上が，真理の整合説の基本的な発想と道具立てである[41]。

1.2.2 整合説の問題点

しかし，整合説にも問題はある。最初に①〜③のパターンそれぞれが抱える問題点を見た上で，それらに共通する問題をみていこう。

まず，パターン①では各々の主体の信念体系に，命題の真理が相対化される。しかしこの場合，非常に突飛な信念を抱く主体がいた際に，その主体の信念を

---

40)　cf. Dorsey, 2006, 496. この信念体系は，以下に見るパターン②のように集団レベルの整合に留まるものとは区別されねばならないので，合理的主体であれば誰もが受け入れるような信念体系となっている必要があるだろう。

41)　ただし，真理論としての整合説──命題の真理を〈整合〉に還元する──を実際に採用している論者はそれほど多くはないと考えられる。Damnjanovic & Candlish（2013）は，整合説を採用していたとカテゴライズされる論者の多くが，実際には，知識や正当化を整合関係から説明しているだけで，真理の還元的説明として〈整合〉を持ち出してはいなかったことなどを分析している。

偽として扱うことはできない場合がある。整合説はそうした個々の主体の信念体系に真理を相対化することになるからである。パターン②の場合も，パターン①の場合と同様の問題が集団レベルで起こりうる。つまり，集団レベルで突飛な信念を抱いているケース——歴史修正主義者の共同体が専門家に否定された歴史観を保持している場合など——について，その信念を偽であるものとして扱えない場合がある。パターン③の場合，神の信念体系を持ち出すならば神の存在を論証せねばならないし，理想的信念体系を持ち出す場合は，そもそもそのようなものが成立する余地があることを示さねばならない。しかし，理想的信念体系の成立する余地を認めることは容易ではない。たとえば，道徳的主題については，直観主義と功利主義のいずれが正しいのかという 19 世紀から続く論争が，形を変えながら 21 世紀の現在までの間継続していて，いまだ調停されていない[42]。この論争に参与する論者はいずれもこの主題に知悉した専門家であり，他者の議論の正当性を認めずに自説に固執する——歴史修正主義者と歴史学者の議論のように一方が不合理である——がゆえに対立が調停されないというわけではない[43]。このように，合理的な論者の間で議論が続けられているにもかかわらず，非常に長い期間にわたってその真偽が調停されないような命題——《功利主義は正しい道徳理論である》など——が存在することは，我々の意見の対立がどれだけ時間を経ても解消されないのではないかという疑いを投げかける。その場合，各論者の意見の不一致や信念間の不整合さを十分に取り除いた末に得られるであろう〈合理的な主体の誰もが受け入れるような理想的信念体系〉なるものが存在する余地がそもそもあるのかということも疑わしくなる。少なくとも，この理想的信念体系というものの存在に訴え，各命題の真偽を判定しようとする者に，そのような信念体系が存在しうることを示す挙証責任がある。この点に答えが与えられない限り，理想的信念体系に照らして命題の真偽が決定されると主張する立場は妥当とは言えないだろう。なぜなら，理想的信念体系という存在する余地がそもそもあるのか分からないものに訴える真理論は，個々の命題の真偽判定を一切行えないような空虚な真理論となってしまうだろうからである[44]。

---

42) この点については，児玉（2010）を参照のこと。
43) この専門家間の不一致については第 3 章でも触れることになる。

60 第1章 真理の一元主義

　また，そもそもどのパターンであっても，整合説はその構想に問題を抱えている。整合説の構想は，三つの道具立てによって成り立っていた。真理の担い手である命題，信念体系，そして両者の間の整合関係である。このような道具立てを用いるため，この説は，我々の信念から独立したものを真理に関わらせない。整合説の下では，信念主体の信念体系との整合関係によってのみ命題は真となるので，信念体系が存在しない限り，命題は真になりえないからである。しかし，我々が存在し信念体系を構築しようとすまいと，無関係に真である命題はさまざまに存在するように思える——たとえば《地球が存在する》といった命題などである[45]。こうした命題については，それが真であるのは，我々がどう思うかに関わらず，地球という名辞で名指されるような対象が存在するという事実のおかげであるとする実在論的直観を持つ者のほうが，整合説のような仕方でこの命題の真理を理解する者よりも多い[46]。そのため，この実在論的直観に反して，信念体系という道具立てを命題の真理の説明にわざわざ追加し，この信念体系が存在しなければあらゆる命題は真になりえないと主張するならば，その正しさを示す根拠が必要となる。しかし，信念体系が存在しなければ《地球は存在する》という命題は真でない，という主張を正当化することは容易ではないだろう。実際，実在論的直観を持つ哲学者は，そのような考え方に説得性を感じないからこそ，信念体系というものを持ち出さずに命題の真理を説明できる対応説のような理論を擁護しているのだと考えられる。

　これは，対応説が道徳命題のような事実との対応を指摘することが困難な命題を自説の範囲で処理できなかったのとちょうど反対に，整合説では，我々の信念のあり方に関わらず真偽が決まっているような命題を扱えないという問題である。つまり，整合説という真理論の説明可能範囲を超える命題が存在する，というスコープ問題の一種が，ここでも生じているのである。

　整合説が我々の信念に依存させて真理を語る以上，我々の信念体系の如何に

44）　cf. Lynch, 2009, 169-170.

45）　これについて，Lynch（2009）や Wright（1992; 2003）は，整合説の改良によって処理する方針を検討した上で，我々の信念体系によって真と認められるか否かに関わらず真／偽となりうる命題はやはり存在し，整合説では完全にはこのギャップを埋められないと診断し，本書第2章で確認する多元主義を採用している。

46）　本書1.1.1項と，本章注18を参照のこと。

関わらず真偽が定まっている命題を認めることはできない。しかし，我々の信念体系がどのようなものであろうと，それとは無関係に真偽が定まっている命題というものが存在するという実在論的直観を共有する多くの者にとって，この立場は説得的とは言い難い。また，パターン①〜③それぞれについても個別の問題があるため，この立場は適切な真理の構成理論ではないと本書では結論する。

1.3　プラグマティズム説

〈真理のプラグマティズム説 pragmatic theory of truth〉と呼ばれる立場は，真理実現性質 F を一種の〈保証 warrant〉として捉える立場である。〈保証〉とは，「真なる信念が知識になるために必要なもの」であり[47]，これは〈正当化を与える理由〉を主体が有している場合にその主体に成立する状態と理解してよい。

そのため，プラグマティズム説は，以下のような仕方で真理を定式化し，構成理論を与える立場であると考えてよいだろう。

プラグマティズムの真理テーゼ：命題 p は真である iff p を主張する／信じることが〈保証〉されている[48]。

---

47)　cf. Plantinga, 1993.

48)　Misak（2013）は，真理と〈保証〉を同一視するプラグマティズム説を William James に帰し，John Dewey，Richard Rorty がそれに連なる論者だとする。それに対し，Charles Peirce や Misak 自身は命題が保証されている状態を暫定的に真理に代替させるだけで，これらを同一視はしないプラグマティズム説を採用しているとして，James 流のプラグマティズム説から自身の流派を区別する。この区別に基づけば，プラグマティズムの真理テーゼを字面通り引き受けているのは，James に連なるプラグマティズム説だけということになる。このプラグマティズム説内部の立場の差異の整理は，本書 1.3.2 項で行う。

また，しばしばプラグマティズム説は〈有用である〉という性質を真理実現性質 F として同定する立場とされ，これが William James に帰されることがある（cf. Dowden& Swartz, 2022, §6）。しかし，James の立場は，命題を信じることが〈保証〉されている状態を真理として捉え，その保証が証拠以外の〈有用性〉等によって与えられうるとするものなので，彼の立場は，真理実現性質 F を〈保証〉と捉える立場と考えたほうが正確であると思われる。

62　第1章　真理の一元主義

　このプラグマティズム説がどのような仕方で導出されるのか，その発想を支持者たちがどのような道具立てで担保しようとするのかを正確に理解するため，具体的に彼らの考えを見ていくことにしよう。

1.3.1　プラグマティズム説の基本発想と道具立て

　プラグマティズム説の基本方針は，〈保証〉という認識論上の概念に頼ることで，我々の認識実践に結びつける仕方で真理を定式化することにある。

　このような認識論上の概念を真理の理解に反映するのは，彼らがプラグマティズムの格率と呼ばれる格率を重視するからである。プラグマティズムの格率は，Peirce（1992）による以下の文言に代表される考えだとされる。

　　我々が観念の対象と見做すものが，実践と関連すると考えられうるいかなる
　　効果を有するかを検討せよ。それら効果についての我々の観念こそが，その
　　対象に対する我々の観念の全体なのである。（Peirce, 1992, 132）

これは，我々自身の実践において対象がもたらす感知可能な効果の差異に基づいてその対象の意味を確定するという，プラグマティストが採用する格率である。たとえば，我々は〈硬さ〉という概念を，それがほかのものによって擦られるという実践 P が生じた場合に，〈傷つかない〉という効果 E を生じさせることとして，その意味を実践に結びつけて確定する[49]。そのため，ある対象が〈硬い〉という概念の包摂対象となることも，同様のテストをパスすることとして捉えられる。すると，「このダイヤモンドは硬い」といった文の意味は，名辞で名指される対象であるダイヤモンドが仮に擦られた場合，「硬い」という述語と結びつく概念に認められている効果 E──〈傷つかない〉──が生じるだろうということを内容として示していると言える。これは，文やそれが表現する命題の意味を実践上の効果から確定するということである[50]。このような格率に基づいて文や命題の意味を確定する場合，その文・命題の真偽も，

---

49)　cf. Peirce, 1992, 132.

50)　概念の内容や，文・命題の意味をプラグマティズムの格率に基づいて決定するというプラグマ
　　ティズム説のこの方針については，Hookway（2008）が詳しい。

その文・命題が表すような実践上の効果が実際に我々の実践において認められるか否かによって判定されることになる。そのため，我々の実践において正しさが〈保証〉された命題を真と見做すという考えが動機づけられる[51]。

このような点でプラグマティズム説の支持者は統一性を持ちつつも，〈保証〉の条件をいかなる仕方で与えるかという点には，論者ごとの差分がある。たとえば，我々の実践上有用な命題を真と信じることが保証されると見做す立場や，長期的な耐続可能性 long-term durability ── 論証や検証に耐え，論駁されずに残り続ける ── を持つと考えられる根拠がある命題を真と信じることが保証されると考える立場，所属集団内で広く承認されている場合に命題を真と信じることが保証されると見做す立場などがある[52]。

この〈保証〉の成立に必要となる条件の強度のグラデーションは，先に見た〈プラグマティズムの格率〉の解釈が論者ごとに異なることが原因で生じていると考えられる。プラグマティズムの格率における〈実践上の効果〉をどのように捉え解釈するかによって，〈保証〉の成立条件に重要な相違が生まれるのである。具体的には，この〈実践上の効果〉が誰にとってのどのような効果であると考えるのかで，概念 C の包摂条件が変動し，それを参照して決定される C と結びつく述語の適用条件や，その述語を含む文，文が表現する命題の意味が変わることになる。そして，それゆえ，命題を信じる上での保証に必要な条件も変わってくるのである。たとえば，プラグマティズムの格率を個々の主体の各々の実践関心上の効果とする場合には，各主体それぞれにとっての有用性を基準として概念の包摂条件が確定される。そうであるならば，そうした概念と結びつく語を含む文を信じるために必要な保証も，各々の主体にとっての効果の有無で十分となる。それに対し，〈実践上の効果〉が共同体の実践に対する効果を意味するのであれば，所属集団に認められる効果から概念の包摂条件が確定される。そのような効果が実際に特定の対象によって充足されているか否かの判断にも，共同体による承認に足るレベルの保証が必要となる。あ

---

51) たとえば Misak は，彼女がプラグマティズム説の核心にあるとする Charles Peirce の考えから，「我々は，経験によって自身の背景信念のうちの一つあるいは複数が疑問に付されるまで，それら信念を真なものと見做さなければならない」（Misak, 2013, 33）というプラグマティズム説の真理観を引き出している。

52) cf. Capps, 2019.

64 第1章 真理の一元主義

るいは，個人や共同体といったレベルよりもさらに強く，いつ，どのような主体にとってであれ必ず生じる効果を〈実践上の効果〉とするならば，すべての主体に等しく生じる効果——誰もが同様の手順をとった場合には再現性が見られる実験結果など——以外は概念の意味として理解することはできない。その場合，状況や認識主体の変化に左右されない実践上の効果を確証させる強い証拠が保証には必要となる。このような仕方で，格率の解釈から，保証のグラデーションが生まれる。

　しかし，〈保証〉の成立に必要な条件の強度にこうしたグラデーションはあるものの，なんらかの形で我々の認識実践においてある命題が信じることを保証されている状態を真理と見做す立場が，プラグマティズム説である[53]。

　さらにもう一つ，プラグマティズム説の重要な特徴となるのが，プラグマティズムの格率に基づいて各概念や語・文の意味を確定するという考え方ゆえに，この立場では意味の使用説が採用されることになるということである[54]。意味の使用説は，文やそれを構成する部分である語の意味が，我々がそれらを使用する仕方によって決定されると理解する意味論である。これは，対応説の前提する指示的意味論とは異なり，語には必ず指示対象が存在すると考える必要はないということである。そのためこの立場では，対応説のように，道徳文の真理適合性——道徳文が命題を表現すること——の承認に関して問題が生じることはない。たとえば，「拷問は悪い」という文にしても，拷問がもともと有している〈悪さ〉性を述定していると捉える必要はない。《拷問は悪い》という命題を表現する文とそれが含む概念の意味が実践上の効果から同定され，その意味の充足が成されているとして当の文の主張が保証されるならば，《拷問は悪い》という命題は真と見做されることになる[55]。

　以上が，プラグマティズム説の基本発想と道具立てとなる。これを踏まえて

---

53) ただし，次項で見るように，保証が成り立つ状態に真理を還元する方針をすべてのプラグマティストが認めているわけではない。保証されている命題を暫定的に真なる命題として扱うことを許容する立場と，真理とは保証された命題であるとして真理の還元的説明を行う立場が分けられる必要がある。

54) cf. 松下，2017.

55) 実際，Loeffler（2009）は，Horwich の真理および真理適合性に関するミニマリズムとプラグマティズム説を類似の立場とし，両者を「実践ベースの意味論 practice-based semantics」という同カテゴリの理論として扱っている。

コアテーゼ①を論駁する構成理論としてのプラグマティズム説の見込みを検討したいところだが，もう一つ事前に準備を行う必要がある。プラグマティズム説はその内部の論者間で，インフレ主義とデフレ主義の対立陣営のどちらに属すかが異なるのである。そのため，インフレ主義としてのプラグマティズム説をデフレ主義陣営のプラグマティズム説から区分しておく必要がある。次項でその作業を行おう。

1.3.2　インフレ主義プラグマティズムとデフレ主義プラグマティズム

　プラグマティズム説は，前節までに見たほかのインフレ主義のように，真理性質の構成理論を与える立場と捉えてよいかについて留保が必要になる。というのも，プラグマティズム説は，真理性質の本性を探究する形而上学のプロジェクトを主眼としておらず，むしろ，我々が〈真理〉という概念をどのように用いるか，ある命題が真であるといかなる場合に認定するか，という実践の記述を与えることに関心が向いているため，必ずしも真理性質の構成理論を与えようとする試みと捉えることが適切とは言えないからである[56]。

　この点を整理し，インフレ主義とデフレ主義の対立の中にそれぞれのプラグマティズム説を位置づけるために必要なのは，以下の二つの基準からプラグマティズム説を区別することである。

(a)プラグマティズムの真理テーゼを真理の還元的な定義として引き受けるか否か。
(b)真理概念に関して概念デフレ主義を引き受けるか否か。

(a)の基準はつまり，真理を〈保証〉に還元するか否かでプラグマティズム説の各論者を線引きするということである。たとえば，William James は，真理と保証を同一視する立場を採っていて，真理を保証に還元する還元的定義を認める論者であるとされる[57]。それに対し，Misak（2013）や Price（1998）は還元的

56）たとえば Misak（2013）は，プラグマティズム説は，真理にまつわる形而上学的な理論を，我々の実際の実践と使用を反映した真理概念の理論にデフレ化することを求める試みであると要約している（247）。

66　第1章　真理の一元主義

な定義としてプラグマティズムの真理テーゼを引き受けてはいない。あくまで，保証された信念や命題を，我々の可謬的な実践における共時的な視点で便宜的に真と見做すことを許すが，それは命題が実際に真であることと同一ではないとする[58]。

　(a)を否定する立場は，さらに(b)の肯定／否定いずれを採るかで細分化される。(b)で言及されている真理に関する〈概念デフレ主義〉とは，序章の0.4.3項で示したように，真理概念の把握には，同値図式（ES）――〈《p》は真である iff p〉という図式――から導き出せる機能とESそのものの理解以外は必要とされないとする立場である。

　まず，(b)を否定する――概念デフレ主義を採らない――立場から見ていこう。保証と真理にギャップを持たせるMisak（2013）やPrice（1998）は，このギャップを持たせるために〈真理概念〉に，ESの理解とそこから派生的に理解できる機能――脱引用・省略・代文――以上の実質性を認める。その実質性とは，〈客観性〉と〈主張力〉である。

　まず，前者について確認しよう。保証と真理にギャップを持たせるためには，我々の探究実践は，誤りうる可謬的なものだと認めねばならない。それには，単に我々が現状保証しているものとは異なる客観的正しさを持つものとして，真理概念を捉えねばならないのである。そのため，単にESの右辺の主張が認められるということと，〈真理〉という概念の意味するところとを同一視するわけにはいかない。ただし，このような客観性を持つものとしての真理概念は，あくまで，〈統制的想定 regulative assumption〉として理解される[59]。統制的

----

57)　Jamesをこうした還元的立場とする根拠は，James（1922）における，真であるがゆえに有用であると述べることと，有用であるがゆえに真であると述べることは，正確に同一であるとする彼の発言などにしばしば求められる。

　　しかし，Misak（2013）のように，James自身が本当に真理を保証に還元する還元的定義を採っていたかについて慎重な態度を採っている論者もいるので，Jamesをこのようにカテゴライズすることの妥当性は十分に判明ではない。しかし，本書はJamesの思想の正確な読解を目的とするものではないので，この点については扱わない。

58)　また，魚津（2006）いわく，Charles Peirceも，探究者の共同体の同意を暫定的に命題が真とされる状態と考えている。しかし，その暫定的真理に疑念が生じ，棄却されることに常に気を配る必要があるため，真理はあくまで保証に代替されるだけで，これらは同一視されるわけではないとする立場としてPeirceを解釈している（88-89）。

59)　cf. Misak, 2013.

想定とは，探究の際に，その探究が行われるために必要となる仮説を指す。我々が得ている信念は可謬的な保証に過ぎず，信念から独立したより正しい客観性に至るためにはさらなる探究が必要だという仕方で，現状保証されている信念と正しい信念にギャップを持たせて探究を進めるには，保証とは異なる客観的真理概念が措定される必要がある，ということである。このとき，そのような客観性という本性を持つ真理性質が存在すると見做す必要はない。これは理想的な目標として単に仮定される想定なので，真理概念の包摂条件[60]にだけ〈客観性〉を追加すればよく，それを満たす性質まで認める必要はないからである[61]。

　続いて，(b)を拒否するプラグマティストたちが真理概念に認めるもう一つの実質性である真理概念の〈主張力〉について確認しよう。彼らによれば，真理概念はそれがあることによって，我々が発話実践においてある文pを主張する際に，単に「私はpを好む」といった個人的好みを表明する発話としてではなく，pの否定者が〈誤っている〉と表明することを可能にする〈主張力 assertoric force〉を文に付与してくれるものである。Price（1998）いわく，これなしには，他者との意見の不一致というものを我々が理解するような仕方で理解することはできなくなる。すなわち，pと主張する者と$\neg p$と主張する者のいずれかは必ず誤っているのであり，どちらかは意見の撤回をしなければならないものとして不一致を捉えることができなくなる。なぜなら，真理という概念なしには，ある主張は単なる主体の選好の表明であり，一方がそれを撤回しなければならないようなものにはならないからである。この真理概念の主張力という発想は，概念デフレ主義によっては捉えられない。なぜなら，ES の理解だけでは，真理概念にこうした実践上の役割が付与されることを説明できないからである。ただし，Price（1998）は，主張力を伴う客観的概念としての〈真理〉は，あくまで我々が他者との不一致を好みの表明以上のものとして扱う必要性が生じたために，我々によってそうした概念理解が追加されたのであり，

---

60) 包摂条件とは，ある対象が概念Cに含まれるために満たす必要がある条件である。本書の序章を参照のこと。

61) 種々の包摂条件を持つユニコーン概念を我々が有していたとしても，ユニコーン性の実在が含意されるわけではないという序章の議論を思い起こされたい。

68　第1章　真理の一元主義

世界内の性質が持つ特徴によってこの**概念理解**が形成されたと捉える必要はないとする。

　つまり，(b)を拒否するプラグマティストたちは，真理概念には実質性を認めつつも，真理性質にまで実質性を認める必要はないとするのである。

　このような立場に対し，(b)を認める立場のプラグマティストは，真理概念についてESの理解から得られるもの以上の実質を認めない。この立場の代表的な論者であるRichard Rortyは，真理概念に三つの役割のみを認めている[62]。〈是認的用法 endorsing use〉，〈注意喚起的用法 cautionary use〉，〈脱引用的用法 disquotational use〉の三つである。脱引用的用法については真理述語の機能として〈脱引用〉を考えるという序章で紹介したものなので，ここでは前二者を簡単に見ておこう。是認的用法は，ある主張pについて，「pは真だ」とか「Sが述べていることは真だ」と言うような際に使われる用法で，発話者が任意の命題を肯定的に是認しているという態度を表明するために使われるものである。注意喚起的用法とは，保証と真理のギャップに目を向けさせるための用法である。これは，「あなたの信念は保証されたものかもしれないが，真ではないかもしれないよ」といった発話で用いられる。ただし，注意する必要があるのは，ここでの保証と真理のギャップは，現在保証されている信念と実在的事実のギャップではない。Rortyによれば，真理はそれぞれの共同体の信念枠組みに相対的なので，ここでのギャップとは，自身の共同体における保証と，他の共同体での保証のギャップを意味する[63]。つまり，真理の注意喚起的用法は，Rortyにあっては，他の共同体との意見の差異の可能性に注意を向けさせるものとなる。

　Rortyがここで認めた真理概念の役割には，ESから派生する理解以上のものが要求されない。まず，脱引用的用法についてES以上の理解が必要ないことは既に序章の0.4.1項で見た通りである。是認的用法も，ESによれば，「pは真だ」と主体が述べることは，「p」の主張が適切であるとその主体が認めることに等しいのであるから，ESの把握によって理解できる。「Sが述べていることは真だ」といった間接的な是認用法も，真理述語が代文的役割を果たすこ

---

62)　cf. Rorty, 1991, 127-128.
63)　cf. Rorty, 1991, 128.

とを ES から理解できれば把握可能である。注意喚起的用法については，一見すると，上で見た Misak や Price の立場と同様に，保証とのギャップを認めるために〈真理概念〉に〈客観性を持つもの〉という理解を課しているように見える。しかし，この注意喚起的用法は，〈現状の保証された信念は，客観的真理と重ならない可能性があるぞ〉と示唆するためのものではない。むしろ，ある文を ES に代入した際に作られる〈p は真である iff p〉という真理条件の充足の成否について，異なる理解をする共同体の存在の可能性に目を向けよ，ということでしかない。そのため，ES を理解していれば，この用法は把握できる[64]。

このように，(a)を否定する論者の間であっても，(b)を認めるか否かで立場上の差異が生じる[65]。

以上を踏まえると，少なくともプラグマティズム説は三種類に区分される。

① (a)を肯定するタイプ。すなわち，命題の真理を保証に還元して説明する立場[66]。

② (a)と(b)をともに否定するタイプ。すなわち，命題の真理を保証として暫定的に説明するが，両者にギャップを持たせ，還元はしない立場。同時に，真理概念についてはデフレ主義を採らない[67]。

③ (a)を否定し，(b)を肯定するタイプ。命題の真理を保証として説明しつつ，還元的定義は拒否する。真理概念については，ES から導かれる機能以外

---

64) ちなみに，Rorty は真理性質自体の存在を認めないため，真理概念は真理性質となんら関わるものではないと考える。Wrenn（2005）いわく，これは，Rorty（1998）がプラグマティズムの格率を〈真理〉性質に適用した結果である。この格率では実践上の効果から対象の意味を確定するため，実践上の差異をもたらさないようなものは認められない。Rorty はこの前提の下で《雪は白い》という命題を検討するのだが，それによれば，この命題は，雪が白いか否かの理解に実践上の違いをもたらすものの，それが分かった段階で，この命題が真かどうかということによって追加で生じる実践上の差異はない。つまり，《雪が白いは真である》という命題は，《雪が白い》という命題の理解によって生じる実践上の差異になにも付け足すところがない。それゆえ，真理はなんらかの〈性質〉を命題に付与するようなものとは認められない，とされるのである。

65) Misak（2013）は，(a)を否定しつつ，(b)を認める自身の立場をニュープラグマティズムと呼び，(a)と(b)の双方を否定するプラグマティズム説 —— ネオプラグマティズム —— と区別している。

66) 標準的に理解される William James の立場。

67) Misak（2013），Price（1998）などの立場。

70 第1章 真理の一元主義

は認めない概念デフレ主義を採る[68]。

　以上の整理を基に，真理論におけるインフレ主義とデフレ主義の区分に引き付けて①から③を配置しよう。まず，(a)を否定する立場は，真理性質と保証を同一視せず，ギャップを認めるので，真理性質の構成理論を与える立場とは見做せない。そのため，②③はコアテーゼを否定するインフレ主義の立場にはカテゴライズされない。

　実際，②を採用する Misak（2013）は，形而上学にかかずらうことなく，我々の実践から真理概念に ES 以上の役割を認めるという方針を明示している。Price（1998）も，真理概念には ES で理解される以上の役割があるが，それは性質デフレ主義[69]を採った上で遂行されるべきだと明言している。つまり②は，真理について，性質デフレ主義と概念インフレ主義をセットで採る立場ということになる。このことは，彼らの主張からも必然的に導かれる。②のように，常に保証が成り立つ命題に真理が例化されているとは認めず，保証された状態と実際に真であることの間にギャップを持たせる場合，命題の真理を例化する真理実現性質として〈保証〉を置く立場ではないことになるので，プラグマティズムテーゼは真理性質の構成理論として理解することはできない。そのため，〈保証〉に真理を還元する(a)を否定する時点で，性質インフレ主義としてプラグマティズムを捉えることはできないのである。③も，真理と保証を同一視しない性質デフレ主義に加え，概念デフレ主義を採る立場であり，インフレ主義にはカテゴライズされない。

　そのため，インフレ主義の理論と認められるプラグマティズム説は，(a)を肯定する①の立場だけである。〈保証〉を実際に真理実現性質として捉え，真理を還元的に定義する①のみが，インフレ主義の構成理論アプローチに適用可能なプラグマティズム説である。本書では，この①のみを〈インフレ主義的な〉プラグマティズム説として採用し，次項でこの立場がインフレ主義の構想上の役に立たないことを見ていく。

---

68)　Rorty（1991）の立場。
69)　性質デフレ主義については，本書 0.4.3 項を参照のこと。

1.3.3 インフレ主義プラグマティズム説の問題点

　この立場の問題点は，真理を認識論的なものにしてしまうことにある。なぜなら，真理とはある種の保証であり，我々が真と認めている，有用である，論駁に耐えうると信じることができる，といった条件と真理実現性質の例化条件を一致させてしまうからである。そのため，私たちがどう考えるかとは独立に，ある種の真理が成り立つ余地を担保できない。この意味で，整合説と同様の種類のスコープ問題が生じる。保証されていようといまいと，《地球は存在する》といった命題は真なのではないかという問題である。このような我々の認識実践と無関係に真である命題を認める上では，対応説的描像が必要のように思われる。このことを，プラグマティズムでは十分に処理できない。

　これに対し，たとえば，真理を保証と同一視することは確かに問題であるが，我々の可謬的な実践においてはそのような暫定的保証によって真理を代替するしかない，という仕方で応答できるかもしれない。しかし，この主張は①のプラグマティズム説では採用できない。このような主張は，ある命題について，保証されている命題を暫定的に真理として扱うが，それが実際に正しいかは分からないという路線となるため，真理を保証に還元せず，真理と保証の間にギャップを認めることになる。しかし，既に整理したプラグマティズムの区分から明らかなように，このような応答を採る立場は，②あるいは③の立場へと移行してしまう。しかし，②③はともに，真理性質についてのデフレ主義であるため，インフレ主義としてのプラグマティズム説はこの移行はできないのである。

　そのため，この立場もまた，コアテーゼ①を論駁するインフレ主義の理論としては妥当とは言えない。真理の実現を保証に還元すると，その真理が我々の認識に依存しない命題を扱えないというスコープ問題が生じてしまうし，これを受けて便宜的に保証を真理に代替させつつも真理と同一視はしないという方法を採る場合には，デフレ主義への移行をプラグマティズム説は要求されるからである。

　デフレ主義としてのプラグマティズム説であれば，命題に真理性質が例化されている状態と，その命題が保証されている状態との間にギャップを認めることに問題はないが，真理性質が〈保証〉によって実現されるとして還元的に定

72   第1章　真理の一元主義

義する，インフレ主義の構成理論を与える立場としてのプラグマティズム説には，真理と保証の間にギャップを認めることは許されない。しかし，真理と保証にギャップを持たせられないのならスコープ問題は解消できないため，プラグマティズム説を正しいインフレ主義の真理論として認める余地はないのである。

まとめ

　本章では，コアテーゼ①の論駁に際して，真理実現性質の一元性を主張する，真理の一元主義を確認してきた。こうした一元主義は，それぞれ固有の問題を抱えているが，共通して特に問題となるのがスコープ問題である。統一的にすべての命題に等しい真理実現性質を見つけようとする試みには，必ずこの問題が付いて回る。命題が多種多様である —— 事実命題，規範命題，非存在命題，否定命題など命題自体の種類も多様であるし，それが主題とする領域も〈物理，道徳，宗教，フィクション，数学 etc.〉と多岐にわたる —— ことを見れば，そのどれもが同様の真理実現性質によって真になるというナイーブな想定を持つ一元主義でスコープ問題が生じるのは必然とも言える。

　このスコープ問題は一元主義の構想が誤りであることを示していて，命題はその種類に応じて複数の真理実現性質によって真にされるという構成理論が正しいことを形而上学的に裏づけているのではないか[70]。このような考えから，近年では，真理実現性質を一元化しない〈真理の多元主義 truth pluralism〉，もしくは〈真理の多元的理論 pluralistic theory of truth〉という理論を形成する議論が生じてきている。そこで次章では，この真理の多元主義という構想の見込みを検討する。

───────────

[70]　実際には，一元主義にもいくつかの仕方でスコープ問題への対処方法はある。しかし，この対処方法については，構成理論を与える形而上学的プロジェクト全体の問題点を扱う第3章で取り扱うことになるので，ここでは一旦棚上げとする。

第2章　真理の多元主義[1]

　真理の一元主義に生じるスコープ問題は一元主義の構想の誤りを示していて，真理実現性質 F が一つならず存在するという構成理論の正しさを形而上学的に裏づけているとする考えが，近年提示されてきている[2]。それが，真理の多元主義と呼ばれる立場である。この立場は現在，複数の論者からの支持を集めており[3]，真理論において一つの重要な立場と目されるに至っている。

　本章では，この真理の多元主義がコアテーゼ①を論駁し，真理性質の構成理論を与える見込みがあるのか否かを探っていくことにしよう。

2.1　真理の多元主義の基本主張

　真理の多元主義は，前章で見た一元主義者の方針である，一元主義の基本テーゼを拒否する。一元主義の基本テーゼは以下のものであった。

　　一元主義の基本テーゼ：すべての命題 p について，それを真にする真理実現性質 F が唯一つ存在し，p はこの F を持つ場合にのみ，真理性質を例化し，真になる。

これは，インフレ主義の基本テーゼに現れる真理実現性質 F を唯一つに限定

---

1)　この章の議論は，須田（2020）を下敷きとして，論述の補足を中心に記述を追加したものである。
2)　多元主義がスコープ問題に動機づけられているとする整理については，たとえば Asay（2018）を参照。
3)　cf. Pedersen et al., 2018, 4.

74　第2章　真理の多元主義

する仕方で解釈するテーゼである。多元主義はそのような解釈を否定し，その代わりに，以下のようにインフレ主義の基本テーゼを読み替える。

　　多元主義の基本テーゼ：各々の真なる命題 p に対し，最適な真理実現性質 F が存在し，そのおかげで p が真になる[4]。

このとき，多元主義は命題ごとに最適な F が異なっていると主張する。たとえば，「雪が白い」という文の命題は，我々の精神とは独立の事実を示した命題として，その真理を実現するのは性質 F_1＝〈対応〉となるが，「拷問は悪い」という文の命題は，世界に実在する対象と性質から成る事実を示した命題ではなく，その真理を実現するのは性質 F_2＝〈整合〉であるという具合に，各々の命題はそれぞれ最適な真理実現性質が異なると理解するのである[5]。

　このような主張は，一元主義の問題点を回避してくれる。先にも見たように，一元主義の基本テーゼを採ると文の真理適合性の担保を不十分な仕方でしか行えない。たとえば，一元主義の基本テーゼを採った上で，対応説に基づいてあらゆる命題の真偽評価を行おうとするとしよう。この際，「雪が白い」という文の命題は，世界内の精神とは独立な事実と対応していることによって問題なく真となる一方，「拷問は悪い」のような倫理的語彙を含む文については，対応する精神とは独立な世界の側で成り立つ事実を特定困難であるという問題があるのであった。この場合，後者の文は，一元主義の描像の下では，そもそも真偽評価の対象となりえない――すなわち真理適合的でない。しかし，我々は実際の実践においてしばしば倫理命題を真理適合的なものとして扱っているため，一元主義では本来我々が真偽評価の対象とすべき命題のいくつかを処理できないことになる。それに対し，多元主義の真理実現性質の複数化という構想は，このような不十分性を排し，すべての真理適合的命題をカバーする説明を与えうる。

　この際重要なのは，多元主義者が一元主義の主張を部分的に認める，という

---

4) cf. 須田，2020.
5) cf. Lynch, 2013, 22. また，Wright も，多元主義の魅力は実在論と反実在論の双方の直観を，その実質性を保ったまま説明することにあると考えている（Wright, 1992, ch. 1）。

点である。たとえば，物理世界の事実に関する命題については〈対応〉性質によってその真理を説明する対応説が，規範的命題については〈整合〉性質によって真理を説明する整合説が，それぞれ最も適切だ，というような仕方で，各命題に合わせて最適な真理実現性質の種類が一つに定まっているという主張を多元主義は引き受けるのである[6]。そのため，この構想がうまくいくならば，一元主義が最適な説明を与えられる各命題については，一元主義の説明の利点をそのまま保存し，問題を抱える部分であるスコープ問題だけを解消する，良いとこ取りのような理論を展開することができる。

　また，スコープ問題への対処をめぐる以上の議論からは，スコープ問題の回避を目論む多元主義の動機に加え，もう一つの興味深い点が浮かび上がってくる。それは，多元主義が一元主義とは違い，命題の真理実現性質がなんであるかを見定めるに先立って，なんらかの真理適合性条件を理論的前提として採用しているということである。一元主義では，命題の真理適合性条件とは，真理実現性質 F の所有可能性の有無であると捉える。他方で，多元主義の場合には，先述のスコープ問題の議論から明らかなように，なにが命題を真にする性質かという問いに先立つ形で真理適合的な文——命題を表現する文——が検出されているのである。つまり，真理実現性質が先に同定されておりそれに基づいてなにが真理適合的な文であるかが判断されるのではなく，まずなんらかの基準に従って真理適合的な文であるかどうかが判断され，その後でその命題を真にする真理実現性質の同定作業が行われるのである。このように多元主義が真理適合性条件を真理実現性質の同定に先行して前提する必要があるのは，この立場が複数の真理実現性質を認めるがゆえに，一元主義のように特定の真理実現性質 F の所有可能性の有無から真理適合的な文を検出するという方法を採れないからである。よって，多元主義者は，文の真理適合性を判定する道具立てがなんであるか，あらかじめ定めておく必要があるのである。

　そのため，多元主義は真理適合性条件として，0.4 節でも確認した真理適合

---

6)　ただし，論者によって，どの命題に対してどの真理実現性質が最適であると考えるかという点には差異がありうる。たとえば，規範命題について最適な真理実現性質は〈整合〉ではなく〈保証〉であると考えるような論者も想定可能である。しかし，各命題に最適な真理実現性質が一つあるという主張自体は，多元主義に共有されている理解である。

76　第2章　真理の多元主義

性のミニマリズムを採用することになる[7]。改めて確認しておくと，この真理適合性のミニマリズムは，以下の二つの条件から文の真理適合性を判別するものであった。

　　統語論条件：Φが宣言的統語論を有している――Φは文法的に，否定や命題的態度動詞に埋め込み可能であり，条件文の前件として機能しうる。
　　認定条件：Φの使用が保証された受け入れ可能性の基準によって統制されている。

そして，これらの条件を満たす文であれば真理適合的と見做してよいとするのが真理適合性のミニマリズムである。これにより，たとえば先の「拷問は悪い」という文は，対応説的一元主義では真理適合性が認められないが，それでも統語論条件と認定条件を満たしているため，真理適合的なのだ――命題を表現する――と主張することが可能となる。

　だがこれは，文が真理適合的であると認定される条件を，一元主義に比してデフレ化する，という含意を持つ。なぜなら，一元主義では，真理とはそれがなんらかの性質を有することに基礎づけられていると考えるのに対し，真理適合性のミニマリズムでは単に文Φが統語論条件と認定条件を満たす場合には，Φは真理適合性を認められるため，真理を実現させる性質への参照が失われるからである。

　先に序章で見た通り，デフレ主義も，文の真理適合性については多元主義同様に真理適合性のミニマリズムを採るため，スコープ問題を回避しつつ多様な文が命題を表現し真になりうることを認められる点で多元主義と同様の利点を持つ。そこで，多元主義者は，デフレ主義では取りこぼしてしまう真理の実質性を，構成理論を与えることにより担保し，独自の利点を打ち出すことで，デフレ主義よりも多元主義を支持すべきだとする。

　では，多元主義者は，真理適合性のミニマリズムによって検出された真理適合的な文が表現する命題に対し，真理実現性質Fを多元主義の基本テーゼに

---

7)　cf. Wyatt, 2013.

沿う形でどのように与えるのだろうか。ここで持ち込まれるのが，〈プラティチュード〉と〈ドメイン〉という道具立てである。

まず，前者について確認しよう。プラティチュードとは，真理という概念を知っている人ならば誰もが同意するであろう，真理が持つとされる特徴に関する一群の常識である。我々は，ある概念がどういうものかを探究する際，その探究に先立って当の概念の本質的特徴についていくつかの信念──これをLynch は nominal essence と呼ぶ──を前提している。プラティチュードとは，真理についてこの nominal essence を与えるもののことである。たとえばLynch は，命題が真であると言えるために，最も欠かせない真理のプラティチュードは以下の三つであるとする（Lynch, 2013, 24）。

①真なる命題とは，我々がそれを信じる際に，正に信じた通りにあるものである。
②真なる命題とは，探究に携わる際に真だと信じるべきものである。
③真なる命題とは，信じることが正しいものである。

Lynch をはじめとする多元主義者によれば，命題が真であるとは，こうしたプラティチュードを当の命題が満たす，ということである。ただしこの際，多元主義の基本テーゼで示されているように，多元主義者は，命題を真にする実現性質が複数存在すると考える。たとえば，物理的な話題に関する命題であれば，世界内の事実に対して〈対応〉という性質を持つ際にこのプラティチュードが満たされ，規範的な話題に関する命題については，命題がその他の信念と〈整合〉している際にこのプラティチュードが満たされる，といった形である。このように，真理実現性質の獲得によってプラティチュードが充足されることで，命題は真となるのである。以上のことから，真理とは，〈対応〉や〈整合〉といったさまざまな性質が真理の満たすべき特定のプラティチュードを充足することで，多様な仕方で実現されるものだと言うことができる。

そして，どの命題がどの真理実現性質によってプラティチュードを満たし，真となるのかを定める，あるいは検出する際に，〈ドメイン〉という道具立てを多元主義は採用する。

78 第2章 真理の多元主義

　命題にはそれが属する議論の領域や会話の主題があり，これを多元主義者は
ドメインと呼んでいる。Lynch（2009）は，ドメインごとにそれぞれ異なる真理
実現性質があり，命題はこのドメインごとの真理実現性質を有することで真に
なる，と述べる。たとえば，倫理や数学ドメインでは〈整合〉，物理のドメイ
ンでは〈対応〉といった性質を命題が獲得することが，真理の実現——プラテ
ィチュードの充足——のためにそれぞれ要請されるのである[8]。そのため，ド
メインは〈命題の真理実現性質を決定する〉という重要な役割を担う。命題の
ドメインを特定できれば，各命題の適切な真理実現性質がなんであるか，その
所属ドメインを基に答えることが可能となるからである。そのため，多元主義
においては，ドメインはその主張を支える最重要の鍵概念となっている[9]。

　そのため，ドメインというものが一体どのように構成され，また，どのドメ
インにどの命題が属すのかがいかにして決定されるのか，これらを明瞭な形で
規定することなしには，この多元主義の構想は不透明なままであり，地に足の
つかないものになってしまう。そこで，具体的に多元主義の主張を見ていく前
に，このドメインについても正確に定式化しておこう。

　この点について，Lynch が以下のような有益なアイディアを提示してい
る[10]。まず，各原子命題は特定の主題領域（ドメイン）に一意的に属する。そ
して，原子命題は概念によって構成されるため[11]，この命題の属する主題領域
がなんであるかは，当の命題を構成する概念の概念種 K（法，倫理，数学など）
によって確定される。そして，この K に分類される概念は，特定の種類の性

---

8)　物理や倫理，数学以外のドメインの具体例としては，法や道徳（Sher, 2005, 313），美学（Wyatt,
　　2013, 227），宗教（Edwards, 2018a, 88-89）などが挙げられる。
9)　Edwards, 2018a, 86; Pedersen et al., 2018, 6. ただし，多元主義の基本テーゼ自体は〈ドメイン〉
　　という概念の採用を必ずしも要請しないので，この概念に依拠せずに多元主義の構想を展開する余
　　地もありうる。しかしながら，Edwards や Pedersen ら多元主義者自身がドメインを多元主義の鍵
　　概念として認めていて，また，現段階ではドメインに依拠せずに各命題の真理実現性質を同定する
　　方法も探究されていないため，本書ではドメイン概念に依拠しない多元主義の余地については検討
　　しない。
10)　ここでは，Lynch（2009, 79-82）の議論を参照した。
11)　Wyatt いわく，Lynch は命題を概念のみによって構成されると見做すため，この概念には少な
　　くとも個体・性質・関係の概念が含まれると考える必要がある（Wyatt, 2013, 6）。
　　　このような考えとは別に，仮にラッセル命題をベースとして多元主義の構想を考える場合には，
　　個体・性質・関係そのものが特定の主題に関わる本性を持つと捉えることになる。

質についての概念であるため，その性質の持つ特徴 —— 物理的性質であれば因
果的な力を持つという特徴，道徳性質であれば行為の理由を与える規範的力を
持つという特徴など —— が，ある概念種を別の概念種から分けるのである。た
とえば，《慈善活動は良い》という命題は，〈善行〉や〈良さ／悪さ〉のような
倫理に顕著な規範的特徴を持つ性質に関わる倫理の概念種 K に属する概念に
よって構成されているため，倫理ドメインに属する，ということになる[12]。

　ただし，Wyatt（2013）の分析によれば，Lynch はドメインの定式化に際し，
二つの異なる役割をドメインとして記述してしまっている。一方ではドメイン
をそのメンバーとなる命題によって構成される〈命題のクラス〉とし，他方で
はドメインを単に倫理や数学といった〈主題〉を表すものとしているのである。
この多義性を解消するため，Wyatt は，〈主題〉と〈主題を例化するものの概
念によって構成される命題のクラス〉という区別を立ててドメイン概念を明確
化する。たとえば数学を例にとると，〈主題〉としては集合や数などが考えら
れ，他方で，数学的主題を例化する概念から成る〈命題のクラス〉は，《空集
合はメンバーを持たない》や《1 の次の数は 2 である》といったメンバーから
構成されるもの，ということになる。ちなみに，ある命題が数学的命題である
のは，数学的概念（すなわち，数学的主題に関する概念）によって構成されてい
るためである。これらの区別を保つため，主題を〈トピック〉，命題のクラス
を〈ドメイン〉として捉えることで，ドメインとその特定方法を以下のような
形で明示できると Wyatt は主張する。まず，トピックの個別化条件を以下の
ように与える。

　　トピック同一性：トピック T＝トピック T' iff T を例化する個体，性質，
　　　関係が T' を例化する個体，関係，性質と数的に同一である。

そして，ドメインの同一性に関しての条件が以下である。

---

12)　論理結合子を含むような複合命題の場合には事情が少し異なる。命題が論理結合子を含む場合，
　　それを構成する原子命題の真偽から派生的に真偽が決定されると考えることになる（cf. Edwards,
　　2018a, §7)。

80 第2章 真理の多元主義

ドメイン同一性：ドメイン D ＝ ドメイン D' iff D と D' が存在し，$\langle p \rangle \in D$ かつ $\langle p' \rangle \in D'$ であり，その上で $\langle p \rangle$ を構成する概念 C_1, …, C_n と $\langle p' \rangle$ を構成する概念 C_1', …, C_n' が同一の概念種 K を例化している。

概念例化同一性：概念 C と C' が同じ概念種 K を例化する iff それら概念が同一のトピックを例化する存在（対象，性質，関係）に対して同じ関係 R_1, …, R_n を持つ。

たとえば，倫理を例にとって説明すると，倫理ドメインは以下のように同定される。まず，倫理的なトピックが，〈慈善家〉，〈良さ〉，〈拷問する〉といった倫理に関わる個体・性質・関係から個別化される。トピックを構成するこの個体／性質／関係についての概念——同一の概念種 K を例化する概念——によって構成されている命題のクラスを一つのドメインとして同定する。そして，ある命題 p がドメイン D（倫理）に属するかは，D に属する諸命題を構成する概念と同じ概念種 K に属する概念によって p が構成されているか否かによって確定される。こうすることで，ドメインを命題のクラスとして同定し，かつ，各命題がそのドメインに所属するか否かを把握する手段を得ることができる。

　以下では，Wyatt によるこのトピックとドメインの定式化を引き受ける形で議論を進めることにしよう。さて，今確認した〈命題の所属ドメインがその命題を構成する概念の種類によって決定される〉という Lynch や Wyatt の主張から引き出される重要なテーゼは以下の通りである。

　　トピック合成性：命題の構成要素である概念の属するトピックから，命題のトピックは合成的に決定される。

さらに，ドメインには命題の真理実現性質がどれであるかを一意に確定するという機能が要請されるため，多元主義者は，以下のテーゼを同時に引き受けている。

　　1命題-1ドメイン：すべての原子命題は本質的にちょうど一つのドメインに属する。

この1命題 - 1ドメインのテーゼは，真理の多元主義を「厄介な可能性から救ってくれる」（Lynch, 2009, 82）ものでもある。それはすなわち，一つの原子命題が同時に真かつ偽となる，という可能性である[13]。もしも命題 p が複数のドメインに属しうるのだとすれば，ある一つのドメインでは，p がそこで要請される真理実現性質を持つために真であり，他方で，他のあるドメインではそこで要請される真理実現性質を持たないために偽である，ということがありうることになる。また，一つの命題が複数の仕方で真となるという場合もあるだろう。前者の場合，そのままでは命題が矛盾を含み込むものとなってしまうため，多元主義はなんらかの相対主義を採る必要が出てくる。また，後者の場合にも，同様に相対主義を採用する必要性が生じる。なぜなら，命題が複数の仕方で真となるとすれば，命題の真理を構成するのは結局どの真理実現性質なのか，という命題の構成理論の問いに一意に答えることができなくなる —— 同一の命題の真偽が我々の評価文脈に相対的になる —— からである。しかし，このように相対主義を採用する場合，多元主義は〈各命題はその種類に応じて最適な真理実現性質が一意に決まっている〉とする多元主義の基本テーゼを保障できなくなる。この多元主義の基本テーゼは，真理の構成理論としての多元主義を特徴づけるテーゼであるから，このテーゼが失われる場合，多元主義という真理の構成理論は今とは別のなにかになってしまう。また，同一の一つの命題が，異なるドメインに同時に属し，それゆえ同時に真にも偽にもなりうると認めてしまうなら，命題は真理性質を例化していると同時に例化していないというおかしな事態を認めることとなる。そうなると，命題は形而上学的本性として真理性質を持っているのかいないのかがよく分からなくなる。そのような真理の構成理論は正しいとは言えないだろう。さらに言えば，ある一つの命題が真理性質を持つと同時に持たないものでもあり，この命題を真なものと扱うかどうかは我々がそれを評価する文脈で任意に変動するとするなら，多元主義は，もはや命題の真理がいかに成り立つのかについて形而上学的に正しい真理の構成理論を打ち立てようとする —— コアテーゼ①を論駁しようとする —— インフレ主義の陣営ではなく，デフレ主義の陣営のほうに親和的だろう。そのため，多元

---

13) この問題は Edwards（2018a, 85-86）でも触れられている。

82　第2章　真理の多元主義

主義が，一つの命題が真理性質を例化しつつ例化していないという事態を認める奇妙な真理の構成理論を回避する上では，あるいはまた，インフレ主義の陣営に留まる上では，命題の所属ドメインを一意に決定できる必要がある。これができないことで多元主義の基本テーゼを保てなくなるような相対主義に陥ることは，多元主義にとって〈望まざる帰結〉なのであり，所属ドメインの特定に際してそれを回避できることはとても重要なのである。

　以上の議論をまとめると，多元主義は以下のような立場である。この立場は基本的に〈真理適合性のミニマリズム〉〈ドメイン〉〈プラティチュード〉という三つの道具立てに依拠して真理の構成理論を与えようとする。まず，〈真理適合性のミニマリズム〉によって真理適合的な文を検出し，それが表現する命題を割り出す。その後，この命題を〈ドメイン〉という概念によって分類する。各命題は〈プラティチュード〉を満たす場合に真理性質を例化すると捉え，このプラティチュードを満たす真理実現性質はドメインごとに異なると理解する。そして，所属ドメインが決定された命題がそのドメインにおける真理実現性質を所有するか否かに基づいて真偽判断を行う。この手続きに際して，多元主義は，〈トピック合成性〉と〈1命題−1ドメイン〉の制約を課すことで，多元主義の基本テーゼを保存する。

　この多元主義の構想は，主に二つの異なる仕方で展開されている。一つは〈強い多元主義 strong pluralism〉であり，もう一つは，〈穏健な多元主義 moderate pluralism〉である。それぞれ，以下のテーゼによって切り分けられる[14]。

　強い多元主義テーゼ：真理性質[15]は複数あり，すべての命題が等しく例化するような単一の真理性質は存在しない。命題は，それが属するドメインごとに異なる真理実現性質を有することによって，異なる真理性質を例化する。

　穏健な多元主義テーゼ：真理適合的な命題すべてが共通して例化する単一の

―――――――――
14）　このテーゼは Pedersen & Lynch（2018, 9）による。
15）　改めて述べておくと，真理性質は述語「真である」の指示対象であり，この述語が適用される対象（命題）が共有する特徴のことである。詳しくは序章を参照のこと。

真理性質 —— それ自体としての真理 —— が存在する。異なるドメインに属する個々の命題はどれも，異なる真理実現性質を有することによって，一つの真理性質を例化する。

簡潔に述べれば，強い多元主義と穏健な多元主義の相違は，前者が真理性質自体の多元化を主張するのに対し，後者は，真理性質自体は一元的で，真理実現性質を多元化することを主張するという点にある。

　以下，節を分けてそれぞれの試みの内実と見込みの有無を調べていこう。

2.2 強い多元主義

　強い多元主義は，真理述語「真である」はプラティチュードを満たす真理概念を常に表現するが，その指示対象としての真理性質は，ドメインごとに異なると主張する。強い多元主義者がそのように考える理由は，彼らが，ドメインごとの真理実現性質 —— 〈対応〉や〈整合〉など —— と真理述語の指示対象である真理性質とを同一視するからである。つまり，ドメイン D_1 における「真である」は，真理実現性質 F_1 を指示対象としての真理性質としてとり，D_2 における「真である」は，真理実現性質 F_2 を指示対象としての真理性質としてとる。そして，F_1 と F_2 という性質同士の間には，一切の関係がないと指摘する。つまり，この立場は，真理性質を多元化するという方針を採り，各々のドメインにおける真理述語「真である」によって指示される各真理性質は，それぞれ全く違う対象であると考えるのである。

　しかし，このような発想では，以下のような問題が生じてしまう。

混合推論の問題[16]：妥当な演繹的論証とは，前提が真であるなら，結論もまた必ず真でなければならないようなものである —— 前提が正しいことを根拠に結論の真理が必然的に導かれるこのような演繹的論証の特徴は，真理保存性と呼ばれる。ここで，以下のような論証を考えてみよう。

16）　これは Lynch（2009, 56）が提示した問題を，筆者が要点をまとめて再構成したものである。

84   第2章　真理の多元主義

　　前提1：《もしあなたが告訴手続きなしにある囚人 A を無期限に収容し
　　　　続けるなら，あなたは A の権利を侵害する》は真である。
　　前提2：《A は告訴手続きなしに無期限に収容されている》は真である。
　　結論：それゆえ，《A の権利は侵害されている》は真である。

　このとき，この論証における前提2は，A の収監という状態に関する物
理的事実についての言明である。他方，結論はおそらくは倫理や法に関わ
る規範的言明である。つまり，強い多元主義の下では，この論証の前提に
おける〈真理性質〉と，結論に現れる〈真理性質〉は一切関わりのないも
のになるはずである。しかし，そうだとすると，この論証では，前提の真
理と結論で出てくる真理は異なる対象ということになる。すると，前提の
真理が成り立つからと言って，結論の真理が必然的に導かれるとは言えな
い。そのため，強い多元主義の下では，混合推論の事例について，論証の
過程を通して，前提の真理が成り立つゆえに結論の真理が成り立つという
主張はできない[17]。

　この問いに対し，Wright（2013）は，性質の保存がなされずとも，〈同一の真
理概念に含まれる〉という条件を満たしさえすれば，前提の真理から結論の真
理が必然的に導かれる —— 真理保存性が成り立つ —— と主張するには十分だと
する[18]。強い多元主義によれば，真理述語はどのドメインでも常にプラティチ
ュードによって特徴づけられる同一の概念と結びつくとされるため，各ドメイ
ンの「真である」の外延はこの〈同一の真理概念に含まれる〉という特徴を共
有するだろう。
　しかし，彼の主張に反し，同一の概念に含まれるだけでは混合推論の問題は

────────────
17)　このほか，Lynch は次のような問題も指摘する。ソクラテスは，さまざまなドメインにまたが
　る複数のことがらについて述べたと考えられる。「彼が言ったことはすべて真だ」と言うときに，
　この複数の真理実現性質から成るはずの彼の発話内容全体の真理について言及する「真である」は
　どのような性質を指示しているのかが，強い多元主義では不明である（cf. Lynch, 2009, 57）。これ
　はつまり，彼の主張した真なる文が表す命題 —— これには異なる真理実現性質によって真にされる
　さまざまな命題が含まれる —— 一つ一つを連言で繋いだもの全体に対して，「真である」という述
　語を適用する際，この述語が指示する〈真理性質〉はなにか，という問題である。
18)　真理概念と真理性質の違いについては序章での議論を参照のこと。

解決されない。混合推論を適切な演繹的論証と認めるためには，あくまで前提
と結論の真理が性質のレベルで保存されている必要があるのである。なぜなら，
強い多元主義の下では，前提 2 の「真である」という述語と，結論の「真であ
る」という述語は指示対象——それが指示する性質——が異なる別の述語なの
であるから，前提と結論で用いられている真理述語自体が異なることになり，
演繹的論証の形式を保てないからである。これは，土手を指示する "Bank$_1$" が
前提に出てくる文から，銀行を指示する "Bank$_2$" に関する主張を含む文を結論
として導く論証が，演繹的論証の形式を満たさないのと同様である。

　そのため，混合推論を適切に演繹的論証の事例として処理できるためには，
真理述語の指示対象となる真理性質に同一性が認められるような多元主義の理
論が必要である。それを与えられる理論として有望視されるのが，穏健な多元
主義である。

2.3　穏健な多元主義

　強い多元主義では上記のような問題の克服が困難であると考えた Lynch は，
穏健な多元主義という立場を提案する。これは，真理性質そのものの多元化で
はなく，真理実現性質のみを多元化するという方針を採る立場である。その際
に重要となるのが，〈プラティチュードを満たす〉という事態を機能主義的に
捉える考え方である。

2.3.1　プラティチュードベースの機能主義

　2.1 節で見たように Lynch は，命題が真理性質を例化するには，プラティチ
ュードを満たす必要があるとする。そして，各ドメインにおける命題は，それ
ぞれのドメインごとに異なる仕方で——あるドメインでは〈対応〉という性質
を獲得することで，またあるドメインでは〈整合〉という性質を獲得すること
で——プラティチュードを満たすことによって，真理性質を獲得する。彼はこ
のように，プラティチュードを満たすという機能を，ドメインごとに異なる真
理実現性質が果たすことができるという，真理の多重実現可能性を主張する。
ちなみに，このように〈対応〉や〈整合〉といった異なる真理実現性質の獲得

86　第2章　真理の多元主義

によって真理性質が多重実現可能な仕方で例化されることは，真理性質 F の本質的特徴を真理実現性質 M も共有するからである，という形で説明される（cf. Lynch, 2009, 74）。そして，この真理性質 F の本質的特徴とはプラティチュード①〜③そのものであるとされるため，各真理実現性質 M も，①〜③のプラティチュードを特徴に持つ。そのため，真理実現性質 M の獲得はそれ自体でプラティチュードの充足を含意し，それゆえ，M の獲得によって命題は真となるのである。以上から，真理とは，〈対応〉や〈整合〉といったさまざまな性質が真理の満たすべき特定の機能（プラティチュード）を充足するために，多様な仕方で実現される，という機能主義が導かれる[19]。

　つまり，プラティチュードが複数の仕方で満たされうるため，真理はその実現のされ方が多様であるが，実現されるのは同一の本質的特徴 F（＝プラティチュード）を持つ一つの真理性質である，と考えるのである。これは，「多様でありつつ一つである真理 truth as one and many」という標語で捉えられる。

　真理性質がこのように多重実現可能性を持つという仕方で機能主義的に説明されるものであるならば，強い多元主義に生じた先のような真理保存の問題は発生しない。なぜなら穏健な多元主義では，それぞれのドメインによって異なる真理実現性質を認めるが，それらはいずれも一つの真理性質と結びついているとされるからである。

　この理論は真理の構成理論を与えるという作業を適切にこなせるように思われるかもしれない。しかし筆者の考えるところでは，残念ながらこの理論もまた，構成理論を与える試みを十分に達成できない。それは，この理論が鍵概念とする〈ドメイン〉には，解決困難な問題が複数あるからである。

2.3.2　穏健な多元主義の問題点

　多元主義が想定するドメイン概念には，三つの問題点を指摘することができ

19）　機能主義とは，おおまかには対象の本性をその機能によって説明する立場である。たとえば，〈目〉とはなにかを〈視覚的情報を得ることを可能にしてくれる生物の器官〉と説明することなどが挙げられる。この場合，形や大きさなどさまざまな点で異なるものであっても，〈視覚的情報を得ることを可能にしてくれる〉機能を果たす生物の器官である限りで，どのようなものも〈目〉であることになる。すると，昆虫・魚・人などの生物の種類に合わせてさまざまな仕方で〈目〉は多重に実現されるものであると言える。

る。一点目は，客観性を確保しにくいことがらへの判断（評価的判断）を含む倫理などのドメインに属する命題に関する問題である。二点目は，「混合原子命題 mixed atomic proposition」と呼ばれる命題から生じる問題である。そして三点目は，ドメインの同定において前提される合成性に対する反例である。順に見ていこう。

2.3.2.1 評価的判断命題の問題

　以下のような命題は，構成概念が倫理的なトピックに関わると考えられるため，Wyatt のドメイン規定では倫理ドメインに属することとなり，そのため，真理実現性質は〈整合〉であるとされる[20]。

　(1)《制度 A は平等である》

仮に，制度 A は〈学生が学区に関わらず，皆自由に学校を選べる制度〉であるとしよう。この命題の真理実現性質は他の諸信念——ほかの制度や環境に関わる複数の信念など——との〈整合〉であるだろう。さて，この命題が当のドメインで真となるのは，〈整合〉という真理実現性質の獲得によって命題がプラティチュードを満たすからであるとされる。しかし，倫理ドメインの真理実現性質は〈整合〉であるという多元主義の主張の内実は，現状では十分に明瞭でない。たとえば，特定の地域 a における信念との整合という観点では(1)は真と見做せるが，別の地域 β ではむしろ〈学生が家庭ごとの所得差にかかわらず，皆一律に同学区内の学校に通う〉制度 B に関する，以下の命題が真だという信念が共有されているということが考えられる。

　(2)《制度 B は平等である》

この場合，β の人々は(1)の真理には否定的であるだろう[21]。そうすると，(1)は

---

20)　倫理のような規範的命題の関わるドメインにおける真理実現性質が〈整合〉であるという見解は Lynch（2013, 22）に看取できる。

21)　これは，複数の異なる〈平等〉概念があり，(1)と(2)はそれぞれ異なる平等概念についての命題

88　第2章　真理の多元主義

α の人々のほかの諸信念に対して〈整合〉という真理実現性質を有しているが，β に対してはそうではない，ということになる。この際，倫理ドメインにおいてある命題が真となるためには，どの信念と整合していることが求められるのだろうか。もしも，α にとっては α の諸信念との〈整合〉が，β にとっては β の諸信念との〈整合〉が成り立っていればそれぞれにとって命題が真となる，と考えるとすれば，倫理ドメインでの真理は特定の主体（個人／共同体）に相対的なものとなる。そうすると，ある主体やコミュニティの信念との整合次第では，任意の倫理命題が真にも偽にもなる，といったことを許容することになる。しかし，このように相対化された真理は客観的なもの —— プラティチュード①を満たす —— とは言えないため，この場合，倫理ドメインに相応しい真理実現性質は —— 多元主義の主張に反して ——〈整合〉ではないのではないか，という疑問が当然生じうる[22]。

　また，倫理ドメインにおける真理実現性質としての〈整合〉を，特定の範囲のすべての主体の信念との〈整合〉を要請するものと捉えるとしても，今度は別の問題が立ち上がる。整合をこのような厳格さで設定すると，そのドメインの所属命題が真となる余地が残らないかもしれないのである。倫理的概念によって構成され，倫理ドメインに属する命題のうち，すべての主体の信念と整合する命題はどれだけ存在するのか。あるいはそもそも存在するのか。(1)や(2)を見ても分かるように，倫理命題の真偽については不一致が常に考えられる。そうすると，倫理ドメインに属する命題は，真理適合的だが真理実現性質を獲得して真となる可能性はほとんどないような命題ということになってしまいかねない。

　Ferrari（2018）は，このように，物理的トピックにおける対象への判断と違

なのだ，と理解しても生じる問題である。β の人々は，〈平等〉という概念の包摂条件に〈所得などの条件によって選択肢の数の不均衡が生まれないこと〉を課すべきだと考えているはずなので，仮に(1)の命題が問題とする〈平等〉がそれとは別の包摂条件を持つ概念なのだとすれば，(1)が含意する平等観を真理として認められないと β の人々は依然として考えるだろうからである。

22)　実際，多元主義の代表的擁護者である Lynch（2009）は，プラティチュード①が満たされるためには，探究がさらに進んでも覆されないレベルでの〈整合〉が必要であるという指摘をしている。また，Wright（1992）も同様の見解を示している。そのため，少なくともプラティチュード①を満たすために必要だと多元主義者が理解する〈客観性〉のレベルは，コミュニティの共時的な信念との〈整合〉程度では担保されないと考えられる。

い，客観性を確保することが難しいことがらへの判断を評価的判断と名づけているので，ここではこの用語を借りることとしよう。この評価的判断の対象は客観性が保ちにくい〈好み〉や〈倫理的正しさ〉のようなものが主であるため，その判断には常に不一致の可能性が考えられる。多くの多元主義者は，このように評価的判断が関わるドメインに属する命題の真理適合性を認めている。すると当然，こうしたドメインに属する命題がいかに真となりうるのかを多元主義者は示さねばならない。しかし，どのような信念との〈整合〉が要請されるのかが不明瞭なままでは，この点は示せないのである。

これはつまり，こうした評価的判断命題によって構成されるドメインの真理実現性質を〈整合〉という形で与えるためには，説明されねばならないことがらが多数残されており，またそれに十分な説明を与える見込みが立っていない，という問題である。この問題を〈評価的判断命題の問題〉と呼ぼう。

2.3.2.2 混合原子命題の問題

混合原子命題とは，命題の構成要素である概念の所属トピックが二つ以上にまたがることにより，複数のドメインに属すると考えられる原子命題を指す[23]。たとえば，《痛みを引き起こすのは悪い》という命題は，〈痛み〉という物理的トピックに属する概念と〈悪さ〉という倫理的トピックに含まれる概念とが混合されているため，物理的な議論のドメインと倫理的議論のドメインとに属していると考えられる。Sher（2005）は，多元主義者は命題の真理実現性質が所属ドメインによって一意に確定されると想定しているが，混合原子命題の場合はそれが成り立たないのではないか，と主張する。

つまり，この問題は，いくつかの原子命題は異なるトピックに関わる異なる種類の概念の混合によって構成されているため，所属するドメインを一意に決定できない，ということである。これがもしその通りであれば，多元主義にとって深刻な問題をもたらす。

この問題が多元主義にとって深刻である理由は，構成理論を適切に与えられないという点，そして，相対主義を導くという点にある。多元主義は〈多元主

23）Sher, 2005, 321.

90   第2章 真理の多元主義

義の基本テーゼ〉を採っているため，各々の命題に最適な真理実現性質がどれ
であるかを一意に決定できねばならない。しかし，命題が二つのドメイン D_1
と D_2 に属する場合，命題の真理を実現している性質がなんであるかを正確に
答えることができない[24]。多元主義においては，真理の構成理論はドメインご
との真理実現性質によって命題が真となる，というものであるため，〈なぜこ
れこれの性質によって真となるのか〉という構成的説明を，命題の所属ドメイ
ンを一意に決定できない場合には与えることができないのである。また，混合
原子命題が複数のドメインに属すると考えると，一つの命題が真かつ偽となる
場合が生じうることになり，それを避けるには2.1節で確認した〈望まざる帰
結〉である相対主義を採らなければならない。こうした問題を〈混合原子命題
問題〉と呼ぼう。

2.3.2.3 命題のトピック合成性に対する反例

多元主義者は，命題の関わるトピックは，それを構成する概念の所属トピッ
クから合成的に決定されるとする。しかし，実際には，この考えに対する反例
がある。たとえば，以下のような命題を考えてみたい。

(3)《地球の年齢は7000歳である》

この際，事実との対応の有無によって真偽が決定される主題として(3)について
の真偽を理解する主体と，宗教的な主題として聖書の記載との整合によって真
偽を理解する主体がいるものとする。すると，(3)は，前者のように物理的事実
のドメインに属すると理解される場合には偽であるが，後者のように宗教ドメ
インに属すると理解される場合には，聖書記載に基づく諸信念との整合をもっ
てこの命題は真となるかもしれない。この両者の不一致は，命題の真偽判断に
必要と考える背景原理が双方で異なることに起因する[25]。問題は，多元主義の

---

24) 多元主義者は前提としてトピック合成性を引き受けるので，この際，《痛みを引き起こすのは悪
い》は文脈によって物理ドメインに属するか倫理ドメインに属するかが変化すると考えることは認
められない。

25) (3)は，もともと「深刻な不一致 deep disagreement」という Lynch（2010）で提示された問題
において考察されていた事例を改変したものである。

2.3 穏健な多元主義 91

ドメイン同定法に基づくならば，(3)は物理的事実のトピックに関わる概念により構成されているため，命題のトピックも同様に物理的事実に関するものとなるはずであるが，明らかに宗教的議論のトピックとして扱うことも可能であるように思われる点である。

多元主義者たちは〈宗教〉を一つのドメインとして認めている。この際，このドメインの真理実現性質は，おそらく聖書等の参照に基づく特定の実践を通じて構成される諸信念との〈整合〉と解するべきであろう[26]。そうすると，(3)を，聖書との整合から真であるとする実践は当然認められるため，(3)は宗教ドメインにおいて真理適合的な命題と認定されるはずである。そして，この命題は宗教ドメインにおいてプラティチュードを満たすものであるはずだ[27]。

以上から分かるように，命題の構成概念が関わるトピックから命題のトピックが合成的に決定される，という想定の妥当性には疑義をさしはさむ余地があ

---

26) この点は実際の実践を見てもある程度妥当なものと考えられる。例として，キリスト教の宗教実践を見よう。McGrath（1999＝2003）によれば，キリスト教の宗教実践では，世界のことがらについて聖書記述と整合しないような自然科学の知識が得られた場合，三つのアプローチ——①字義的アプローチ，②寓喩的アプローチ，③適応アプローチ——のどれかを採ってこの不整合を解消することになるとされる（20）。①は，聖書の記述を額面通りに受け入れるアプローチである。たとえば，世界の創造については，聖書の記述通りに六日間で行われたと判断することになる。よって，このアプローチでは，聖書と整合しない科学的知識は偽として棄却されるだろう。②は，たとえば地球の起源に関する「六日間での創造」などの記述を，なんらかの誇張された表現や比喩のような字義的でない意味を持つものとして理解し，聖書の記述と科学的知見の間に不整合はないと主張するアプローチである。③は，聖書というのは，それが書かれた当時の聞き手の文化的背景やイメージに合わせて記述されているので，その記述の意味は違う時代に生きる我々が字義通りに受け取る内容とは異なっているとするアプローチである。たとえば，聖書の「六日間での創造」という記述から当時の人たちがイメージするのは，現在の我々のように一日24時間の六日間ではなく，単に〈長い時間〉のことなので，この記述を我々はそのように理解せねばならないとされる（cf. McGrath, 1999＝2003, 22）。このアプローチでも，聖書の記述と科学的知見は実際には整合しているものとして扱われることになるだろう。

　さて，いずれのアプローチでも重要なのが，宗教実践において聖書の記述と整合しないように思われる知見は，そのまま真として受け入れられてはいない，ということである。まず，①のアプローチでは，聖書記述と不整合をきたす知見は誤りとして除外される。そして，②③のアプローチでは，聖書記述と不整合をきたすような知見は，整合するように形を整えてから真の知見として受け入れられる。このようなことから，宗教実践において命題が真とされるためには，聖書の内容を参照することに基づく実践から成る諸信念と整合することが必要だ，という考えがある程度妥当だと言えるだろう。

27) ここでは事実よりも各ドメインにおけるプラティチュードの充足可能性の有無が問題となるため，物理的事実の正しさを根拠に宗教ドメインにおける命題解釈を排除する，という選択は多元主義には採れない。

92　第2章　真理の多元主義

るのである。そして，この想定が妥当でないとすれば，命題の構成概念の所属トピックを基にドメインの同定・命題の所属ドメインの決定を行う手続きは正当化されないはずである。こうした問題を〈トピック合成性問題〉と呼ぼう。

　多元主義はこれらの問題に対し，応答することが可能だろうか。

2.3.3　多元主義の応答可能性について

　今見た三つの問題に対する多元主義の側からの可能な応答を考察することにしよう。結果として，多元主義のドメイン概念を現状の定式化のまま擁護することは困難であり，それゆえ，多元主義は真理の構成理論を示すのに十分な立場とはなっていない，ということが判明するだろう。

2.3.3.1　評価的判断命題の問題の考察

　まず，〈評価的判断命題の問題〉についての考察を行うこととしよう。この問題の要点は，多元主義が認めるドメインのうち，評価的判断命題によって構成されるドメインの真理実現性質が〈整合〉だと主張する際に，〈どの信念との整合が必要なのか〉が分からないということである。たとえば，(1)のように評価的判断が関わる命題は，それを真と考える主体と，偽と考える主体が双方存在することが常に考えられるため，どの信念との整合の獲得が命題の真理実現性質としての〈整合〉なのかが判然としない。しかしながら，多元主義は，評価的判断の関わるドメインを自身の理論のうちに認め，この真理実現性質を〈整合〉と同定する以上，この点を明瞭にしなければならない。なぜなら，この作業を行わない限り，評価的判断の関わるドメインにおいて命題が真となる仕方を明確に示すことはできないため，構成理論の十全な説明を提供できないからである。

　しかし，2.3.2.1でも示したように，評価的判断命題の真理にどの信念との〈整合〉が要請されるのか，という問いに答える際には困難がある。まず，もし〈整合〉が任意の主体の信念との整合を意味する場合，命題の真理は各主体の信念に相対的なものとなってしまい，真理のプラティチュードである客観性が保たれなくなる[28]。すると，そもそも〈整合〉が適切な真理実現性質ではないのではないか，という疑問が生じる。逆に，すべての主体の信念との整合を

要請するものとして〈整合〉を理解する場合，プラティチュード①は保てるが，評価的判断命題が真となりうる可能性はほぼ失われてしまう。

　この問題に対する可能な解決策を考えていこう。まず，後者のように，〈整合〉という真理実現性質をすべての主体の信念との整合と捉える場合，原理的には命題が真になる余地——現実には困難だとしても——があり，そこで要請される〈整合〉は客観性を十分に持つものでもあるので，それで問題はないとする主張が多元主義には可能である。しかし，これは倫理命題を含む評価的判断命題が現実に真となる可能性を著しく制限してしまう選択である。なぜなら，任意の倫理命題について，わずかでも反対者がいる場合には，その命題は真となりえないと主張することになってしまうからである。そしてこの場合，たとえば《拷問は悪い》を真とする認識が大半の人々に共有されていたとしても，拷問を行う主体がいた場合にその行いを誤りと判定することはできない。なぜなら，この解釈の下では，わずかでも反対者がいる限り《拷問は悪い》は真ではないからである。以上を踏まえると，このような〈整合〉の理解は多元主義にとってコストが高い選択である。これを改善するために，〈整合〉をすべての主体ではなく，十分に多くの主体の信念との整合と捉えることも可能だが，この場合，多数の主体によって支持されてさえいれば，《拷問は悪い》といった命題は無条件で真となる，ということになる。しかし，倫理命題の真偽をこのように数の問題にしてしまうと，少数者の声を奪う認識的不正義[29]に類する事例が理論的に正当化されてしまうだろう。そのため，こちらも別の観点を取り入れた修正や補足を行わなければ，依然コストが高い選択である。

　考えうる現実的な解決策としては，目的等に合わせて命題の真理を相対化するという方法がある。たとえば，倫理という同じトピックに関わるとしても，どのような目的に関してその命題が問題となっているかという観点を真理評価

28）　主体の信念に相対的なレベルの整合ではプラティチュード①の充足には不十分であると多元主義者たち自身が考えていたという点については，本章注22を参照のこと。

29）　「認識的不正義 epistemic injustice」とは「社会での知識の生産，獲得，伝達，拡散における知識の主体としての私たちが不当に扱われる不正義」（佐藤，2019，247）を指す。この不正義の一種に，証言者が持つ属性のゆえに証言者の提示する証言が不当に低く評価される際に成り立つ「証言的不正義 testimonial injustice」があるが，倫理命題の真偽を多数派の意見によって決定するとこのような問題が生じる懸念がある。

94　第 2 章　真理の多元主義

に取り入れる，という方法である。具体的に(1)の事例で確認しよう。まず，(1)は倫理的トピックに関わるため，倫理ドメインに属する。その上で，〈地域 a における望ましい制度〉という観点から，その命題がドメインで課される真理実現性質を獲得し，プラティチュードを満たすことに成功しているかを評価する。これなら，評価的判断の関わるドメインでも，命題は〈整合〉性質を獲得し，かつ客観性を満たす真理を獲得しうると主張できるかもしれない。

　しかしながら，この場合，ドメイン・プラティチュード・真理実現性質という道具立てによる真理の説明のどこかに，〈目的〉などの観点を導入するというタスクが多元主義には課されるであろう。また，〈目的〉の導入は多元主義を，命題の真偽は〈評価文脈に相対的である〉という相対主義的立場に変える，という点にも注意が必要である。この場合，a の人々の目的に照らせば(1)は真であるが，β の人々の目的に照らせば(1)は偽である，と述べることになる。これが極端化すれば，ある個人 a の目的に照らせば〈整合〉性質を満たすため(1)は真である，などとも言えてしまう。しかし，このような真理は多元主義者が求めるような客観性——プラティチュード①——を満たさない真理である[30]ため，許容することができない。そのため，なにが適切な目的として認められるかの条件を策定する，といった作業が多元主義の構想を実現するために今後必要となるだろう。こうした作業を通じて〈整合すべき信念とはなにか〉を明瞭にしてはじめて，評価的判断命題によって構成されるドメインについて十全な形で構成理論を示すことが可能となる[31]。

2.3.3.2　混合原子命題問題の考察

　〈混合原子命題問題〉に対しては，Wyatt と Edwards がそれぞれ応答を行っている。まず，Wyatt（2013）は，〈対応〉性質をデフォルトの真理実現性質と考えることでこの問題を解決することが可能である，という応答を行ってい

---

30)　本章注 22 を参照のこと。
31)　また，別の解決策として，そもそも評価的判断の関わる文は命題を表現しないものとして処理する，あるいは，道徳実在論のように〈整合〉以外の真理実現性質によってこの命題の真理を説明する，といった方法もありうるかもしれない。しかしこの場合，これらの解決策のうち形而上学的に正しいものがどれであるかを現状では特定できないという本書第 3 章で論じる問題が，多元主義にも生じることになる。

る。多元主義のドメインの定式化では，命題を構成する概念の概念種によって命題の所属ドメインが確定する。この際，命題の構成概念の中に〈対応〉性質では扱えないものが混ざっていた場合には，たとえ物理的なトピックに関わる概念が同時に構成要素に入っていようとも，その真理実現性質は常に〈対応〉以外のものとなる，と考えるのである。つまり，特定の真理実現性質のみを特権的に扱うことで，混合原子命題のように複数のドメインに属する命題であっても，その真理実現性質は一意に決めることができるというわけである。

この応答の難点は，特定の真理実現性質を他に比べて特権化して扱う根拠を多元主義が持たないことである。多元主義では，真理適合性のミニマリズムを前提し，真理はさまざまな性質によって多重実現可能であるとする。そのため，一元主義のように特定の真理実現性質を特権化するには根拠が必要となる。一つ考えられるのは，特定の真理実現性質が他に比べてより強い実質性を持つと主張することだろう。しかし，この主張をするためには，多元主義がその実質性の根拠とするプラティチュードという道具立てだけでは十分でなく，またこの作業は，通常の一元主義者による真理の実質性論証よりはるかに困難となる。なぜなら，さまざまな性質により実現する真理がそれぞれ実質性を持つことを証明しつつ，それらの間にどのような実質性の強度の差があるか，それは一体なぜ生じるのかを論証しなければならなくなるからである。そのため，Wyattの応答は現状では不十分である。

次に，Edwards（2018a）によって提示された方法を確認しよう。彼は，命題の構成要素のうち，述部に当たる性質のみがドメイン決定に関わると考えることで，混合原子命題の問題は解消されると考えている。たとえば，先ほどの例《痛みを引き起こすのは悪い》は，その述部に当たる〈〜は悪い〉が倫理的概念であるため，それにより構成される命題も倫理的トピックに関わるドメインにのみ属する，と主張できるという訳である。たしかにこれなら原子命題の所属ドメインをその構成概念から決定する，という方法は一応可能であるように思われる。

しかし，この方法も，トピック合成性を基礎とした応答であるため，次に見る〈トピック合成性問題〉が解決されない場合にはうまくいかない。

96 第2章 真理の多元主義

2.3.3.3 トピック合成性問題の考察

　多元主義者は，トピック合成性テーゼに基づき，命題が属するドメインおよび関連トピックは，それを構成する**概念の所属トピック**から合成的に決定されると主張する。しかし，《地球の年齢は7000歳である》という命題は，その構成要素である概念の所属トピックが物理的な事実に関する対象・性質によって構成されていると考えられるにもかかわらず，宗教的トピックとしても正しく真偽評価が可能であるように思われる。そのため，トピック合成性テーゼを保持できないと考えられる。この議論を評価する上で把握しておくべきなのは，多元主義と〈トピック合成性問題〉の主張の前提が以下のように異なる，ということである。すなわち，多元主義が，概念の単位であらかじめ所属トピックが確定しており，命題のトピックもそこから合成的に決定されるという原子論的な考えを前提に持つのに対し，〈トピック合成性問題〉の指摘は，命題の所属ドメインは命題の真偽を問題とする文脈で初めて決定され，その命題の構成要素である概念も，その文脈から事後的に所属トピックが判明する，という逆向きの前提——この前提を〈文脈原理〉と呼ぼう——に基づいていると考えられるのである。ここから言えるのは，多元主義のようにその理論の一部として〈トピック合成性〉テーゼを採用し，原子論的前提を採る立場は，〈トピック合成性〉テーゼを採用しない立場——文脈原理などを自由に採れる立場——よりも，その主張の正当性を示すために多くのタスクが課されるだろうということである。なぜなら，後者であれば，「地球の年齢」が異なる二つのトピックに関わりうることを認め，その理由を，その命題と構成要素である概念が文脈上異なる議論のトピックとして評価されていると示すのみで良いが，〈トピック合成性〉を認めるがゆえに原子論的前提を採ることになる多元主義では，概念は本性上特定の性質と一意に関連するという形而上学的主張を引き受けた上で，それを証明するタスクが課されるからである。そしてその説明は，トピック合成性問題を説得的に退けうるものでなければならない。

　そうすると，むしろ命題の所属ドメインは初めから一意に確定しているものではなく，文脈ごとにその都度特定されるという文脈原理を，多元主義は受け入れるべきかもしれない。しかし，このような路線も多元主義者は容易には採れない。Wyatt の定式化では，ドメインは命題のクラスとして同定され，こ

の命題はそれが関わるトピックに基づいてクラス分けされる。そして，命題の関わるトピックは命題の構成要素となる概念に基礎づけられているため，現状のドメイン概念は既に原子論を組み込む形になっている。そのため，文脈原理を基礎とする場合，多元主義者はこれとは全く異なるドメイン概念をはじめから作り直す必要があるのである。その際には当然，ドメインとは一体なんであるのか，という問いに再び解を与えねばならない。

　もしかすると，多元主義者にはもう一つ以下のような応答が可能だと考えられるかもしれない。すなわち，(3)の真偽について語る二人の主体は，実は異なる概念種に属する概念 ── 〈地球の年齢宗教〉と〈地球の年齢物理〉── によって構成されている二つの異なる命題の真偽をそれぞれ語っていて，トピック合成性テーゼには抵触しない，という応答である。この応答は見込みがないわけではない。実際，この応答を文脈原理と組み合わせれば，原子論的前提とトピック合成性テーゼ自体は保持しつつ，(3)がどちらの命題を表現しているかを文脈から特定する，という選択肢が現実的となる。

　しかし，この応答には，クリアすべき以下の問題がある。まず，(3)の命題について聖書を参照して真と答える主体と，物理的事実に関する知見を参照して(3)に偽と答える主体が互いに対して反論を行うことが想定可能である。この事例では，互いが同じ命題について対立する信念を抱いていると捉えるのが自然である。そして実際に，《地球の年齢は7000歳である》という(3)の命題に関するこの対立は，認識論における「深刻な不一致 deep disagreement」という主題の議論において，〈二人の主体が同一の命題の真偽をめぐって争っている典型的事例〉として哲学者たちの間で広く理解されているという事実があるのである[32]。そして，多元主義の代表的論者である Lynch 自身も(3)を同様に理解している[33]。そのため，(3)を二つの異なる命題と見做す場合，こうした理解に反して，二人の主体の意見の相違は，同一命題の真偽を問う真正な不一致ではない，と主張することになる。よって，多元主義者は，単にアドホックな対応でないことを示すためにも，(3)をめぐる対立は〈二つの異なる命題に関するもので，実際には同一命題の真偽をめぐる不一致ではない〉と考えるほうが，

---

32)　この理解については Ranalli（2018, §2）を参照のこと。
33)　Lynch（2010, 264-265）を参照のこと。

〈同一の命題の真偽をめぐる不一致〉と捉えるよりも合理的である，という根拠を示す必要がある。これが与えられない限りは，多元主義者は〈トピック合成性問題〉を退けたことにはならない。そして，菅見の限り，そのような論証はいまだ与えられていないのである。

2.3.4 穏健な多元主義の評価

さて，以上から分かったように，多元主義者はドメイン概念に対する問題のうち，〈評価的判断命題の問題〉と〈トピック合成性問題〉には，現状十分な回答を与えられていない。そのため，問題は手つかずであり，今の段階では多元主義は真理性質の妥当な構成理論であると言うことはできない。

以上から，穏健な多元主義については以下のように結論づけることができるだろう。まず，彼らの依拠するドメイン概念は，現状十分に正当化されていない原子論的前提，すなわち，〈概念がその本性上特定のトピックに関わる性質を有している〉という前提に基づいている。多元主義が現状の道具立て —— 真理適合性のミニマリズム，ドメイン，プラティチュード —— をそのままの形で保存する場合，行わなければならないのは，この前提の擁護である。しかし，この前提は形而上学的なものであるため，その論証には困難が予想される上，〈トピック合成性問題〉の回避というタスクが伴う。また，このトピック合成性問題の回避のためには，(3)について現在標準的となっている理解に反する主張を擁護する必要がある。さらに，仮にこのタスクを果たすことができたとしても，現状の多元主義が真理の構成理論として問題のないものであると言えるかは疑問である。なぜなら，〈評価的判断命題の問題〉が示唆するように，多元主義が一つのドメインとして認めているものの中に，そこで真理実現性質に指定されている性質が〈プラティチュードを満たす〉と裏づけられていないドメインが複数存在するからである。そうしたドメインについて特定の真理実現性質を指定することの妥当性を示せない限り，構成理論の提供が十分に達成されているとは言えないのである。そのため，現在の道具立てをそのまま維持して多元主義を主張する場合，原子論的前提に伴う困難を解消しても，〈評価的判断命題の問題〉に答えられなければ，その理論的優位性は現状考えられているよりも一段低いものとならざるをえないだろう。

まとめ　99

　無論，この原子論的前提を捨て去る，もしくは，現状のドメイン概念に〈目的〉などの観点を取り入れるといった改定なども，多元主義の可能な選択肢である。だがその場合，目的を適切に設定する方法を確立できなければ，多元主義は，個人の目的や信念と相対的に命題が真となるといった立場になりかねない。これはプラティチュード①を満たす真理を諦めることに繋がるので，回避策が必要である。さらに，原子論的前提を捨てる場合は，ドメイン概念を根本からつくり直す，といった作業も行わねばならない。ドメイン概念の改定自体は多元主義が避けるべき問題というわけではないが，現状では原子論的前提に依らないドメイン概念がどのようなものになるのか手がかりがないため，この場合には難しい課題が残されることとなる。

　つまり，現状，穏健な多元主義は見込みが薄い企てであると評価せざるをえない。

まとめ

　スコープ問題への対処として有望視されている多元主義であるが，この立場は大きな問題を抱えている。まず，強い多元主義は異なる真理実現性質によって例化される真理性質同士が全く異なる性質であると考えるため，混合推論などの場面で真理保存という問題に直面する。

　これを受けて提唱された穏健な多元主義は，機能主義という考えを導入し，異なる真理実現性質によって例化される場合であっても，真理性質はすべてプラティチュードを満たすため同一の性質だと主張し，この問題を回避した。

　しかしながらこの立場にも，それが前提する〈ドメイン〉という道具立てに内在する複数の問題があるため，真理性質の構成理論を余すところなく与えるという作業をこなせないことが判明した。そのため，多元主義に基づいてコアテーゼ①を論駁する試みは，現段階ではうまくいかないと結論できる。

　次の章では，そもそも構成理論を先行して与えることを目指す構成理論アプローチを採る限り，デフレ主義を論駁するという目的はいつ達成できるのかまるで見通しが立たないことを示し，このアプローチに見切りをつけるべきだということを確認する。

第3章　形而上学のなにが問題か

　前章では，多元主義の真理の構成理論は，その道具立ての一つであるドメイン概念をめぐって解決の見通しが立っていない問題を複数含むため，デフレ主義のコアテーゼ①の論駁に足る構成理論を現状では提供できないことを見た。

　そのため，多元主義の構想は採れない。しかし，スコープ問題が一元主義の誤りを示すものであり，同時に，多元主義の構想を形而上学的に要請する根拠となる，という多元主義者の診断が正しいとすれば，一元主義の構想も見込みはない。とすると，コアテーゼ①の論駁の試みである構成理論アプローチは，もう道を閉ざされてしまったのであろうか。

　そうとは言い切れない。なぜなら，スコープ問題が多元主義構想の正しさを形而上学的に裏づけているとする多元主義の診断は，実際には正しくないからである。また，1.1節でも触れたが，実は，一元主義のうち対応説からは，本書ではまだ検討していないスコープ問題への対処法がいくつか提案されている。そのため，本章ではこの対処法の可能性を探ることにしよう。

　以下ではまず，スコープ問題は，一元主義ではなく多元主義の描像が正しいことを裏づけていて，この問題からは多元主義が導出される，という考え自体に十分な形而上学的裏づけがないということを確認し，一元主義から多元主義への移行をブロックする。そして，一元主義に残された対処法を検討していく。

　しかし，残る一元主義の複数の対処法のいずれにもその形而上学的裏づけがないこと，そしてこれを与える作業は現状足がかりも十分にないことが判明するだろう。それにより，真理性質の構成理論を与えるという形而上学的試み自体が，そもそも重要な点で難点を持つことを指摘し，構成理論の問いを第一に解決しようとするアプローチそのものに問題が内在していることを明らかにす

102 第3章 形而上学のなにが問題か

る。そして，真理性質についての議論は，もう一つのアプローチである〈本性的説明役割アプローチ〉によって進められるべきであることが示される。

3.1 スコープ問題は多元主義を形而上学的に導かない

まず本節では，スコープ問題に起因する構成理論を与える試みの困難に対して，真理実現性質の多元化による応答を行った前章のような多元主義の考えが，そもそも背景となる形而上学的根拠を持って遂行されていないことを示し，スコープ問題は多元主義への移行を必然化しないことを確認する。

そのために，一度ここで議論を振り返っておこう。まず，一元主義では，命題の真理実現性質の一元性を主張する構成理論を原因として，スコープ問題が生じるのであった。この問題が真理実現性質の多元化の必要性を示しているとして，多元主義という方向を打ち出す路線が提示されてきたが，前章ではこの路線でもドメインという概念に依拠するがゆえに生じる複数の問題があることを見た。

しかし，その前段階で，そもそもスコープ問題はそれ自体として多元主義という構想を形而上学的に動機づけることはないという見解がある（Gamester, 2020）。多元主義は形而上学的に必然的な根拠 —— 真理の正しい構成理論からの要請 —— に基づいているとは言えないと主張するものである。この論証は，スコープ問題が多元主義の構想の正しさを裏づけるとする多元主義者の診断の誤りを示し，一元主義を再び活気づけるものとなりうる。

そのため本節では，スコープ問題を多元主義の裏づけ根拠として提示するEdwardsとLynchという多元主義者の議論を確認しながら，その根拠が十分でないとするGamester（2020）の見解を適宜参照し，多元主義者の議論の問題を見ていく。命題ごとに真理実現性質が異なることを形而上学的根拠に基づいて指摘しようとする場合，各命題が関わる存在者の本性の差異に訴えるという路線を採るのが一つの方法である。実際にEdwardsとLynchがこの方法を採っているので，それぞれの議論とその問題点を確認しよう。

3.1.1 Edwards の議論とそれへの批判

まず，Edwards は，命題が属するドメインによって，その命題の同値図式（ES）の双条件の〈読みの方向〉に差異があるという分析から出発する[1]。ES は以下のようなものであった。

《p》は真である iff p

このとき，ES は双条件なので，左からも右からも読むことができる。〈左から右〉に読む場合，ある命題 p が真であるのは，p によって表されていることがらが成り立つときであるということになる[2]。他方，〈右から左〉に読む場合，p ということがらが成り立つのは，命題 p が真だからであるということになる。本来，ES は双条件なので，どちらの読みも成立するし，またその読みの方向にも優劣はないが，Edwards は命題の種類によって，ES の右辺と左辺のどちらがより基礎的であるか——ES の右辺／左辺のどちらが成立するおかげでもう片方の辺が成立するのか——が異なると考える。具体例として，以下二つのES の例を考えてみよう。

(I)：《鉄は磁力を持つ》は真である iff 鉄は磁力を持つ。
(M)：《自転車はカッコいい》は真である iff 自転車はカッコいい。

このとき，Edwards いわく，(I)は〈左から右〉の読み（以下〈L 読み〉）に該当する事例で，《鉄は磁力を持つ》が真であるのは，鉄という対象が磁力という性質を例化しているがゆえという形で説明される。それに対し，(M)については，〈右から左〉読み（以下〈R 読み〉）が該当する事例で，自転車がカッコよさという性質を持つのは，《自転車はカッコいい》という命題が真として扱われているからだということになる。つまり，この命題を表現する文「自転車はカッコいい」に現れる名辞「自転車」によって指示される対象が「カッコい

---

1) cf. Edwards, 2018b, 68; Cotnoir & Edwards, 2015, 124-125; Edwards, 2018a, 90.
2) 以下の説明は，Edwards 自身の議論を本書の用語に合わせて部分的に変更している。この差異は議論に影響しない。

い」という述語に含まれるものとして扱われ，「自転車はカッコいい」を真だと我々が見做すがゆえに，《自転車はカッコいい》という命題は真として扱われ，それによって ES の右辺のことがら —— 自転車がカッコよさ性を持つこと —— が成り立つと認められる。

　このとき，Edwards いわく，L 読みの命題の真理実現性質は〈対応〉，R 読みの命題の真理実現性質は〈対応以外〉のものとして，その読み方に合わせて真理実現性質が分類される。

　しかし，そもそもなぜ，(I)は L 読みとなり，(M)は R 読みになるのだろうか。その理由は，(I)と(M)では，ES の事例に現れる文の述語が指示する性質が，〈まばらな性質〉なのか〈豊富な性質〉なのかが異なるからであるとされる[3]。序章でも説明したように，まばらな性質とは，存在者の間の類似性を根拠づけるような性質のことを指す。たとえば〈電子である〉という性質であれば，電荷を持っているといった特徴をその外延がみな必ず持っていなければならない。それに対し，豊富な性質とは，外延すべてが共有するそのような特徴が存在しない性質のことである。たとえば，序章で述べた〈クオーキー性〉は，それを持つ対象の中に，クオークの特徴を満たすがターキーの特徴を満たさなかったり，ターキーの特徴は満たすがクオークの特徴を満たさなかったりするものが含まれる。そのため，豊富な性質は，その性質を共有するもの同士に類似性があることを示す根拠とならないような雑多な性質なのである。この性質の区別に照らすと，(I)で問題となる〈磁力を持つ〉という性質は，その外延すべてが磁気を帯びているという特徴を共有するため L 読みになるのに対し，(M)で問題となる〈カッコいい〉という性質は，その外延となる対象ごとに持っている特徴がバラバラであるために R 読みとなる，と Edwards は考えていることになる。

　また，Edwards（2018a; 2018b）は，まばらな性質は〈客観的な性質〉に，豊富な性質は〈投影的な性質〉にそれぞれ該当するとする。この客観的な性質／投影的な性質とはなにかと言うと，以下の双条件(P)を L 読みする場合に成り立つ性質と，R 読みする場合に成り立つ性質の区別のことである。

---

3)　cf. Edwards, 2018b, 68.

3.1　スコープ問題は多元主義を形而上学的に導かない　105

(P)「*a*」によって指示される対象が述語「*F*」の下に含まれる iff 「*a*」によって指示される対象が述語「*F*」によって指示される性質を持つ。

(P)のL読みが成り立つ性質が客観的性質で，R読みが成り立つ性質が投影的性質とされる。そして，Edwards いわく，文が客観的な性質に関わる場合には，その真理実現性質は対応となり，文が投影的な性質に関わる場合には，その真理実現性質は非対応的なものとなる。たとえば，Edwards によれば，「〜はカッコいい」という述語はR読みの典型例の一つである。

　Edwards は，豊富な性質は投影的な性質と合致すると考えるのであるから，〈カッコよさ〉という性質はそれが適用される対象に共有されている特徴がなく，むしろある対象が〈カッコよさ〉性を持つのは，その対象が述語「〜はカッコいい」の我々の適用実践に照らしたときに，この述語の適用対象として認められるからであるということになる。そのため，自転車が〈カッコよさ〉性を持つのも，「〜はカッコいい」という述語の我々の適用実践に照らして，自転車がこの述語の適用対象と認められるゆえである。

　しかし，Gamester は，これは誤りだとする。なぜなら，ある対象が「カッコいい」という述語の下に含まれるのはなぜかとさらに問うことが可能であり，この問いを突き詰めたときに共有される特徴が見出される可能性があるからである。たとえば，もし自転車がカッコいいなら，それは〈見た目〉〈それが出す音〉〈それが与えてくれる自由〉〈乗っている人のタイプ〉などのおかげかもしれない[4]。

　以上の見解をより形式的な仕方で Gamester は示しているので，それを確認しよう[5]。いま，Edwards が言うように *F* 性が投影的な性質だと仮定し，対象 *a* は，述語「*F* である」に含まれるゆえに *F* 性を持つのだとしよう。そして，〈*Φ*〉を，述語「*F* である」に含まれるために満たすべき任意の条件とする。R読みの真理の場合，*a* は「*F* である」に含まれる場合に *F* 性を持つ。しかし，このとき，*Φ* が「*F* である」に含まれるための条件なのだから，*a* が *F*

---

4)　cf. Gamester, 2020, 2.2.1.
5)　この段落の議論は，Gamester（2020, 2.2.1）の内容を，要点を整理して筆者がまとめ直したものである。

106　第3章　形而上学のなにが問題か

性を持つのは，a が Φ という条件を満たすという特徴を持つゆえである。

さて，Edwards によれば投影的な性質は，豊富な性質でもあるのだった。しかし，Gamester が示すように，Φ 条件を満たすことが F 性を持つために不可欠であるのならば，F 性を満たす対象にはみなに共有された特徴があることになり，F 性はまばらな性質となるだろう。それゆえ，投影的な性質と呼ばれたものは，実際には分析を進めていくことで客観的な性質であると示される可能性がある。無論，このように特定の性質を，特定の条件を満たす場合に成り立つものとして還元的に分析する試みがうまくいくかはまだ分からない。しかし，次節で見る〈還元的対応説〉は，しばしば投影的な性質と判断されることがある道徳性質について，実際にこのような還元的分析を試みる立場であり，この立場はいまだ有望な選択肢の一つとして生きている。そのため，〈カッコいい〉という性質には共有される特徴がないといったような仕方で豊富な性質とまばらな性質を切り分けて，命題の真理実現性質を選り分けていく Edwards の方法は，現状では十分に形而上学的に正しいとは判断できない。

性質の存在論的本性から L 読みと R 読みを区別するという Edwards の路線についての評価は以上の通りだが，Edwards は（性質ではなく）対象の存在論的本性の差異に訴えてこの区別を与える提案もしているので，こちらについても検討していこう。

Cotnoir & Edwards (2015) によれば，対象の存在論的本性は，その対象が以下の二つの原理のどちらに従う意味で存在すると呼ばれるのかによって区分される。

AD：存在するということは，因果的力を持つということである。

NFP：存在するということは，真なる文に現れる単称名辞の指示対象になるということである[6]。

────────────

6) Cotnoir & Edwards (2015) においては，AD は〈Alexander's Dictum〉，NFP は〈Neo-Fregean Principle〉と表記されている。Alexander's Dictum の Alexander とは，20世紀イギリスの哲学者 Samuel Alexander のことである。ちなみに，AD と NFP という略記は Gamester (2020) を踏襲している。

そして，二つの原理のうち，AD に沿う仕方で存在する存在者を含む命題は，〈対応〉を真理実現性質とする L 読みの命題であり，NFP の仕方で存在する対象を含む命題は〈整合〉などの真理実現性質が要請される R 読みの命題である。

たとえば，AD の意味で存在する〈因果的力を持つ〉対象について，Edwards（2018b）は Merricks（2001）の以下の説明を援用している。

> 野球ボールがもし存在したならば，それは窓ガラスを割るかもしれないし，バッターを怪我させたり，視覚的知覚を引き起こしたり（それゆえに見られる），触覚的知覚を引き起こしたり（それゆえに触れられる）するかもしれない。一般に，無機物の巨視的対象が存在するならば，それらは因果的な力を持つだろう。（Merricks, 2001, 81）

このような意味で存在する対象に関連する命題は，〈対応〉を真理実現性質とする L 読みが適切となるとされる。Edwards いわく，「存在するものは時空的な生の押し引きに参加するものであるという，広義の自然主義的世界観を反映」（Edwards, 2018b, 107）する実在論的な存在のあり方の理解が AD には反映されている。そのような存在のあり方をする対象に関しては，実在論的直観に適う〈対応〉という真理実現性質によってその真理を説明する，という方針がここでは採られている。

それに対し，NFP の意味で存在する対象には，たとえば〈7〉といった数学的対象があるとされる。「数は通常，因果的な力を欠き，時空に位置を占めないものと定義される」（Edwards, 2018b, 107）ため，AD とは異なる仕方でその存在のあり方が理解される必要がある。そこで，この〈7〉という対象は，「7 は素数である」などの文がまず真であると見做され，そこから，その文に現れる単称名辞「7」の指示対象としてその存在が認められる，といった仕方で存在する対象であると理解する方針が打ち出される。

このように，命題は，そこに含まれる対象の存在論的本性の差異によって L 読みと R 読みが変わり，真になる仕方も異なってくる，と Edwards は主張する。

108　第3章　形而上学のなにが問題か

　しかし，このような仕方で命題の真理実現性質を区分することは形而上学的に正しいのだろうか。Edwards に従えば，AD の仕方で存在する対象を含む命題以外は，〈対応〉を真理実現性質とすることはできない。だが，なぜ因果的な力を持つものしか実在との対応可能性はないと言えるのだろうか。たとえば，因果的な力を持たない非自然的な構成要素を含む命題であっても，対応によって真となると主張する論者はいる。実際，次節で見る〈非自然主義的実在論〉は，道徳性質は因果的力を持たないが，それにもかかわらず実在との対応によって真となると捉える立場を支持している。こうした立場の可能性を端から除外するような仕方で，命題の真理実現性質が〈対応〉となるケースを AD の仕方で存在する対象を含む命題のみに限定するのは，論点先取に過ぎないだろう。よって，少なくとも，次節で扱う非自然主義的実在論の見込みを精査するまで，〈対応を真理実現性質とする命題は，AD の仕方で存在する対象を含む命題のみである〉という Edwards の立場は形而上学的に正しいものであるとは結論できない。

　以上の議論をまとめておこう。まず，Edwards の議論では，ES の L 読みと R 読みを区別し，どちらの読みになるかによって，真理実現性質が変化するとしていた。この際，ES が L 読みになるか R 読みになるかは，ES に含まれる命題の述部の〈性質〉の存在論的本性によって決まるとする考えと，ES に含まれる命題の主語位置の〈対象〉の存在論的本性によって決まるとする考え，この二つを Edwards は提示していた。しかし，いずれの考えも十分に裏づけられているとは言えない。そのため，Edwards の議論に従って命題ごとに真理実現性質が変わると結論づけることは現状ではできない。

3.1.2　Lynch の議論とそれへの批判

　次に，スコープ問題を多元主義の裏づけ根拠として提示するもう一人の論者として，Lynch（2009）の議論を見てみよう。Lynch は，〈対応〉という真理実現性質を持ちうる命題の種類に制限を加えることで，多元主義の形而上学的根拠を与えようとする。

　Lynch（2009）は，信念内容 —— 命題 —— が世界と対応するという事態を以下のように定式化している。まず，彼の理解では信念内容である命題は概念か

ら構成されるものであるため，たとえば《a は F である》という命題は，〈a〉
という対象概念と，〈F〉という性質概念から成る。この命題の構成要素であ
る概念のうちいくつかのものは，世界内の対象や性質を表示する。そして，そ
のような世界内の対象・性質を表示する概念から成る命題——ここでは《a は
F である》という命題とする——は，〈a〉が表示する対象 a が，〈F〉の表示
する性質 F を例化するという事実が成り立っている場合に真となる（22-24）。

　このとき，Lynch は，世界内の対象や性質を表示する概念とは，以下の条
件をクリアするような概念であるとする[7]。

　Causal 条件：〈a〉は a を表示する＝a が適切な条件下で，〈a〉の心的トーク
　　ン化を引き起こす。

たとえば，目の前にいる猫の存在が，それを知覚した主体の思考において
〈猫〉概念を生じさせるような場合に，この Causal 条件は満たされる[8]。

　この Causal 条件が正しければ，世界内の実在との対応関係に立てる命題の
種類に制約がかかることになる。すなわち，《a は F である》という命題が事
実と対応するには，その内容である概念〈a〉や〈F〉が対象 a・性質 F に因
果的に反応して心的にトークン化されるのでなければならない。そのため，a
や F は我々と因果的に相互作用可能なものである必要がある。逆に言うと，a
や F が世界に存在しない場合や，我々に対して因果的に概念のトークン化を
引き起こすと言えない場合は，概念〈a〉〈F〉を含む命題は対応的真理の範囲
から除外される。Lynch はこのようにして，命題の構成要素である概念を，
Causal 条件に基づいて生成されるものか否かによって種類分けし，真理実現
性質を多元化する多元主義の根拠を与えようとする。

　だが，この Lynch の議論に対しては，いくつか懸念がある。まず，そもそ
も Causal 条件では，我々が事実との〈対応〉によって真偽を判断する傾向が
ある命題を〈対応〉によって処理できなくなるのではないかという指摘がある。
たとえば，Shapiro（2009）は，〈窒素〉という概念を例に Causal 条件の不十分

---

7)　cf. Lynch, 2009, 25.
8)　cf. Lynch, 2009, 25.

さを指摘する。いわく，窒素は〈窒素〉概念の因果的な心的トークン化を引き起こさない。我々が生まれたときからずっと窒素は我々の周囲を取り囲んでいるが，〈窒素〉概念はこの対象によって形成されなかった。むしろ，〈窒素〉は科学実践などから要請された理論的概念である。しかし，《窒素は大気中に多く含まれている》といった命題の真理を，〈対応〉によって理解する者は多いのではないか。以上のように Shapiro は指摘し，Causal 条件の充足の有無によって命題の真理実現性質が〈対応〉かそれ以外かを判別する，という方針は，信頼できるものではないのではないかと指摘する。少なくとも，形而上学的に正しい仕方で個々の命題の真理実現性質を判定できる方法として Causal 条件が適切だと多元主義者が主張するためには，この点について適切に答えられなければならないだろう。

　また，もう一つの懸念は，前項で Edwards の議論の不十分性を指摘したときと同様の問題が，Lynch の議論にも当てはまることである。なぜ世界内の対象から因果的に心的トークン化された概念を含む命題でなければ，〈対応〉という真理実現性質によって真になることができないのだろうか。このような立場は，道徳性質は因果的な力を持たないが，世界内の事実と対応することで真となると理解する立場——次節で見る非自然主義的実在論——を端から除外してしまっている。このような立場の見込みを十分に検討しなければ，Causal 条件によって〈対応〉という真理実現性質を獲得可能な命題を制限する，という方針は裏づけられないだろう。

　以上のように，Edwards の議論も Lynch の議論も，多元主義の形而上学的正しさを裏づけるには至っていないと言える。そのため，スコープ問題は多元主義の構想の正しさを示していると多元主義者が診断するのは尚早である。

　よって，多元主義の理解に反し，現状，スコープ問題に対して一元主義的に対処することが誤りであるとまでは結論できない。実際，一元主義にはスコープ問題に対処する有力な理論がいくつかある。次節では，一元主義のスコープ問題への対処の路線を複数確認していくことにしよう。

3.2 道徳命題に対するスコープ問題への一元主義的対処法

前節で，スコープ問題が多元主義という構想の形而上学的正しさを示していると診断するのは尚早であるという点を確認した。スコープ問題はインフレ主義者に多元主義の採用を必ず要請するとは言い切れないのである。

そこで，本節ではいま一度，一元主義によるスコープ問題への対処可能性について，改めてより詳しい検討を行う。その際，対応説を基準にして，主要な対処方法を確認する。この理由は二点ある。まず，対応説は一元主義の中では最も主流の立場であるため，スコープ問題への対処の議論にも蓄積があること。もう一つは，一元主義のほかのヴァリアントである整合説やプラグマティズム説は，我々の信念と独立に命題が真となることをどうあっても原理的に認められないので，そうした仕方で真になる命題の存在を自説の中で処理できないということがその理由である。

1.1 節で見たように，対応説にとって最も深刻なスコープ問題は，道徳命題の処理である。そのため，この主題に絞って，対応説による複数の対処法の説得性を評価していくことにしよう。具体的には，道徳命題が表す事実を自然的事実にパラフレーズして〈対応関係〉を指摘する〈還元的対応説〉，道徳命題は実際に〈非自然的事実〉と対応しているのだとする〈非自然主義的道徳実在論〉，対応説が扱えない道徳命題を一律に真になりえないものとして処理する〈錯誤説〉，そして，道徳言明や信念はそもそも真理適合性を持つ命題を表現しないとする〈表出主義〉についてそれぞれ確認する。

3.2.1 還元的対応説

最初に考えうる方法の一つは，抽象的対象・性質に関わる命題を，自然的事実にパラフレーズするなどの仕方で還元する方法である。たとえば，「S_1 と S_2 は結婚している」という文が表現する命題を考えてみよう。対応説の下では，この命題は〈S_1〉と〈S_2〉という対象，そして〈結婚している〉という関係的性質を構成要素とし，それら要素が《S_1 と S_2 は結婚している》という順序で配置されることで構成されるものとなる。そのため，一見すると，対応説の枠

組みにおいては，この命題の構成要素となる〈結婚している〉という抽象的性質の実在が要請されることになるように思われる。しかし，〈結婚している〉という抽象的な関係的性質は，〈リンゴである〉といった性質などと同じ仕方で世界の側に実在していると認めるのは奇妙であるように思われるし，そのような性質の実在に訴えずに済むならば，存在論的に単純な真理論を対応説は提供できる。仮にこのように考える場合，対応説の論者には，〈結婚している〉といった抽象的な関係的性質の実在を認めないまま，対応説の枠内で処理する術がある。それは，抽象的な性質を特定の行為などの事実にパラフレーズし，還元的に理解するというものである。たとえば，〈二人の個人が署名・捺印した特定の書類が，しかるべき場所に提出されている〉という事象 P が現に成り立つ場合にのみ，「S_1 と S_2 は結婚している」という文は真であると我々が認めるとする。その場合，〈結婚している〉という抽象的な関係的性質は，自然的な事象 P にパラフレーズしうる。「S_1 と S_2 は結婚している」という文は，実際には「S_1 と S_2 が署名・捺印した特定の書類はしかるべき場所に提出されている」という文にパラフレーズされ，この文が表現している命題は，対象 S_1 と S_2，事象 P から成る《S_1 と S_2 が署名・捺印した特定の書類は，しかるべき場所に提出されている》であると考えることができる。その場合，この命題は，抽象的な性質を含まない命題として，対応する事実を自然的世界の中から割り当てることが可能である。

　道徳性質も，同様の仕方で，ある種の自然的事実へのパラフレーズによって捉えられるかもしれない。例として，「拷問は悪い」という文を考えてみよう。我々の実践で身体の自由を奪った上での暴力行為などが「拷問」と呼ばれ，そのような行為に「悪い」という語が用いられるために我々が必要と考える適用条件 —— 他者の権利の侵害になるとか，他者の快を減少させるなど —— が満たされる場合に，この文は真だと見做されるとする。その場合，特定の行為が持つ我々が否定的反応を見せるこうした特徴に道徳性質を還元し，その特徴を満たす事実との対応によって道徳命題の真理を説明することができるかもしれない。

　実際，鈴木（2016）は，道徳語について，その語がある種の出来事や行為に適用されるために必要な適用条件を割り出し，その適用条件を満たす自然的性

質にその語が指示する性質を還元する，という今見た方法を，探究する見込み
がある有望なものとして提示している[9]。

　こうした形で，自然的事実に還元するパラフレーズによる対応という考え方
を採用し，事実と命題の対応関係を主張できれば，道徳性質を含むように見え
る命題の真理も，対応説による処理が可能である。

3.2.2　非自然主義的道徳実在論

　非自然主義的道徳実在論は，道徳命題は実際に事実と対応しているのだとす
る，最もシンプルな方法でスコープ問題に対処する。通常，この立場の下では，
〈善さ〉〈悪さ〉といった道徳性質が非自然的に存在し，ある種の人物・行為・
出来事はその性質を例化しているという主張がなされる。このため，道徳文は
世界の中で成り立つ道徳的な事実の記述を成しており，それが表現する命題も，
対応する事実を持つということになる。

　より正確な特徴づけをしている Cuneo（2007, 23）に基づくと，〈道徳言明や
道徳判断は，事実と対応する構造化された命題を表現するために用いられるも
のである〉とする立場が道徳実在論として定式化される。この Cuneo の定式
化を詳細に確認しておこう。まず，道徳実在論の下では，名辞とそれを述定す
る述語から成る原始的な道徳文「a は F である」——このとき，F には「善い
／悪い」「正しい／不正だ」などが入る——は，対象を指示する名辞 a と，性
質を指示する述語 F から成ると捉えられる。そして，このような道徳文の主
張は道徳言明，この文によって表されるような心的態度を持つことは道徳判断，
とそれぞれ呼ばれる。この道徳文は，名辞と述語がそれぞれ指示する対象と性
質によって構成される，文と構造的に同型の構造化された命題を表現するため
に用いられる。そのため，道徳言明は，世界内に道徳文で記述される対象と性
質が存在し，それがその道徳文によって述定された仕方で結びついている，と

9）　cf. 鈴木 2016, 174-175. ちなみに，具体例として鈴木（2016）は，「不正」という語について検討
　　している。この論文では，〈施工不良のマンションの施工データを偽装する〉という行為 A に「不
　　正」という語が適用されることが，〈損害を引き起こす〉〈被害が行為者以外の人に及ぶ〉〈行為が
　　意図的に行われた〉といった適用条件に基づいて分析されている（177）。こうした適用条件を満た
　　すなんらかの自然的性質を見つけ出せれば，その性質に〈不正性〉を還元し，対応説の枠内で処理
　　できる。

114 第3章 形而上学のなにが問題か

いうことをそのまま記述する言明であり，道徳判断は，道徳文によって記述された事実が世界で成り立っているという心的態度を持つことであると理解される。

　以上のような仕方で，道徳実在論は定式化される。そして，このうち，〈非自然主義的〉な道徳実在論は，Moore（2012）が指摘するように，道徳性質を，自然的性質に還元されない非自然的あるいは超自然的性質[10]のいずれかとして捉える[11]。たとえば，主体の快が上昇する状態を〈善さ〉と捉えるといった仕方での自然的性質への還元は，この立場では拒否される。そして，〈善さ／悪さ〉といった道徳性質は，ほかのより基礎的ななにかには還元されない仕方で存在する，他の語や状態によっては定義されない性質としてこの立場では捉えられる。そのため，時空に位置を占める対象や性質などとは異なる特殊な仕方で道徳性質が存在している，という主張をこの立場は含意することになる[12]。

　この場合，道徳命題の真偽は，そうした非自然的な性質を例化している対象・行為・出来事から成る事実との対応という直接的な仕方で処理されることになる。

3.2.3　錯誤説

　錯誤説 error theory は，〈対応〉という真理実現性質では真理適合性の担保が困難であるとされた道徳文について，一律に真でないものとして処理する立場である[13]。この立場は，道徳文に対応する事実などは存在せず，我々の道徳言説実践は，体系的に誤りに基づいているとする[14]。

---

10)　超自然的性質は，神の存在や力に結びつく性質とされ，〈時空に位置を占めず因果的効力を持たない〉性質を指す非自然的性質からに区別される。

11)　そのほかにも，道徳実在論には，道徳性質が自然的性質として存在するとする自然主義的立場がある。前項で見た還元的対応説はその一種である。

12)　この立場は多くの場合，それを我々は特殊な感官によって認知することができるという主張を同時に引き受ける。しかし，道徳実在論それ自体は，道徳的事実の存在を主張するのみであり，その事実の認知可能性についてはなんらの含意も伴わない（cf. Brink, 1984, 111）ので，その点に注意が必要である。

13)　これは Mackie（1977）が提唱したものである。

14)　道徳的真理は実際には存在しないことを引き受けたとして，その後どのように道徳言説を処理するかには複数の方法がある。たとえば，道徳性質が存在するかのようにふるまうこと自体は有意味なため，便利な虚構としてそのまま道徳実践——ある道徳的言明が真や偽であるようにふるまう

3.2 道徳命題に対するスコープ問題への一元主義的対処法 115

錯誤説の前提は，以下のようなものだ。我々が道徳実践で行う〈X は善い〉などといった道徳判断は，道徳的事実の認知（x が善さを例化していることを認知すること）に基づいている ―― 道徳判断が道徳的事実の認知に基づいて行われるとするこうした立場は，「認知主義 cognitivism」と呼ばれる。そのため，道徳文は，事実との対応に基づいてその真理適合性と真偽が判断されるものということになる。しかし，実際にはそのような判断に含まれる〈善さ〉などの性質は実在しないため道徳的認知は誤っていて，その認知に基づく我々の道徳判断／言明も，体系的な誤りを犯している。

以上の錯誤説の立場が正しい場合，道徳命題の真理をいかに説明するかというタスクは消去されることになる。道徳文はそもそも真になる余地を持たないので，命題を表現せず，それを真にする実現性質も端から存在しないからである[15]。スコープ問題は，道徳命題の真偽が我々の実践で行われている通りに判断できなければならないという前提の下で対応説に生じる問題であるため，我々の実践自体が誤っていたのだとすれば，このタスクは生じないのである。

3.2.4 表出主義

表出主義は，道徳言明はそもそも記述的な文の主張ではないため真理適合性を持たないと主張する。この立場によれば，道徳言明／判断[16]は，事実を記述したものではなく，発話主体の感情・コミットメント・その他非認知的状態／態度の表明である。表出主義者は，事実記述的な文の主張で構成される通常の

こと ―― は保存すべきだとする〈虚構主義〉などがある。

15) Mackie 自身の理解や，標準的な解説（cf. Joyce, 2019; Suikkanen, 2013）では，錯誤説の下では道徳文は命題を表現し，それは常に偽となると説明される。具体的には，道徳文は道徳的事実の認知に基づく記述的な文であり，その記述が失敗しているということから，その道徳文 ―― 及びそれが表現する命題 ―― は偽であるとされる。

　しかしながら，対応説の真理適合性の理解では，真理実現性質を獲得する余地がない場合には，文は命題を表現しないものとして扱われる。そして，錯誤説の説明の下では，道徳性質の認知に失敗する理由は，そのような性質が実在しないからであるとされるので，端から〈対応〉という真理実現性質を獲得する余地は ―― 少なくとも現実世界では ―― 道徳文は持たない。それゆえ，錯誤説の主張としては，〈道徳文は常に偽となる〉ではなく，〈道徳文は真理適合性を持たない〉とするほうが適切な可能性がある。ひとまず，本書では錯誤説を，道徳文は現実世界では〈偽〉の値も採ることがない ―― 真理適合性を持たない ―― 立場として扱う。

16) ここでの「言明」「判断」という語は 3.2.2 項で確認した Cuneo（2007）の用法を踏襲している。

116 第3章 形而上学のなにが問題か

言説領域と，そうでない言説領域が存在し，道徳は後者に分類されると考える[17]。そして，後者のような領域に属する道徳文の主張については，〈事実記述的なもの〉という通常の理解とは別の〈主張〉理解が必要とされるため，この領域の〈主張〉を非認知的な状態／態度の表出と見做すという方針が採られる。すなわち，事実記述的な主張が通常，世界がいかなるありようをしているかに関するものであるのに対し，道徳文の主張は，世界のありようを示すのではなく，欲求に類似した態度を対象に対して抱いていることを表明するものなのだとされる。たとえば，「拷問は悪い」という文の主張は，拷問という行為に対して否認の態度を持っていることを表明するものと理解する，といったような形だ。つまり，この立場は，通常の言説領域の文については，事実との対応の有無から真偽評価が可能なものであると理解する対応説的真理観を採る。その上で，そのような文の主張とは違い，道徳文の主張は事実記述的でなく真偽が問えない —— 真理適合的でない —— ものとして扱う。

　この場合，錯誤説と同様に，スコープ問題は解決を要する真正な問題と捉える必要がなくなる。なぜなら，表出主義は，真理適合性を道徳文に認めずとも，我々の道徳文の主張実践を適切に説明する可能性を拓くからだ。

3.3　正しい対処法特定の困難

　さて，前節で見た複数の対処法は，いずれもそれが成功すれば，対応説的一元主義に，道徳命題をめぐるスコープ問題への優れた対処法をもたらしてくれるだろう。しかし，具体的にどの対処が適切なのだろうか。この第Ⅰ部での目的は，コアテーゼ①を論駁することであったので，その目的に照らして，前節で見た四つの立場から正しい対処を選ぶ必要がある。

　このためには，以下の二点に注意しておかねばならない。

　形而上学的要請：形而上学的な根拠によって，正しい理論を選び出せること。
　インフレ主義的要請：デフレ主義の論駁として機能すること。

---

17)　道徳以外の言説領域を対象にした表出主義も存在する。この点は Baron & Sias（2013）が詳しい。また，本書第5章でも，認識論的な言説についての表出主義を批判的に考察することになる。

形而上学的要請は，ある構成理論が単にスコープ問題を処理できるということ
を示せているだけではなく，それが実際に正しい世界のあり方を反映している
と判断できる根拠に裏づけられていることを課している。これは，インフレ主
義がコアテーゼ①を論駁し，真理の正しい構成理論を与えようと試みる立場で
あることから課せられる要請である。もし仮に，インフレ主義が道徳命題の真
理に関して正しい構成理論を与える——コアテーゼ①の論駁——という目標を
前提していなければ，形而上学的な裏づけは度外視して，最も単純であったり，
我々の実践上有用である対処を選ぶという方針も採れるかもしれない。しかし，
少なくともインフレ主義を採用し，デフレ主義の論駁という文脈でスコープ問
題への対処を考える際には，あくまで形而上学的に正しい構成理論を示すこと
ができなければならない。そのため，単にスコープ問題を処理できるだけでは
なく，その処理の仕方が世界のあり方に照らして正しいと示せているかを見る
必要がある。

　もう一つの要請であるインフレ主義的要請は，デフレ主義に許された道具立
てではできない仕方で，スコープ問題の回避ができる対処法を示すことを要請
している。仮にデフレ主義でも同様の手法が採用できるのであれば，インフレ
主義と同様の説明力をもって道徳命題の真理をデフレ主義者は説明できるとい
うことになるので，インフレ主義を採用する動機づけが損なわれるからだ。

　さて，以上二つの基準を念頭に，道徳命題のスコープ問題に対する対応説の
先の四つの対処法を検討することにしよう。

3.3.1　還元的対応説の課題

　還元的対応説の方針にはいくつか課題がある。第一に，道徳的事実や道徳性
質を自然的事実にパラフレーズすることによって〈実在との対応〉という考え
の下で道徳命題を処理することが可能であると言えるだけでは，この方針が
〈形而上学的要請〉も満たせているのかどうかはまだ分からない。この要請を
満たせていることを示すには，道徳的事実・性質を自然的なものにパラフレー
ズする構想が，他のスコープ問題への対処法よりも世界の在りように照らして
正しいと形而上学的根拠をもって主張できねばならない。

　この主張を行う上では，処理すべきタスクが二つある。まず，還元的対応説

118　第3章　形而上学のなにが問題か

の主張は，〈道徳命題は非自然的な道徳性質を例化する事実と対応するのではない〉という主張を含意するわけであるから，ライバル説の一つである非自然主義的道徳実在論——非自然的事実として道徳性質が存在するという立場——が正しいものではありえないことを，形而上学的根拠をもって指摘できる必要がある。そしてその上で，第二のタスクとして，道徳命題を一つ一つすべて道徳性質を含まない自然的な事実に対応づける必要がある。

　しかし，まず，第一のタスクである非自然主義的道徳実在論の否定は，通常考えられるほど簡単なタスクではない。これを見るために，非自然的性質としての道徳性質の不在を示す際の最大の論拠としてしばしば持ち出される，Mackie（1977）によるよく知られた論証を確認し，この論証では非自然主義的道徳実在論を排除できないこと，むしろ，非自然的な道徳的事実の実在／不在を信じることがどちらも正当化されないという帰結が生じることを見よう[18]。

　Mackie の議論では，非自然的な道徳性質の実在を否定する際に利用される論証が，大きくは二つ提示されている。時空に位置を占めない非自然的なものであるにもかかわらず，我々に特定の行為をすることを定言的に要請する効力を発揮するような性質が実在すると認めることはできないこと——奇妙さからの論証 argument from queerness——と，道徳性質が実在するならばありえないほどの頻度で道徳判断には主体間や文化間での不一致があること——不一致からの論証 argument from disagreement——の二つである。

　それぞれ確認しよう。まず，両論証の前提として，Mackie は，道徳性質を〈定言的な理由を与える〉性質と捉える。たとえば，悪さ性は，x という行為がこれを備えているならば，行為 x を控えることを常に要請する理由を与えるような性質であると言えるだろう。

　この前提を踏まえた上で，はじめに〈奇妙さからの論証〉を確認しよう。こ

---

18)　Mackie の論証は，非自然主義的実在論を否定した上で，最終的に錯誤説を導こうとするものであるため，還元的対応説のための論証ではないということに注意されたい。しかし，この論証の結論が含意するのは非自然主義的実在論の否定のみで，錯誤説の擁護までは直接導かれないので，還元的対応説の立場が非自然主義的実在論を拒否しようとする場合にも依拠することができるものとなっている。実際，非自然主義的実在論を拒否しようとする表出主義者なども，以下で見るMackie の〈不一致からの論証〉に依拠したりしているため，Mackie の論証は非自然主義的実在論の否定論証として主要なものであると言える。

の論証では，そもそも気づいた者すべてに特定の行為をするよう要請する効力を発揮できるような定言的性質の存在が疑わしいという点が指摘される。なぜなら，道徳性質を例化する道徳的事実の認知が，それだけで定言的に主体に理由を与えるとは考えられないからだ。たとえば，悪さ性を備えた行為 x の認知が，それだけで，我々のもともとの動機や欲求等とは関わりなく，それを控える理由を与えるとは考えられない。それゆえ，そのような定言的理由を与える道徳性質は実在しないと結論される[19]。

次に，〈不一致からの論証〉は，主体間や社会間の道徳判断の不一致という事象を持ち出し，これが，〈道徳性質を例化する事実は，それを認知することがそれだけで定言的理由をあらゆる主体に与える〉という道徳的事実の特徴と合致しないという点から，道徳的事実の存在の否定を導くものである。もし定言的理由を与えるような道徳的事実があるならば，同じ道徳的事実を認知したものはみな，ある行為をすべきか否かについて同一の判断をするはずである。しかし実際には，我々は特定の行為をなすべきか否かに関する道徳判断においてしばしば不一致を起こすので，この不一致は道徳的事実の存在を否定する根拠となるというわけである。

しかし，このような議論は非自然主義的道徳実在論を論駁するに十分なものとは言えない。まず，一つ目の奇妙さからの論証は，道徳的事実の実在の否定を十分に示せてはいない。なぜなら，我々のもともとの欲求や動機と独立に定言的理由が与えられるという考えは誤っている，という主張が説得的とは言えないからだ。このことは，以下のような事例を考えてみると把握できる。たとえば，あるシガークラブの独自のルールを考えてみよう。そこに入る者は，自身の欲求の如何に関わらず，そのルールに従うことを課される。しかし，このようなルールは，それ自体が強制的に主体に物理的影響力を及ぼすようなものではない。そのため当然，主体は自身の欲求等に従って，そのルールに従わないことを選ぶこともできる。主体 S は実際にこのルールを無視したものとしよう。この場合，確かに，S は自身の欲求を優先して，ルールに従うという行為をしなかった。だが，S が自身の欲求を優先してルールを無視したことは，

---

19) 以上の論証については，Mackie (1977); Olson (2010); Suikkanen (2013) を参照。

120 第3章 形而上学のなにが問題か

シガークラブに入室するに当たってルールに従うことを要請する定言的理由を
S が与えられていないことを含意しない。シガークラブの入室者には一様にル
ールに従うべき理由が定言的に存在するが、その理由を S が無視していると
考えることができるからだ。同様に、道徳的事実の認知によって特定の行為の
理由があることに気づいたとしても、それにあえて従わない主体というものは
想定可能である——困っている人を見つけて自分が助けることが正しいと感じ
つつも、面倒だからと背を向けてしまう人など。以上から、奇妙さからの論証
の説得性については以下のように評価できる。この論証で言われるように、確
かに主体は道徳的事実を認知して特定の行為の理由に気づいたとしても、もと
もとの動機や欲求に適わなければその理由を無視することがあるかもしれない。
しかし、それでも、我々のもともとの欲求や動機とは独立に定言的に理由が与
えられると見做せるケースを想定することができる。そのため、気づいたもの
みなに定言的理由を与えるような道徳的事実が奇妙だとする奇妙さからの論証
は説得的とは言えない。

　次に、不一致からの論証はどれくらい強い論証かというと、これも非自然主
義的道徳実在論の論駁には不十分である。不一致からの論証は、我々の道徳的
事実の認知が安定していないことは導けても、それ自体が道徳性質の非存在を
示すとは言えないからだ。我々の中には、視力に優れた者もそうでない者もい
る。前者の主体が遠方にある対象 o を同定し、後者の主体が自身は視認できな
いので o は存在しないと言って意見の不一致を引き起こしているからといって、
それが直ちに、o の存在論的身分を脅かすことを含意するわけではない。むし
ろこの場合、後者の主体は視覚的な認知能力に問題を抱えていると考えるのが
通常である。道徳性質がそれを認知した者に定言的な理由を与えるという
Mackie の前提を引き受けたとしても、この点は同様である。視力に優れない
主体のケースと同様、道徳的事実の適切な認知に失敗している者は、認知に失
敗しているがゆえに、定言的理由が存在したとしてもそれに気づけていないと
いうことがありうるからだ[20]。

　また、道徳性質の不在を導く Mackie の主張は、通常、道徳懐疑論の一種と

---

20)　同趣旨の批判は、McGrath（2008, 90）を参照。

してカテゴライズされる[21]。Joyce（2019）によれば，道徳懐疑論とは，道徳的〈知識〉の獲得可能性を否定する議論のことである。彼は，〈知識〉という認識的地位の獲得条件を〈正当化された真なる信念（JTB）〉として措定し，道徳懐疑論の種類を，JTB 条件のいずれを攻撃するものであるかによって以下のように分類している。

①あらゆる道徳文の言明・判断について，それが〈真であること〉を否定する。
②あらゆる道徳文の言明・判断について，それが〈信念であること〉を否定する。
③あらゆる道徳文の言明・判断について，それが〈正当化されること〉を否定する[22]。

このとき，①に相当するのが錯誤説である。この立場を③と比較してみると，錯誤説がかなり強い主張を含んでいることが分かる。③の正当化可能性への懐疑論——正当化懐疑論——は，道徳的事実が存在する可能性は認めるが，ある道徳文に対応する事実があるか否かを正当な仕方で判断するリソースを我々は持っていない，という懐疑となる。それに対し，①の錯誤説は，道徳文が記述する〈特定の人物・行為・出来事が道徳性質を例化しているという事実〉を否定し，そうした記述文が真になりうることを否定するため，道徳性質・事実が存在しないという証拠を持ち出して論証を与えることが必要となる。

　しかし，不一致からの論証は，③を支持することはあっても，①を支持したり導いたりすることはない。なぜなら，先に示した通り，この論証は道徳的事実の認知が安定していないということは導けるが，あらゆる主体がみな道徳的事実を認知していないとまでは結論できないからである。主体の中には適切な道徳的事実の認知を行っている者がいるかもしれないという可能性を排除できなければ，〈道徳的事実を認知して道徳言明を行っているはずの主体の間に意見の不一致があるという事実は，認知対象となる道徳的事実が存在しないこと

---

21) cf. Joyce, 2019.
22) ここでの「言明」「判断」の用法は 3.2.2 項で確認した Cuneo のものを踏襲している。

122　第 3 章　形而上学のなにが問題か

を示している〉という不一致からの論証の正しさは示しきれない。つまり，道徳実在論の拒否には，道徳性質の存在／非存在のいずれが正しいかを信じるに足る証拠が得られないという③のための主張ではなく，道徳性質は存在しないため真になりえないという①の主張を支持する形而上学的根拠が —— 形而上学的要請を満たす構成理論を与えるために —— 必要となるが，不一致からの論証はそこまでの根拠を与えてくれないのである。

　他方で，不一致からの論証は，③を支持する上では十分な根拠になる。この点は，不一致からの論証を近年の認識論における〈対等者間の不一致 peer disagreement〉の一類型として理解する現行の議論により鮮明となる[23]。対等者間の不一致とは，互いについて認識的に同等に信頼可能だと信じる二人の主体が，同一の命題の真偽をめぐって不一致を起こしているという事象を指す。たとえば，〈a は悪い〉という道徳命題 p の真偽をめぐり，不一致を起こしている二人の主体 S_1 と S_2 がいたとする。この際，S_1 も S_2 も p をめぐる議論に同程度に習熟しており，証拠評価能力においても同程度だと互いに把握されているとする。このとき，〈相手との不一致〉は，S_1 と S_2 に対して，ともに p に対する信念の差し止めを迫る証拠として作用する[24]。その理由は，この不一致が，S_1 と S_2 の信念の〈阻却要因 defeater〉として働く〈高階の証拠 higher-order evidence〉となるからである。この意味を正確に理解するために，この二つの概念について順に説明しよう。

　阻却要因とは，信念あるいは命題の〈正当化されている〉というポジティブな認識的地位が失われる，もしくはそうした地位の獲得が阻まれるというマイナスの作用をもたらすもののことである[25]。たとえば，代表的なものとしては，「反証阻却要因 rebutting defeater」と「無効化阻却要因 undercutting defeater」と呼ばれる二種類の阻却要因がある。命題 p を内容とする信念 B の反証

---

23)　不一致からの論証を対等者間の不一致の類型として扱う議論は，McGrath（2008）によって先鞭をつけられたものである。そして，対等者間の不一致として類型化された不一致からの論証は，近年の道徳認識論の議論における主要な主題の一つともなっている（cf. Klenk, 2019）。

24)　この点については，Christensen（2007; 2009; 2011; 2016）や，須田（2021）を参照。

25)　阻却要因に関する以下の記述は，Moretti & Piazza（2018）に基づく。また，阻却される信念の認識的地位には，正当化のほか，〈知識であること〉や〈保証されていること〉が含まれうるが，本書の議論に関わるのは正当化の阻却のみである。

阻却要因となるのは，p の否定を信じることが正しいと示す証拠である。もう一方の無効化阻却要因は，p と p を支持する証拠の間の支持関係を壊すような証拠である。たとえば，ある事件の凶器に付着していたジョンのものと思われる指紋は，《ジョンが犯人である》という命題 p を支持する証拠であるため，通常，この証拠に基づいて p を信じているならば，その信念は正当化される。しかし，その後この指紋が実は何者かによって偽装されたものだったと示す証拠（無効化阻却要因）が得られた場合，凶器の指紋はもはや p を支持する証拠とは言えなくなるだろう。以上のような阻却要因が存在する場合，命題 p の証拠的支持は損なわれるため，主体は B の〈正当化されている〉という認識的地位を阻却されることになる。

次に，「一階の証拠 first-order evidence」と「高階の証拠 higher-order evidence」という証拠の区分について確認しておく。《雪は白い》，《日本の首都は東京である》などといった標準的な命題は一階の命題と呼ばれ，この命題の真偽を支持する証拠は一階の証拠と呼ばれる。これに対し，一階の命題の認識的事項 epistemic matter に関わる内容を持つ特殊な命題は，高階の命題と呼ばれる。たとえば，一階の命題 p とそれを支える証拠 e との関係を内容とする命題——《e は p を支持する》など——や，e を処理する主体 S の処理能力／過程に関わる内容の命題——《S による e の評価は適切に行われた》など——がこれに当たる。そして，この高階の命題の真偽に関する証拠が高階の証拠と呼ばれる[26]。

さて，対等者間の不一致では S_1 と S_2 がともに同程度の主題精通性と能力を有しているのだから，この不一致は《p の証拠 e に対する S_1 の評価は適切に行われた》《p の証拠 e に対する S_2 の評価は適切に行われた》という二つの高階の命題双方に対して疑義を示す高階の証拠として働く。そして，p に対する一階の信念の導出根拠となる e が正当に評価されていない可能性が不一致主体の両者にあるのであるから，一階の信念の正当性もこの不一致により阻却されることになる。

McGrath（2008）が述べるように，道徳的主題において，その専門研究者た

---

26) 一階の証拠と高階の証拠に関する以上の説明は，Kappel（2019, 125）に基づく。

ちの間に精通度の差を設け，対等者ではないものとして扱うことは困難である。たとえば，規範倫理の議論に深く精通した者たちの間ですら，功利主義が正しいのか義務論が正しいのかについては決着を見ていないし，道徳実在論と非実在論の対立の調停も長い間果たされていないままである。しかし，そうした対立のいずれの陣営も，関連文献を把握し，学生を指導し，その主題について一般の人々よりも長い間考察を続けている。そのため，いずれか一方の立場をより優れたものとして扱う根拠はない[27]。そうであれば，そうした者たちの間の不一致は，対等者間の不一致として，不一致主体の信念の阻却要因として働くものとなると考えるのが自然である。その場合，非自然主義的道徳実在論の正誤に関する信念についての専門家間の不一致の存在は，不一致のいずれの陣営にとっても信念の正当性が担保されないという結論を導く。

　ただしこの際，不一致からの論証は，あくまで高階の命題のみを直接攻撃するので，非自然主義的道徳実在論の正誤に関する不一致主体のいずれかの陣営の信念が実際に正しい可能性を否定することはない[28]。そのため，認識論的に非自然主義的道徳実在論の正誤を信じる正当化は得られないが，この立場が正しい可能性と，道徳的事実を適切に認知している主体がいる可能性自体は，この不一致によって排除されることはない。

　このように，対等者間の不一致としての不一致からの論証を確認すると，この論証は，①は証明しないが，③の正当化懐疑論は導ける議論となっている。そして，不一致からの論証が①の支持には不十分で，③を支持するということは，我々は道徳的事実の実在も不在も，正当化された形で信じることができないということになる。

　また，仮に首尾よく非自然的事実／性質は存在しないと示すという第一のタスクを果たせたとしても，第二のタスクが残っている。還元的対応説の問題は，この第二のタスクでも生じる。道徳性質を含む道徳的事実を自然的事実に還元して命題に対応させたとしても，〈開かれた問い論法 open question argument〉が生じるからである[29]。たとえば，道徳性質〈善い〉を自然的性質〈快楽〉な

---

27) こうした点が不一致主体を対等者として扱う根拠となることについては，須田（2021, §6）を参照。
28) cf. 須田，2021, 41 および 44.

どに還元したとして，「では快楽は善いのか」と問うことが依然として可能である。これは，道徳性質の特徴が本当になんらかの自然的性質によって汲みつくされうるのかという問題である。無論，今後の経験的探究により，通常の事実命題のように，道徳性質を自然的性質に完全に還元する分析が可能となるかもしれない。しかし，そのような構想を持つ鈴木（2016）なども認めるように[30]，こうした探究は複数の点で，現状では未達である。また，還元的対応説が道徳命題に関するスコープ問題を完全に退けインフレ主義の構成理論の一部を成すためには，すべての道徳性質を自然的性質に還元し尽くさねばならない。一部の道徳性質の還元すらも十分に達成されていない以上，この試みの見通しは明るくない。

3.3.2 非自然主義的道徳実在論の課題

非自然主義的道徳実在論の問題は，いかにして時空に位置を占めない抽象的かつ規範的な性質である道徳性質の存在に我々はアクセスできるのかという点にある。インフレ主義の目的である真理の正しい構成理論の特定にこの理論を役立てるためには，道徳的事実へのアクセス可能性を担保しておく必要がある。これができなければ，仮に非自然主義的道徳実在論が正しかったとしても，非自然主義的道徳実在論を支える〈非自然的性質としての道徳性質〉の存在を根拠を持って主張することはできないからである。この場合，非自然主義的道徳実在論が他の理論を誤りと見做す形而上学的根拠となっている〈道徳性質の実在〉が十分な仕方で示されていないことになるため，形而上学的要請が満たされず，正しい構成理論として採用することができない。

では，この非自然的な道徳性質へのアクセスの方法を実際にどのように担保できるのだろうか。非自然主義的道徳実在論者は，我々の道徳言明や道徳判断が事実の認知に基づくとする認知主義を採用することになるので，〈我々は道徳的事実を認知することで特定の対象に道徳性質が例化されていることに直観的に気づくことができる〉と主張する[31]。つまり，道徳的事実の認知によって

---

29) この論法は，第 1 章でも述べたように，Moore（2012, ch. 2）が提唱したものである。

30) 鈴木，2016, 178.

31) cf. Ridge, 2019. 彼によれば，基本的に非自然主義的道徳実在論は〈直観によって正しい道徳判

126 第3章 形而上学のなにが問題か

実在にアクセスできるとこの立場では考えることになる。しかし，ここで，先ほどの不一致からの論証が深刻な問題となってくる。不一致からの論証では，各文化・各主体によって道徳判断の不一致があるということが指摘されていた。このことは，道徳判断の背後にある直観的認知が主体間で安定していないことを示している。すると，実際に直観的認知によって道徳性質にアクセスできている主体が不一致主体の中の誰なのかを特定できねばならない。だが，前項でも見たように，どの主体の直観的認知が正しいのかを正当化された形で信じることはできない。

また，不一致が生じない，すべての主体によって道徳的直観が一致するような場合でも，その信頼性に関しては「進化論的暴露論証 evolutionary debunking argument」と呼ばれるよく知られた反論がある[32]。この論証は，まず，我々の道徳信念を，我々の進化的祖先が自身や所属集団の生存・繁殖に資するがゆえに獲得し発展させたものであるとし，それが現在の我々の道徳的直観に基づく非反省的な信念形成にも引き継がれているとする。そうすると，道徳信念は，本来，真偽に基づいてではなく，そのような信念を持つほうが生存に役立つといった実践的有用性に導かれて形成されたものだったことになるため，それを引き継いだ現在の我々の道徳的直観に基づく非反省的な道徳信念も，道徳的事実を適切に捉えていることを保証するものではないことになる。だが，そうだとすると，道徳信念は直観に依拠した判断という真理寄与的 truth-conducive でない方法に基づいて形成されていることになるので，この方法では道徳信念は正当化されない[33]。

つまり，道徳判断が非自然主義的道徳実在論の述べる通り道徳的事実の認知に基づくのだと説得的に主張する上では，問題が二点ある。第一に，専門家を含む主体間で不一致がある道徳判断に際して，いずれの主体が正しい直観を有しているのかを判別する術がないこと。第二に，直観による認知が道徳性質へ

断を把握できる〉と主張する直観主義という立場にコミットする。

32) この論証の主唱者は Street（2006）である。以下での記述については，Street（2006）と，笠木（2019）を参照している。

33) ただし，この論証は，道徳的事実への信頼可能なアクセスが担保されないため道徳的事実の認知に基づく判断は正当化されない，と述べるのみで，非自然主義的道徳実在論の否定自体は導かない点に注意する必要がある。この点は，次項でもより詳しく述べる。

のアクセスを保証する妥当な手段だとは現状では言えないことである。以上から，非自然的な道徳性質の実在にアクセスするための方法は十分に整備されているとは言えず，非自然主義的道徳実在論は，形而上学的要請を満たす仕方でスコープ問題への対処を示す理論になっているとは見做せないと結論できる。

3.3.3 錯誤説の課題

錯誤説は自説の根拠として Mackie の二つの論証を採用し，非自然的な道徳的事実・性質の不在を主張するため，還元的対応説と同様の問題を生じさせる。不一致からの論証は，道徳的事実・性質の不在を示しきれないという問題である。錯誤説が〈形而上学的要請〉を満たす仕方で道徳文の真理についての説得的な説明を与え，スコープ問題を解決するためには，他の立場同様，ライバル説を棄却し，自説が最も正当な立場であると示す必要がある。そのためには，非自然主義的道徳実在論が誤っていることを示せなければならない。しかし，不一致からの論証は，非自然主義的道徳実在論の誤りを示す十分な根拠にはならない。

また，非自然主義的道徳実在論を否定するというこのタスクの困難さを示す傍証をここでもう一つ挙げておこう。それは，道徳実在論への有力な批判として前項で挙げられた進化論的暴露論証を提唱した際に，提唱者の Street が微妙なニュアンスを込めて述べている以下のような文言である。

> ダーウィン流の選択圧は，実在論者の独立した評価的真理というものに合致するような評価的判断を受け入れるよう我々を促すことがもしかしたらあるかもしれない。しかしこれは，純粋に偶然の産物である。(Street, 2006, 121-122)

これは，進化の過程で獲得された道徳的直観が，我々と独立にあるとされる道徳に関する真理をたまたま捉えているという可能性はあるが，それは進化の過程の選択圧によって形成された道徳判断がたまたま道徳的事実と重なってそうなっているのであって，直観それ自体が事実の認知方法として信頼可能なわけではない，ということを述べているものである。Street は，我々の道徳的直観

128 第3章 形而上学のなにが問題か

が道徳的事実を捉えているとしても，それは，海の上で潮と風任せにしたボートがたまたま陸についてくれたようなものだと主張する[34]。潮と風に任せてボートが陸についたからといって，そのような航海方法が安定した仕方で陸地にボートを導いてくれる手段であるわけはないだろう。道徳的直観もときに非自然的道徳的事実を捉えるかもしれないが，それは風任せのボートと似たようなものだというわけである。

こうした記述から読み取れるポイントは，Street 自身が暴露論証の有効性と強度に留保をつけているということである。暴露論証からは，道徳的事実・性質の実在の否定は導けない。この論証は，道徳的事実・性質の実在を示す根拠とされる直観が，その実在を正当化することに寄与していないという主張に限定されているのである。たとえば，Schechter（2018）も，この論証が非自然主義的道徳実在論の正当化可能性の否定になることはあっても，この立場の形而上学的正しさを論駁する根拠としては働かないことを指摘している。繰り返しになるが，錯誤説のように道徳性質の実在の否定を導くことは相当に強い主張であるため，そのぶん論証も困難となるのである。そのため，Street のような非自然主義的道徳実在論の批判者たちも，この点に関して注意深く，自身の批判の及ぶ範囲を見極めている。

このようなことから，非自然的な道徳性質の不在を主張する錯誤説の論証は，十分な形而上学的根拠を提供できてはいないので，錯誤説が形而上学的要請を満たすことはできないと結論できる。

3.3.4 表出主義の課題

表出主義は，道徳文の主張が事実の記述を目的としてなされるものではなく，主体の感情や態度の表出なのだとする非認知主義の立場を前提とするものだが，この非認知主義という立場自体に複数の問題が指摘されている。第一に，この立場が前提されると，同じ文であっても，その意味内容は主体がそれを発話したときに表出される感情や態度に依存して決定されることになる[35]。しかし，そうすると，「*a* は悪い」と主張する際に，その発話に主体の感情や態度の表

---

34) Street, 2006, 121.
35) cf. Bar-On & Sias, 2013.

出が伴わないケースでは，それはいかなる意味を持つことになるのかが不明瞭である。

第二の問題は，第一の問題から派生するフレーゲ・ギーチ問題である。この問題の内実を見るために，以下のような推論の例を考えてみよう。

推論 A：
（前提 1）拷問は悪い。
（前提 2）もし拷問が悪いならば，拷問をすべきではない。
（結論）拷問をすべきではない。

通常であれば，推論 A は標準的な演繹的推論として認められるだろう。しかし，表出主義の場合，このような論理的な推論が可能であることを説明することは難しい。理由は以下のようになる。まず，前提 1 の文は，主体 S の〈拷問は望ましくない〉という態度が表出された発話だとする。しかし，前提 2 に現れる「拷問は悪い」という文は，条件文の前件に単に埋め込まれた文であり，直接主張されている文ではない。そのため，表出主義の前提の下では，主体の態度を伴った発話がなされていないこの文は意味を持たない。だが，推論 A は明らかに妥当な論理的推論である。このように表出主義の立場においては，埋め込み文等の主張を伴わない文脈に現れた文の意味を与えられず，また，それゆえ，道徳的言明を埋め込み文に含むケースで論理的推論の正しさを説明できないのである。この問題は，〈フレーゲ・ギーチ問題〉と呼ばれる。

この問題に表出主義者が対処しようと思えば，我々の論理的推論の形式とは異なる仕方で〈道徳命題〉の推論を扱わねばならない。しかし，道徳命題に関する意味論や推論だけを自説に合わせて特殊化し，説明を複雑化させていけばいくほど，我々の通常の推論の仕方や理解からは離れていくことになる。だが，道徳判断は事実の認知に基づく信念であると捉え，通常の命題と同様の仕方で論理的推論を理解する認知主義のほうが支持者は多く[36]，そうした支持者たちは，少なくとも自身がそのような特殊な推論をしているとは考えていない。表

---

36) 2020 年に行われた PhilPapers のサーベイ結果（https://survey2020.philpeople.org/survey/results/all の「Moral judgment: cognitivism or non-cognitivism?」という質問項目）を参照のこと。

130 第3章 形而上学のなにが問題か

出主義者は，認知主義者の道徳命題にまつわる推論の理解が自説と乖離している原因を説明し，彼らの理解の誤りを証明する必要がある[37]。しかし，フレーゲ・ギーチ問題に起因するこうした問題に対して，これまで十分な解決案は提示されていない[38]。そのためこの立場も，自説の正しさを形而上学的要請をクリアする形で示すことはできていない。

　以上から，現状では，表出主義が十分に適切な理論として対応説のスコープ問題の対処に資するとは考えられない。

3.4　インフレ主義の困難とデフレ主義の優位性

　以上から分かることを一旦まとめよう。対応説を採った場合の一元主義には，道徳文に対して少なくとも四つのスコープ問題への対処法がある。〈還元的対応説〉〈非自然主義的道徳実在論〉〈錯誤説〉〈表出主義〉である。しかし，いずれの対処法も，形而上学的要請を満たす上で未解決の課題を残している。還元的対応説には，開かれた問いを解消する経験的探究手段が確立されていないため，対応物となる事実を十分に特定することが難しい。また，還元的対応説と錯誤説は，非自然主義的道徳実在論の否定を含意するが，その否定のための根拠が現状十分に揃っていない。むしろ，彼らが非自然主義的道徳実在論の否定根拠として依拠する〈不一致からの論証〉は，非自然主義的道徳実在論の否定を正当化するリソース獲得の見込みが薄いことを示唆している。このような見解は，非自然主義的道徳実在論を批判する Street らの論者にも意識されており，この立場を拒否するには十分な証拠が現状存在しない。他方の非自然主義的道徳実在論も，自説を正当化するために必要な抽象的性質への信頼可能なアクセス手段が担保できていないため，道徳性質の存在に我々はいかに気づくことができるのかがこの立場では不明瞭である。特に，不一致からの論証や進化論的暴露論証を踏まえると，道徳性質への信頼可能なアクセス手段を担保す

---

37)　一部の表出主義者は，この問題を受けて道徳文に関してデフレ主義と真理適合性のミニマリズムを採用し，道徳文を，真理適合的で統語論的に他の文と同様の仕方で働く，命題を表現するものとして処理しようとしている（cf. Gibbard, 2003; Blackburn, 2006）。しかし，これはインフレ主義である対応説の論者にあっては採用することができない選択肢である。

38)　cf. 鈴木，2013, 135-136.

る探究は困難な道行きとなると言わざるをえない。最後に表出主義は，非認知主義を採用するがゆえに，我々の道徳文に関する論理的推論の営みをそのまま保存できない。しかしながら，我々の多くは認知主義の正しさを受け入れる傾向を持っているため，そうした者たちは現に道徳命題の論理的推論を通常の命題と同様の仕方で把握している。彼らの営みが誤りであることを指摘できるまで，この立場は形而上学的要請を満たすことはできない。

　無論，この四つの対処法のうちのいずれかの対処が実際に正しい可能性はある[39]。だが問題は，それを形而上学的に正当化することができておらず，また，この正当化のためのリソースを得る見込みもついていないことである。もし仮にこれらの対処法が，道徳命題の真理に関して正しい構成理論を与える――コアテーゼ①の論駁――という目標を前提していなければ，形而上学的な裏づけは度外視して，最も単純であったり，我々の実践上有用であったりする対処を選ぶという方針も採れるかもしれない。しかし，3.3節でも述べたように，少なくともインフレ主義を採用し，デフレ主義の論駁という文脈でスコープ問題への対処を考える際には，こうした方針はナンセンスである。コアテーゼ①の論駁は，あくまで形而上学的に正しい――形而上学的要請を満たす――構成理論を打ち立てることでしか達成されないからである。インフレ主義者は，真理性質の正しい構成理論を与え，それなしには真偽判断の実践を正確に理解できないことを示さねばならない。そしてそのためには，スコープ問題に対して，どれか一つの対処のみが形而上学的に正しいということを明確に示さねばならない。しかし，不一致からの論証がもたらす道徳実在論の正誤に関する正当化懐疑論は，この見通しが暗いことを示している。少なくとも，この懐疑を解消できない現状では，コアテーゼ①の論駁は難しい。

　また，形而上学的要請を度外視する方針の問題点は，ほかにも指摘できる。そもそも構成理論の正しさを度外視するなら，デフレ主義のほうが我々の真偽判断の実践に即して融通の利く形で道徳文の処理を選択できるのである。デフレ主義は，ES の右辺の文の主張の適切性を，我々がそれを認める場合として設定できる。そのため，どのような行為が行われた際に，道徳文「それは不正

---

39)　また，ドメイン概念の不備を補うことができれば，多元主義も再びスコープ問題への対処法の有力候補の一つとなりうる。

だ」などの主張が適切かを，形而上学を持ち込まずに，我々の言語実践における認定のみによって説明できるので，還元的対応説の利点を形而上学的課題を持ち込まない形で主張できる。さらには，道徳文の発話を非認知的態度として説明する表出主義のような方針も，仮に採用したければ，ES を使って自由に採用できる。表出主義的な考えを採用したければ，ES の右辺の文の主張は非認知的態度を伴う場合に適切だと認められる，と考えさえすればよい。還元的対応説や表出主義などの個々の理論による道徳実践の説明を，構成理論の正しさとは独立にデフレ主義者は採用できるのである。その理論の形而上学的な根拠づけを切り離すことができるデフレ主義者であれば，構成理論としての正しさとは無関係に実践上の利点から望ましい道徳文の説明理論を選ぶことができる。

　さらに重要なのは，以上のような理由から，そもそもデフレ主義にはスコープ問題は生じない，ということである。構成理論を統一的に与えようとしなければスコープ問題は発生せず，正しい対処を選ばなければならないという義務も発生しない。インフレ主義によるスコープ問題への対処法を，デフレ主義者は形而上学にかかずらうことなく自由に選べて，かつ，インフレ主義に生じる課題を回避できる。そのため，形而上学的要請を度外視してスコープ問題への対処を選ぼうとする場合，デフレ主義のほうが単純に優れている。つまり，形而上学的要請を満たさない限り，インフレ主義的要請は満たされないのである。

　これは，デフレ主義は形而上学的な説明という挙証責任を伴わない，ということが，インフレ主義に重くのしかかるということである。そのため，道徳命題の真理の構成理論を与えようとする場合，形而上学的要請を完遂できなければ，デフレ主義のほうが有利な状態となる。そして，本書3.3.1項で示した正当化懐疑論が重要な重みを持っていて，かつ，経験的探究による解決の見通しすら立っていない現状では，真理の構成理論を形而上学的要請を満たす形で与えるという作業はいつ終わるとも分からない。また，デフレ主義は現状のままでも既に道徳命題の真理を自身の好きなように説明できるので，インフレ主義は，形而上学的要請を満たすスコープ問題への対処が見つかるまでの間，ずっと不利な立場に置かれる。以上から，構成理論アプローチでインフレ主義を擁護する道は困難を極めていると言える。

まとめ

　本章では，第一部の主題であった，インフレ主義がデフレ主義のコアテーゼ①を論駁するための方法——構成理論の問いへの十分な回答の提供——が抱える困難を確認した。真理の構成理論を与えるというプロジェクトは，スコープ問題への正しい対処を形而上学的根拠に則って与えるという作業に集約される。しかし，スコープ問題には複数の対処法が存在し，いずれも十分な根拠を得ているとは言い難い。

　まず，多元主義の構想はそれが前提する〈ドメイン〉という道具立てに問題があるゆえにうまくいかない。また一元主義も，整合説とプラグマティズム説はスコープ問題への対処ができないし，対応説も，対処はできるがその対処が正しいことを示せていない。これは，〈形而上学的要請〉というインフレ主義の擁護に欠かせない部分が現状満たされておらず，またそれが満たされる見通しすら立っていないということである。

　形而上学的要請を満たさなくともよいデフレ主義者は，道徳命題の対処に問題を抱えないため，優位な立場にある。その上，どのような手立てを講じれば形而上学的要請を満たせるのかをインフレ主義者は現状示せていない。そのため，構成理論アプローチでは，デフレ主義の優位は傾かないだろう。

　よって我々は，形而上学プロジェクトに見切りをつけ，認識論における真理の役割の検討からデフレ主義のコアテーゼ②を論駁する，本性的説明役割アプローチへと転換することが必要である。

小括と第Ⅱ部の展望

　第Ⅰ部を振り返ってこれまでの議論の整理をしておこう。まず，この第Ⅰ部では，デフレ主義の論駁のための二つのアプローチ ── 〈構成理論アプローチ〉と〈本性的説明役割アプローチ〉── のうち，構成理論アプローチを採用する路線の見込みを検討した。構成理論アプローチでは，命題が真理性質を例化するのはいかなる場合かを示す真理の構成理論を，すべての命題に対して余すところなく特定することが要請される。そしてこれには一元主義と多元主義というおおまかに二つの種類の構成理論が選択肢としてあるため，その両者を章を分けて検討した。まず第1章では，一元主義を検討した。一元主義には，対応説，整合説，プラグマティズム説がある。整合説とプラグマティズム説には相対主義の問題があり，またすべての立場に共通して，それが主張する真理の構成理論では扱えない範囲の命題が存在するという〈スコープ問題〉が付いて回る。このスコープ問題を受けて，この問題の回避のために提案された立場が多元主義である。第2章ではこの多元主義の見込みを検討した。この立場は，真理適合性に対するミニマリズムを採った上で，真理性質には必ず満たすべき〈プラティチュード〉が存在し，これを命題が満たす場合に例化されるものとして真理性質を捉え，そのプラティチュードを成り立たせる性質がなんであれ〈真理実現性質〉なのだ，とする真理の機能主義を提案する。この際，プラティチュードを実現させる性質は命題が所属する〈ドメイン〉によって異なる，とすることで，真理実現性質を多元化し，スコープ問題を回避する。しかし，この多元主義の構想は，その道具立ての一つである〈ドメイン〉概念に複数の問題が生じてしまうため，そのままの形で維持できないことが判明した。また，多元主義をどのように改良すれば問題に対処できるかも現状見通しが立っていない。第3章では，そもそもスコープ問題は多元主義を形而上学的に根拠づけ

るものではなく，また，一元主義にも対応説の下でこの問題への対処法が複数提案・蓄積されていることを確認した。しかし，いずれの立場も，スコープ問題への対処可能性は示せても，形而上学的にその正しさの根拠を提示できる見通しは立っていない。デフレ主義はスコープ問題を抱えることなくインフレ主義が説明に問題を抱える命題の真理を処理できてしまうため，構成理論アプローチを採り続ける限り，デフレ主義が優位な状態が続く。

つまり，第Ⅰ部の議論の結果として，正しい構成理論をまず与えるという構成理論アプローチのプロジェクトは根本的な困難を抱えており，デフレ主義に対する論駁戦略として展望が見込めないものであると結論できる。そのため，方針の転換が必要である。すなわち，デフレ主義のコアテーゼ②を先に論駁する，本性的説明役割アプローチへの転換である。第Ⅱ部ではこのアプローチに転換して，インフレ主義の擁護のための議論を進めていく。

方針は次の通りである。真理性質には，世界内の事実を説明する上で不可欠の役割が存在すると論証する。その上で，こうした説明役割は，デフレ主義に反して，真理性質が特定の構成理論を持つことを受け入れるのでなければ認められないものであると示す。本書の第Ⅱ部では，このような仕方でデフレ主義のコアテーゼの論駁を目指す。

では，コアテーゼ②を論駁する端緒となるような切り口はどこにあるだろうか。近年，この切り口として，認識論の領域で，〈信念〉と〈真理の実質性〉に密接な関係があることを指摘する議論が着目されてきている。たとえば，ある心的状態が〈信念〉と呼ばれるためには，その心的状態が〈実質的な真理性質〉の獲得を目指すようなものでなければならない，といった議論である。

このような認識論上の真理の役割の有無を，第Ⅱ部の考察の主題としよう。しかしこの際，正しい真理の構成理論を明らかにできなかった我々は，インフレ主義的な真理性質として，どのようなものを前提すればよいのだろうか。真理性質の構成理論を便宜的にでも与えないと，インフレ主義が述べる真理性質とはどのようなものであり，いかなる場合に成立するのか全く手がかりもないまま議論することになりかねない。

ここで，第2章で確認した，Lynch による多元主義の議論の一部を採用することができる。多元主義の議論で有力とされた Lynch の穏健な多元主義は，

〈真理適合性のミニマリズム〉〈プラティチュード〉〈ドメイン〉という三つの道具立てから構成される，機能主義的な真理論であった。これまでの議論では，この多元主義はうまくいかないということを見たが，その理論の問題点は，それが形而上学的に根拠づけられていないことと，ドメインという道具立ての理論的問題であった。前者はコアテーゼ①に紐づくものであるため，コアテーゼ②を論駁する本性的説明役割アプローチでは顧慮しなくてよい。そのため，本性的説明役割アプローチを採ることを前提にする限り，穏健な多元主義の問題点は，〈ドメイン〉という道具立てにすべて起因していることになる。では，ドメインという道具立てを切り離した場合，どうなるだろうか。

　ドメインを切り離した場合に残るのは，〈真理適合性のミニマリズム〉によって命題を表現する真理適合的な文を検出し，その文は，プラティチュードを満たすなんらかの真理実現性質を有する場合に真理性質を例化する，というインフレ主義のミニマルな骨格だけを取り出した機能主義の理論である。〈真理適合性のミニマリズム〉と〈プラティチュード〉だけでも，Lynch の真理の機能主義は保存可能である。そしてこれは，実際に真理を例化する機能を果たす真理実現性質はなんであるのか，ということは棚上げし，骨格だけとなったインフレ主義である。これを，〈機能主義的ミニマルインフレ主義〉と呼び，以下のように定式化しておこう。

　　機能主義的ミニマルインフレ主義：
　　構成理論：命題 p が真理性質を例化する iff p がプラティチュード①〜③を
　　　満たすなんらかの真理実現性質を所有する。
　　真理性質の定式化：真理性質とは，プラティチュード①〜③を満たすなんら
　　　かの真理実現性質を p が所有する際に，p に例化される性質である。

このとき，プラティチュード①〜③とは，以下のものである。

　　①真なる命題とは，我々がそれを信じる際に，正に信じた通りにあるもので
　　　ある。
　　②真なる命題とは，探究に携わる際に真だと信じるべきものである。

③真なる命題とは，信じることが正しいものである。

　この機能主義という考えは，真理性質とはなんであれ，命題がこうしたプラティチュードを満たす真理実現性質を所有する場合に例化されるものだという形で，最低限，真理のインフレ主義が前提する必要のあるミニマルな真理性質と構成理論の理解を，形而上学に関する問いを一旦棚上げして把握することを可能にしてくれるものである。

　また，真理実現性質がなんであるにせよ，この①〜③のプラティチュードを満たすことを真理性質の不可欠の特徴とする，という方針も，以下のようなことから正当化されるだろう。まず，第2章で見た多元主義的インフレ主義者はもちろんのこと，その他の真理論の論者によっても，このプラティチュードは真理の重要な特徴として理解されている。たとえば，整合説やプラグマティズム説のような構成理論を採った場合に，〈我々によって現状信じることが保証されている命題と，実際に正しい命題が異なるという点を捉えられない〉というスコープ問題が生じることが問題となっていた。これは，現状我々の認識実践によって信じることを保証されている命題が，信じた通りにあるか——①を満たすか——，そして，信じることが正しいか——③を満たすか——は不明であり，また，そもそも我々によって保証されていようといまいと①や③が成り立つ命題は真理という性質を例化する，という指摘として理解できる。そのため，こうした議論はプラティチュード①③を真理性質に必要な重要な特徴として前提している。また，プラティチュード①〜③が真理と密接に関連するものであることは，デフレ主義者たちですら引き受けている。その点は，1.3節で見た Price や Misak のようなデフレ主義者が，整合説やプラグマティズム説へのスコープ問題の指摘と同様に，保証と真理は異なるものであり，真理概念の包摂条件には，我々の認識実践とは独立に正しいものであるという意味での〈客観性〉が——彼らはその条件を満たす性質の実在は否定するが——含まれる必要がある，としていたことからも明らかである。さらに，デフレ主義陣営のプラグマティストである彼らは，真理には，他者との意見の不一致を単なる選好の違いとは異なるものとし，一方の意見のみが正しいものであると表明することを可能にする力が必要だ，としていた。このことからは，ある探究をす

る際などに，論争相手ではなく自身の信念に基づいて探究は進められるべきだ ―― 自身が信じる命題のみがプラティチュード②を満たす ――，と表明する力が真理概念には必要だと彼らが理解していることが窺える。まとめると，プラティチュード①〜③は，インフレ主義者がその真理の本性的特徴として理解しているものだというだけではなく，そのような性質が実在しないと考えるデフレ主義者ですら，真理概念の包摂条件としては重要なものとして認めるような特徴だ，ということである。そのため，この〈プラティチュードを満たす〉という特徴を持つ命題に例化される性質として，インフレ主義的な真理性質を理解することは，理に適っていると言える。

つまり，多元主義からドメインという道具立てのみを差し引いたこの機能主義的ミニマルインフレ主義をインフレ主義のデフォルトとすることで，我々は構成理論の問いに答えずとも，インフレ主義的な真理性質の成立に最低限必要となるものがなんであるかを把握した上で，本性的説明役割アプローチに着手することが可能となるのである。そのため，本書の第Ⅱ部では，この立場をデフォルトのインフレ主義として採用する。

第Ⅱ部の方針となる〈本性的説明役割アプローチ〉について，ここで再確認しておこう。

本性的説明役割アプローチ：真理性質にはその本性上，不可欠な説明役割があると示してコアテーゼ②を論駁する。そして，これを基に，そのような説明役割を認めるためには，各命題の真理すべてが特定の仕方で例化される（なんらかの構成理論がある）と受け入れることが必要である ―― コアテーゼ①の否定 ―― と示す。

そして，今しがた確認したように，このアプローチの下でコアテーゼ②を論駁するための切り口として，認識論における真理の役割に着目する議論を本書では見ていくことにしたのだった。そうすると，第Ⅱ部で探究する問いは以下のようになる。

第Ⅱ部の問い：認識論において真理が果たす説明役割は，〈プラティチュー

ドを満たす真理実現性質を所有するという特徴を命題が持つ場合にのみ，その命題に例化される性質〉として〈真理性質〉を理解しない限り，認められないものであるだろうか。

この第Ⅱ部の問いに肯定的に答えられるなら，コアテーゼ②は論駁される。理由は以下の通りである。まず，〈プラティチュードを満たす真理実現性質を所有している〉という特徴を命題が持たない限りその命題は真理性質を所有できないという考えは，インフレ主義は肯定するが，デフレ主義は拒否する考えである。そのため，仮に〈真理性質とはプラティチュードを満たす命題に例化される性質である〉という考えを受け入れなければ認識論において真理性質が果たす説明役割を認められないのだとすれば，真理性質は，デフレ主義のコアテーゼ②に反し，その本性——プラティチュード——と結びつく説明役割を持つと言えるのである。また，〈第Ⅱ部の問い〉に肯定的に答えることができる場合，コアテーゼ①の論駁も同時に達成されることとなる。これは以下の理由による。いま仮に，〈第Ⅱ部の問い〉に肯定的に答えることができたとする。つまり，コアテーゼ②に反して，真理性質には認識論における本性的説明役割があり，かつ，この真理性質は〈プラティチュードを満たす真理実現性質を所有している〉という特徴を持つ命題のみに例化される性質だと判明したとする。その場合，コアテーゼ①に反して，命題の真理は機能主義的ミニマルインフレ主義の構成理論に従う仕方で成立すると認めることになるのである。そのため，〈第Ⅱ部の問い〉に対して肯定的に答えることになる場合，コアテーゼ①も否定されることになる。

　つまり，〈第Ⅱ部の問い〉に対して肯定的に答えることができれば，コアテーゼ①②はともに誤りであると言えるので，真理のインフレ主義は擁護されることになる。そのため第Ⅱ部では，この問いに対して肯定的な答えを与えることを目指していくことになる。

第Ⅱ部　認識論

　この第Ⅱ部では，デフレ主義のコアテーゼ②を論駁し，インフレ主義を擁護するという路線の見込みを検討していく。その際，機能主義的ミニマルインフレ主義をインフレ主義のデフォルトとして仮定する。改めて確認しておくと，これは以下のような立場である。

　機能主義的ミニマルインフレ主義：
　構成理論：命題 p が真理性質を例化する iff p がプラティチュード①〜③を
　　満たすなんらかの真理実現性質を所有する。
　真理性質の定式化：真理性質とは，プラティチュード①〜③を満たすなんら
　　かの真理実現性質を p が所有する際に，p に例化される性質である。

そして，プラティチュード①〜③とは，以下のものである。

　①真なる命題とは，我々がそれを信じる際に，正に信じた通りにあるもので
　　ある。
　②真なる命題とは，探究に携わる際に真だと信じるべきものである。
　③真なる命題とは，信じることが正しいものである。

第Ⅱ部では，このミニマルインフレ主義を前提した上で，本性的説明役割アプローチからデフレ主義の論駁を目指す。

142　第Ⅱ部　認識論

　この本性的説明役割アプローチを採るにあたって，本書では，認識論におけ
る真理の役割に着目する形でコアテーゼ②の是非を検討する。既に「小括と第
Ⅱ部への展望」で示した通り，この検討は，以下の問いへの回答を与えるとい
う仕方で行われる。

　　第Ⅱ部の問い：認識論において真理が果たす説明役割は，〈プラティチュー
　　　ドを満たす真理実現性質を所有するという特徴を命題が持つ場合にのみ，
　　　その命題に例化される性質〉として〈真理性質〉を理解しない限り，認め
　　　られないものであるだろうか。

「小括と第Ⅱ部への展望」でも確認した通り，この〈第Ⅱ部の問い〉に肯定的
回答を与えられれば，コアテーゼ①②がともに正しくないことが示されること
となる。そのため，この第Ⅱ部では，この問いに対して肯定的に答えることで，
コアテーゼ①②はともに誤りであると示し，真理のインフレ主義を擁護するこ
とが目指される。
　まず第4章では，認識論において用いられている認識的理由と呼ばれる理由
が規範性を持つのはなぜかを，真理性質の実質性——プラティチュードを満た
す性質であること——に訴えて説明することで〈第Ⅱ部の問い〉への肯定的回
答を与え，コアテーゼ②を論駁する，という議論を追っていく。この議論には，
大きく目的論と認識的構成主義と呼ばれる路線がある。しかし，どちらの立場
も〈第Ⅱ部の問い〉に肯定的に答えてコアテーゼ②を論駁するには十分でない
ことを見る。
　第5章では，視点を変えて，認識的評価という営みそのものの本性と真理性
質の関係を探っていく。この議論において，〈第Ⅱ部の問い〉に肯定的に答え
る道筋があることを論証する。
　第6章では，第5章で行ったインフレ主義の擁護論証に対して生じうる懸念
に答えた上で，今後採用すべきインフレ主義の理論を提案し，その利点を示す。

第4章　真理の実質性と信念の規範

　本章では，認識論における〈信念の規範〉を説明する上では，真理が持つ不可欠の実質性に訴える必要があるため，コアテーゼ②は正しくない，というインフレ主義の主張を見ていく。具体的には，この主張の根拠となる議論をいくつか確認・検討した上で，信念の規範の説明において真理の実質性が要請されるとするこうした主張には十分な裏づけがないため，この方針からコアテーゼ②を拒否できる見込みは薄いということを本章では明らかにする。なお，ここで〈真理が実質的である〉ということで意味しているのは，真理がプラティチュードを満たす性質であるということである。

　さて，以下では具体的にインフレ主義の主張を見ていくことになるわけだが，このインフレ主義の主張を理解する上では，現代認識論における〈真理〉の位置づけについて確認しておくことが役立つので，まずこの点を見てみよう。Hazlett（2013）が指摘するように，現代認識論では，真なる信念に価値をはじめとした重要性があることを説明する，という試みが主要な目的の一つとなっている。認識論者は一般に，「認識的 epistemic」という語が，真理を善いものとして，あるいは目的として扱うことに関係して使われると考えている。しかし，Hazlett が正しく分析しているように，このような「認識的」という語の説明は，真なる信念が善いものであり，求められるべきものであることを前提としているのでなければ成り立たない。

　すると，なぜ認識論においては真である信念が目指すべき善いものとされるのか，という説明を与える必要が出てくるように思われる。この説明を，真理を支持する〈認識的理由 epistemic reason〉が信念形成の際に規範性を持つのはなぜか，という問いに答えることを通じて与えよう，という議論が近年盛ん

になっている。認識的理由とは，〈真理指向的理由 truth-directed reason〉や〈証拠理由 evidential reason〉とも呼ばれる理由のカテゴリで[1]，基本的には〈証拠〉のことと考えてよい[2]。そして，認識論においては，証拠はある命題の真偽を支持する考慮事項のことを指す[3]。つまり，命題に対する信念の形成はその真偽を支持する証拠に従って行われるべきだ，とする認識論上の規範の根拠を問うような議論が，現在盛んに論じられているのである。

　そして，この認識的理由が規範性を持つのはなぜかというその説明に，真理の実質性を組み込むことで，信念の規範を説明する上では真理に実質性を認めることが必須となると主張するのが，コアテーゼ②を否定する戦略となる。本章では，この戦略の成否を探っていくことになる。

　認識的理由の規範性を真理の実質性によって説明するこの戦略には，大きく二つの路線がある。一つは，真理性質を例化する信念は，その実質性ゆえに目指されるべき価値を持つとする戦略である。Lynch（2004）などもこの路線を採る。このような路線は，〈目的論〉 —— 真理は常に探究において目指されるべき価値を持つ，もしくは我々は常に真理というものを求める価値のあるものとして扱っている —— による説明を採る。

　それに対し，もう一つは，〈認識的構成主義〉と呼ばれる立場を採用する路線で，これは，信念と実質的真理性質の概念的構成関係に訴える。より明瞭に述べなおすと，認識的構成主義は，ある心的態度が「信念」と認められるのは，そもそも実質的真理性質の獲得を目指してその態度が形成される場合のみである，という構成的基準が，信念という概念には備わっていると主張する。

　本章では，目的論と認識的構成主義のいずれもが真理の実質性の擁護に失敗することを見る。目的論は，トリヴィアルな命題については知る価値があることを説明できないという難点と，また，そもそも認識的理由は主体の目的に依らずに規範性を持つ理由となっているという主張を否定できないという問題を

---

1) cf. McCormick, 2018, 262.
2) たとえば Fassio は，証拠は認識的理由であるという考えを論争の余地のない前提とする（cf. Fassio, 2019, §1.1）。ただし，証拠が認識的理由の典型であることを認めた上で，証拠以外の認識的理由が存在する余地を認める立場もある（cf. Sylvan, 2016, §4）。その場合，認識的理由は証拠とほぼ重なるが，それよりやや広い外延を持つものとなる。
3) cf. McCain, 2016, 57.

抱えている。そして認識的構成主義は，それを擁護する二つの補助議論がいずれも失敗するため，うまくいかない。以上の点を示し，認識的理由の規範性の根拠を真理性質の実質性に基づいて与え，コアテーゼ②を論駁する，という方針には見込みがないことを本章で明らかにする。

目的論と認識的構成主義のそれぞれの主張の内実を確認するためには，認識論における信念の理由についての議論を把握しておく必要がある。次節ではまずこの議論を確認しよう。

4.1　信念の規範理由としての認識的理由

認識論では，ある信念を持つことを支持する理由には，二つの種類のものがあると言われる。一つは〈認識的理由〉と呼ばれるものであり，もう一つは〈実践的理由 practical reason〉と呼ばれるものである[4]。前者の認識的理由は，先に見た通り，任意の命題の真偽を支持する考慮事項のことである。それに対し，実践的理由とは，命題の真偽とは関連しないが，その命題の真理を信じることを支持する考慮事項を指す。この区別を把握するために，いま仮に，主体 S が医師に重病を告知されたという状況を想定しよう。この際，医師の診断・証言は《S は重病である》という命題 p の真理を支持する考慮事項であるため，p を信じるべき認識的理由となる。しかし，S は，自身の病気を直視してはとても前向きになれないので，不安を押し殺すために医師の証言を無視して p を信じなかったとする。この際，〈p が偽であると信じることで不安から逃れることができる〉という考慮事項は，$\neg p$ の真理性を保証するのとは別の仕方で，S にとって $\neg p$ を信じるべき理由を与えている。このように命題の真偽とは無関係だが，命題を信じることを支持する考慮事項が，実践的理由と呼ばれる。

もう一点，本題に入る前に把握しておく必要があるのが，〈規範理由 normative reason〉という理由カテゴリである。通常，命題 p に対してある心的態度を採ることを支持する考慮事項[5]は，規範理由と呼ばれる。これは，その態度

---

4)　cf. Bondy, 2018; Reisner, 2009; 2018; McCormick, 2018; 2019; Leary, 2021; Bastian, 2020. また，実践的理由は pragmatic reason と記されることもある。
5)　この考慮事項がどのような存在論的身分のものであるかについては，事実・命題・信念が候補と

146　第4章　真理の実質性と信念の規範

を採るべき理由とも言い換えられ，標準的には，以下のように定式化される。

　　規範理由：ある心的態度を採るべき規範理由がある iff その心的態度を採る
　　ことを支持する考慮事項 consideration がある[6]。

たとえば，〈ヘビが猛毒を持っている〉という考慮事項は，目の前のヘビに対
して〈恐れ〉という態度を採ることを支持するかもしれない。その場合，この
考慮事項はヘビを恐れるべき規範理由となる。信念という心的態度の場合には，
〈pの真偽を示す証拠がある〉という考慮事項は，pについて信念を持つことを
支持すると一般的に言われるため，pを信じるべき規範理由となるとされる。
これは，認識論において信じることが正当化される命題は，その真理を支持す
る証拠がある命題に限られるとする証拠主義や，あるいは，真理獲得の見込み
が高い信頼可能なプロセスに基づいて得られる命題に限られるとする信頼性主
義に通底する考えとも言えるだろう[7]。この両立場はともに，pを信じること
が認識的に正当であるのは，pが真だという根拠がある場合だ，という前提を
共有しているからである[8]。
　　しかし，ここには二つの疑問がある。命題pの真偽を支持する認識的理由

してしばしば挙げられる。しかしこの際，理由とはこうした候補のうち，〈なんであれ心的態度を
採ることを支持するもの〉と捉える機能主義を採用することで，この候補のうちのどれを選び出す
かは棚上げして議論をすることができる。理由概念を機能主義的に捉えるというこの考えについて
は，Howard（2021, 2）を参照のこと。ただし，Howard 自身は，理由とは〈事実から構成される
もので，かつ，一つの事実から数的に異なる二つ以上の理由が構成されうる〉とする立場を採って
いる。

6)　また，メタ倫理学の議論で標準的なように，理由には少なくとも以下の二つの区分を与えること
ができる。〈説明理由 explanatory reason〉と〈規範理由〉である。説明理由は，ある出来事・行
為・態度が生じたのはなぜかを説明するような理由である。たとえば，Olson（2018）によれば，
〈大統領が法案を支持しないという行為をとったのはなぜか〉といった問いに答える上で，〈大統領
は次の選挙に勝つという思惑を持っており，これには法案の支持がマイナスに働く〉という理由は，
大統領の行為の説明理由となる（1）。これに対して規範理由は，出来事・行為・態度を正当化する
理由であるとか，あるいはそれらが生じたり行われたりする〈べきである〉理由である。出来事は
かくあるべきであるとか，これこれの行為を行うべきであるとか，ある態度をとるべきであるとい
ったことの理由，そしてその正当化が，この規範理由によって与えられる（1-2）。本章では，この
うちの規範理由としての認識的理由に関する議論が行われる。

7)　以下では，議論の簡略化のため，もっぱら証拠主義のみに焦点を当てる。

8)　ただし，実践的考慮事項や道徳的考慮事項によっても信念を持つことが正当化されるとする立場

4.1 信念の規範理由としての認識的理由　　147

（証拠）は，なぜpに対して〈信じる／信じない〉という態度を採ることを支持する考慮事項，すなわちその信念を持つべき規範理由となるのだろうか。我々は，真理を支持する証拠があるからといって，信念を抱くべきだとは必ずしも言えないのではないか[9]。

　さらにもう一つの疑問は，認識論における信念の規範理由に関する標準的な理解についてである。認識論では，先にも見たように，認識的理由に従って信念を形成することが正しいとしばしば主張される[10]。しかし，仮に規範理由を先のように定式化するなら，真偽とは関わらない実践的理由もまた，信念を持つべき規範理由となりうるのではないか。

　まとめると，認識的理由は信念の規範理由であり，また，認識的理由のみが信念の規範理由として適格である，という認識論においてしばしば想定される考えには，説明すべき問題として以下の二つが生じる。

認識的理由の規範性問題（以下，規範性問題）：認識的理由に従って信念を形成すべきなのはなぜか。すなわち，認識的理由はなぜ信念の規範理由になるのか。

正しい種類の理由 right kind of reasons の定式化問題（以下，RKR 問題）：なぜ認識的理由だけが信念の正しい規範理由と見做されるのか。

　これら二つの問い——〈規範性問題〉と〈RKR 問題〉——に答え，認識的理由の規範性の根拠と，認識論において信念の正しい規範理由が認識的理由に制限される根拠を与えようという試みに際しては，真理に訴えるアプローチが

も存在する。たとえば，本書 1.3 節で確認した William James は実践的考慮事項による信念の正当化を，Kant は道徳的考慮事項による信念の正当化を，それぞれ認める立場を採っている（cf. Chignell, 2018, §6.1）。しかし，James のような論者も，標準的には認識的理由に基づく信念形成が正しく，実践的考慮事項によって信念の正当化が得られるのは例外事例だとしている（cf. Chignell, 2018, §1.1）。

9)　このような問題提起の一例としては，Buckley（2020）を参照のこと。

10)　認識的理由を信念の規範理由の中でも標準的な理由，あるいは〈正しい種類の理由 right kind of reason〉として扱い，実践的理由を非 - 標準的な理由，あるいは〈間違った種類の理由 wrong kind of reason〉として扱うという整理の一例としては，Gertken & Kiesewetter（2017, 5）がある。

148 第4章 真理の実質性と信念の規範

しばしば採られる[11]。その説明の大枠はこうだ。我々の信念形成は，常に〈真理を目指して aim at truth〉行われる，あるいは行われるべきであり，この真理の獲得のためには，真理を支持する認識的理由に従って信念を形成すべきである。これがこの方針での〈規範性問題〉への回答である。また，我々の信念形成実践は常に真理を目指すものなのだから，真理を支持しない非認識的な理由（実践的理由）は，適切な規範理由とならない。これが〈RKR 問題〉へのこの方針での回答となる。

ただし，このアプローチでの説明の際には，〈信念が真理を目指す〉のはなぜなのか，という点に答えることが必要となってくる。この点に答えるにあたり，コアテーゼ②を拒否して真理性質の本性的説明役割を示そうと目論むインフレ主義者は，信念が真理を目指す仕方で形成されるのは，真理がプラティチュードを満たす実質性を持っているがゆえであると主張する[12]。そう主張することで，〈規範性問題〉と〈RKR 問題〉に答える上では，真理の実質性を認めることが欠かせないと示せるからである。このような説明がうまくいけば，認識論という営みにおいては，真理が本性上有する特徴に訴えずには説明できない信念の規範があるという形で，コアテーゼ②の否定が論証される。

4.2 真理の実質性と認識的理由の規範性を結びつける議論

今見たように，信念の規範に関する〈規範性問題〉と〈RKR 問題〉への答えとして，〈信念は真理を目指す〉ものだからだ，と応答する方針がある。しかし，このような応答方針を採るには，なぜ信念は真理を目指すのかという説明を補わなければならない。そこで，インフレ主義者が訴えるのが，真理は実質的な性質であるがゆえに信念形成において目指される目標となるのだ，という考えである。

さて，この考えを具体的に展開している議論には，異なる二つのものがある。

---

11) cf. Shah, 2006; Wedgwood, 2002. また，このアプローチの簡潔な解説としては Chignell（2018, §5.3）を参照。

12) たとえば，インフレ主義の主要な擁護者の一人である Lynch（2004）がこの方法でインフレ主義の擁護を試みている。

〈目的論〉という立場に基づく議論と、〈認識的構成主義〉という立場に基づく議論である。この両立場は、それぞれ異なる仕方で真理の実質性に依拠して〈信念が真理を目指す〉理由を説明している。そこで、両立場が実際にどのような仕方でこの説明を行っているかを見ていき、その成否を評価することにしよう。

まずは〈目的論〉から確認する。前もって簡単に述べておくと、この目的論という立場は、〈信念が真理を目指すのはなぜか〉という問いに、真理には我々が獲得を目指すべき価値があり、かつ、その価値は真理性質がプラティチュードを満たす実質的なものであることに由来する、と答える立場である。

4.2.1 目的論

目的論では、〈信念は真理を目指す aim at truth〉という文言を、主体や集団の目的という意味で理解する[13]。つまり、信念主体が信念形成時に真理の獲得という目標を持っている —— あるいは持つべきである —— と解する。目的論は〈認識的理由に従って信念形成を行うべきなのは、それが真理獲得という目的達成のための手段となるからだ〉と理解する立場であるため、現在の議論の文脈では道具主義 instrumentalism と呼ばれる。

道具主義は、二つのタイプに分かれる。一つは、主観主義的道具主義、もう一つは、客観主義的道具主義である。まずは前者から確認しよう。

4.2.1.1 主観主義的道具主義

主観主義的道具主義は、認識的理由はなぜ規範理由になるのかという〈規範性問題〉に、我々が常に真理を目的として気にかけているからだと答える。つまり、以下のような形で真理を目的に位置づける。

主観主義的道具主義：真なる信念は、人々がそれを達成することを気にかける目的であり、それゆえに真理関連的である認識的理由は規範性を持つ。

---

13) 〈信念は真理を目指す〉という標語をどのように理解するかに関しては、Bondy（2018, 3.4.4）が検討を行っている。

150 第4章 真理の実質性と信念の規範

そして，この回答は，同時に〈RKR問題〉への回答も与えることになる。というのも，真なる信念の獲得という目的には，実践的理由ではなく，認識的理由のみがその達成に直接関わるので，認識的理由のみが正しい種類の規範理由となるからである。つまり，我々の目的が真理である限り，〈なにを信じるべきか〉に関する熟慮において実践的理由が適切な考慮事項となることはないので，信念の正しい種類の理由は認識的理由のみなのだとされる。この道具主義の説明は，Bondy（2018, ch. 5）が指摘するように，〈規範性問題〉と〈RKR問題〉の双方に対してエレガントな説明を与えることができる。

　この立場は，我々が信念形成において真理を目指すことを，真理を求めることに主体が価値を見出すことによって説明する。このとき，真理を求める理由が，その真理の実質性に基づいて与えられるのなら，デフレ主義の論駁には十分である。たとえば，なぜ真理を気にかけるのかについて，真なる信念を得ることが主体にとって価値のある目的であり，その理由が，真なる信念がプラティチュードを満たす（客観的で，信じることが正しく，探究の前提として十分に信頼できる）性質であるおかげだと答えられるなら，その価値は真理の実質性によって与えられていると言える。その場合，真理性質は，プラティチュードを満たすがゆえに主体によって獲得が目指されるべき価値を有しているのだと理解されることになる。そして，このプラティチュードに由来する真理の価値が，主体に対し，真理を目指すべき理由 —— 命題の真理を支持する認識的理由の規範性 —— を与えていることになる。そうだとすれば，認識的理由の規範性を説明する上では，真理の実質性に依拠しなければならないことになるので，コアテーゼ②は論駁される。

　そのため，この立場の主張を首尾よく展開できれば，デフレ主義を退けることができる。しかし，コアテーゼ②の論駁のために主観主義的道具主義を展開する場合には，一点注意すべきポイントがある。それは，どのような真なる信念も，定言的に価値を持っていると言えなければならないことである。主体が，ある命題については真なる信念を得ることを気にかけるが，別の命題については気にかけないのだとすれば，価値が認められているのは真なる命題が例化する真理性質ではなく，真なる命題が関わっている主題だということになるからである。

4.2.1.2　主観主義的道具主義の問題点

　しかし，この要請を含めて考えると，主観主義的道具主義はコアテーゼ②の論駁方法としては筋が悪い。なぜなら，Grimm（2008）が指摘するように，我々は常に真理を気にかけるわけではないし，非常にトリヴィアルな真理なども存在するからである。たとえば，〈机の上の埃の数はいくつか〉とか〈電話帳に載っている名前のうち S から始まる名前はいくつあるか〉といったことについて，我々は真なる信念を得ることを気にかけるだろうか。少なくとも，すべての主体がそれを真だからという理由だけで気にかけるとは言い難いように思われる。しかし，真であっても獲得が目指されないような信念があるのだとすれば，プラティチュードに由来する真理の価値が，各命題について常に真なる信念の獲得を目指すべき理由 —— 命題の真理を支持する認識的理由の規範性 —— を主体に与えているとは言えなくなるので，目的論ではコアテーゼ②を論駁できないということになってしまう。この問題を，〈トリヴィアルな真理の問題〉と呼ぶことにしよう。

　また，逆の視点からの問題もある。すなわち，我々がその真理を気にかける理由がない場合でも，認識的理由は信念の規範理由と見做されているため，認識的理由の規範性は我々の目的や価値づけと独立だ，という指摘である。たとえば，Kelly（2003）の挙げる事例を見てみよう。

　　映画：新しく映画が公開され，主体 A はこの映画を観ようと考えた。A の
　　　鑑賞前にも既に友人 B がこの映画を観ていたとする。このとき，以下二
　　　つの状況を考えてみよう。
　　　（i）A が，自身が鑑賞するまでの間，自発的にこの映画の結末を知るこ
　　　　とを避けようとしていたにもかかわらず，B から映画の結末を意図せ
　　　　ず聞かされてしまった。
　　　（ii）A が早く映画の結末を知りたいと考えて，B に自分から結末を聞い
　　　　た。
　　このとき，（i）では真理を目指すという目的が不在だが，我々の認識的評価
　　実践では，（i）の場合も（ii）の場合も，A は映画の結末に関する命題の真理
　　を信じる認識的理由を B の証言によって与えられている，と判定される

152　第 4 章　真理の実質性と信念の規範

のが通常である。

さらに，Kelly（2003）は以下のような事例も提示している。

> その真理を信じたところで私が持つ目的の達成に一切資するところがないような真理も存在する。たとえば，バートランド・ラッセルは右利きだったのか左利きだったのか。［中略］私がその主題について真なる信念も偽なる信念もいずれも抱く選好を持たないような主題である。［中略］［しかし］いくつかの主題が全くもって私の関心外であるという事実からは，その主題に関して信念を抱くための認識的理由が必然的に欠けている，ということは導かれない。（Kelly, 2003, 624-625）

後者の事例で述べられているのは，ラッセルが右利きだったと示す証拠を仮に発見したならば，たとえ主体がラッセルの利き手は右手なのか左手なのかについて一切興味を持っていなくとも，ラッセルは右利きだと信じるべきであるということだ。

　二つの事例のいずれにおいても，Kelly が指摘していることは同じである。すなわち，通常，認識論における認識的評価は，主体の目的や命題の興味深さの如何に関わらず，認識的理由に基づいて信念形成することを合理的かつ正当だと評価するものであり，それゆえ，認識的理由に従って信念形成すべきであるという主張は，主体の目的とは無関係に正しいと認識論の領域では認められている，ということである。そのため，命題の真理を目指す目的を主体が持っていようといまいと，認識的理由は信念を抱くべき理由を提供していると我々の認識的実践では見做されているのである。

　この Kelly の批判は，認識的理由に従って信念を抱く理由を主体が一切——あるいはほとんど——持たずとも，認識的理由は規範理由として認められている，という主張であることから，〈少なすぎる理由からの異議 too few reasons objection〉と呼ばれている。もし，認識的理由はそもそも主体の目的や価値づけとは独立に規範理由として認められるというこの指摘が正しければ，〈信念形成において認識的理由が規範理由となるのは，実質的真理性質に主体が価値

を見出して獲得を目指すおかげである〉という主観主義的道具主義の主張は根本的に誤りだということになるだろう[14]。

　以上をまとめると，主観主義的道具主義には二つ重要な問題があるということになる。まず一つ目が，すべての主体がトリヴィアルな真理も含むすべての命題に関して等しく真理を気にかけるなどということはありえない，という〈トリヴィアルな真理の問題〉である。そして二つ目が，そもそも我々の価値づけとは独立に認識的理由の規範性は成り立っている，とする〈少なすぎる理由からの異議〉である。

　この二つの問題に，主観主義的道具主義は答えられなければならない。しかし，主観主義的道具主義の枠組みでこの両問題に答えることは困難である。まず，先にも述べたように，主観主義的道具主義がコアテーゼ②を論駁する立場として提案される場合，どのような真なる信念も，定言的に価値を持っていると言えなければならない。主体が，ある命題については真なる信念を得ることを気にかけるが，別の命題については気にかけないのだとすれば，価値が認められているのは真なる命題が例化する真理性質ではなく，真なる命題が関わっている主題だということになるからだ。そのため，〈トリヴィアルな真理の問題〉に主観主義的道具主義が答える上では，〈主体はみな，命題が真であればそれだけで価値を見出し，その命題について真なる信念を得ようとするのだ〉と主張できねばならない。だが，〈電話帳に載っている名前のうちSから始まる名前はいくつあるか〉について正しい信念を得ることに一切興味を持たない主体もいるだろう。そのような主体は，そんなことを調べる時間があれば，読書でもしようと考えるかもしれない。また，読書をするにしても，どの本を読んでどんな情報を得たいかが人によって異なるだろう。たとえば，哲学分野で重要とされる本があっても，自身の興味の対象ではないので，経済学の本を読

14）　立場によっては〈少なすぎる理由からの異議〉を受け入れて，この異議の正しさを根拠に〈トリヴィアルな真理の問題〉を取り除くことができる。なぜなら，〈少なすぎる理由からの異議〉が正しければ，主体が価値を見出さないトリヴィアルな命題についても，認識的理由があればそれに従って命題の真偽を信じるべきであることが帰結するからである。実際，4.2.2.3で見ることとなる〈反主意主義に基づく認識的構成主義〉は，〈少なすぎる理由からの異議〉を自説の強化に使っている。しかしながら，目的論の立場では〈主体が実質的真理性質に価値を認め，その獲得を目指すがゆえに認識的理由は規範理由となる〉と考えるので，そもそも〈少なすぎる理由からの異議〉を受け入れることができない。

154 第4章 真理の実質性と信念の規範

みたいといった人もいるだろう。そのため，我々は真である命題ならなんであ
れ常に価値を認めて真なる信念を得ようとする，という考えを擁護するのは困
難だと言える。

　次に，〈少なすぎる理由からの異議〉も，主観主義的道具主義の説明の不備
を示す説得性の高い議論であると言える。具体的にこのことを見るために，上
で言及したKellyの〈映画〉事例を少し詳しく検討してみよう。この(i)の状況
は，我々の日常でも見られるような場面である。この状況のAのように，ネ
タバレを避けたいので，映画の鑑賞まで他人から映画の内容について聞くこと
を避けようとする人は実際によくいるだろう。さて，主観主義的道具主義は，
認識的理由が規範理由となるのはなぜかという点を主体の目的によって説明す
る立場なのだから，この立場が正しければ，主体が真なる信念を得るという目
的を持たない限り認識的理由は規範理由とはならないはずである。そうだとす
ると，(i)の状況のAのようにネタバレを知りたくない主体は，映画の結末に
ついて真なる信念を得る目的を当然持っていないのだから，ネタバレ情報は仮
に与えられても映画の結末を信じる理由にはならないはずである。しかし，実
際の我々は，映画の結末について事前に真なる信念を得ることを避けたいとき
にネタバレを聞かされると，ひどくがっかりしてしまうだろう。このことは，
主体が真なる信念を得ようとする目的を持っていない場合でも，我々は認識的
理由を与えられると，それに従って命題の真偽を信じることが正しいと考えて
しまうことを避けられないということを示している。だとすれば，Kellyの指
摘する通り，主体の目的の有無は，認識的理由が規範理由として機能している
理由を説明する上で無関係だと言えるだろう。

　ここから分かるのは，主観主義的道具主義では〈規範性問題〉と〈RKR問
題〉に答えられないということである。そのため，この立場では，認識的理由
の規範性の根拠を真理の実質性によって説明し，コアテーゼ②を論駁すること
は望めないと言える。

　こうした問題点を受けて，目的論の論者の多くは，次に見る客観主義的道具
主義と呼ばれる立場の採用を検討している。

4.2.1.3 客観主義的道具主義

客観主義的道具主義は，〈真理を目指す〉という信念の目的を，個々の認識主体の実際の目的としてではなく，理想的な目的として掲げる。すなわち，以下のような形である。

客観主義的道具主義：真なる信念は，実際に人々が気にかけているか否かに関わらず，人々が常に気にかけるべき目的であり，それゆえに，認識的理由は規範性を持つ。

この立場は，二つの仕方で展開可能である。一つは，我々の価値づけとは独立に，真理には価値があり，それは我々が目指すべきであるような本性を持つとするものだ。この立場は，真理にはそれ自体に内在的価値があるとした上で，そのような真理の価値ゆえに，真なる信念は目指されるべき目的となると主張する。そのため，これを〈内在価値路線〉と呼ぼう。それに対してもう一つは，社会の共通善としてあらゆる真理を目指すことを正当化しようとする路線である。これを〈共通善路線〉と呼ぼう。

まず，前者の真なる信念の内在価値路線では，どのような命題の真理も，それ自体で知ることを目指すべき価値があるとする。つまり，些末な真理であっても，それは真であるだけで知ることに価値がある。この路線の議論で論者たちがしばしば言及するのが，〈好奇心〉である。Grimm（2008）は，Alston や Lynch といった論者が，この主張を好奇心に着目して展開していることを，彼らの以下の主張を引き合いに出して整理している。

知識や理解を得ることには，本質的な価値があるのだ。「すべての人間は本来，知ることを望むものである」とアリストテレスは言い，この訓示は彼の後継者の多くによって再確認されてきた。私たち人類は，好奇心を刺激する物事の真相に迫り，物事がどのように，なぜ，そのように存在し，どのように起こるのかを理解しようとする力を備えているようである。それゆえ，哲学の世界では，信念やその他の認知のアウトプットにおいて，真理を善を作る特性として，偽を悪を作る特性として捉えることが，自明の理と言えるほ

156 第4章 真理の実質性と信念の規範

どだ。(Alston, 2005, 31)

　我々が真理に関心を持つのは，それが我々に単に利益をもたらすにとどまらないからである。［中略］我々の人生において，ときに我々は，知ることそのもの以外に理由なく，単に知りたいと思うことがある。好奇心は常に実践的な関心によって動機づけられているわけではない。極めて抽象的な数学の予想を考えてみよう。少なくともいくつかの予想については，その真理を知ることで，我々が望む他の一切のものにも近づくことはできないものがあるだろう。(Lynch, 2004, 15-16)

　以上の論者は，なんら実践上の有用性を備えていない命題であっても，我々は単にその真偽を知りたいという好奇心だけで特定の命題の真偽を知ろうとすることがあると指摘する。たとえば，風邪で熱がある際に効果的な薬が欲しいという理由から《Aという薬は解熱効果がある》という命題の真偽を知りたい，といったケースでは，その命題の真偽を知ることが我々の実践に役立つ。しかし，命題の真偽を知っても全く実践上の利点がないケースでも，その命題の真偽をただ知りたいと願うことが我々にはあるのだ，と彼らは主張するのである。そして，彼らいわく，潜在的にすべての命題が，純粋にそれが真か否か気になるという好奇心を向けられる対象となりうるので，あらゆる命題の真理は，それ自体で獲得が目指されるべき価値を秘めているものなのだとされる。たとえば，〈トリヴィアルな真理の問題〉で示された《机の上の埃の数》に関する真理や，〈少なすぎる理由からの異議〉で示された《映画の結末》に関する真理にも，それを知ることを目指すべき価値が秘められているのであり，それゆえ，本来ならそうした命題の真理を示す認識的理由にも規範性がある。ただし，この真理の価値が与える認識的理由の規範性は，暫定的 *pro tanto* な一応の *prima facie* ものであり，〈乗り越え〉の余地があるのだとされる[15]。たとえば，我々は認識リソースが限られているし，時間的制約などもある。そうした理由から，一応の価値のある真理が，ときに好奇心の対象から外れることがある。

---

15) cf. Lynch, 2004.

4.2 真理の実質性と認識的理由の規範性を結びつける議論　157

つまり，潜在的にはすべての真理に価値があり，その真理を支持する認識的理由は規範性を持つのだが，別の要因によってその規範性が乗り越えられることがある，とする形で，主観主義的道具主義に生じた問題を取り除くのである。たとえば，《机の上の埃の数》のようなトリヴィアルな真理に関しても，獲得が目指されるべき価値があるのだが，主体にとって実践上さらに重要なことがら——主体はテストを控えていてテスト内容に関わる別の命題の真理を得たいなど——が優先され，トリヴィアルな真理の価値は乗り越えられてしまう。また，《映画の結末》についても，真なる信念を得ることに価値はあるのだが，主体には映画について事前情報をなにも得ないで純粋に映画を楽しみたいというより重要な事情があり，この命題の真理の価値は乗り越えられてしまう，と〈内在価値路線〉の客観主義的道具主義では説明されることになる。

　もう一つの路線である社会の共通善に訴える方針は，Grimm（2008）によって提示されている。まず，たとえどれほど奇特な主題の命題の真理であれ，それを得ようとする主体の存在は想像可能である。たとえば，Kelly の〈少なすぎる理由からの異議〉で示されたようなラッセルの利き手がどちらであったかについての真理をほとんどの人は気にしないかもしれないが，伝記作家はそれを非常に気にするかもしれない。自分にとって価値がなくとも，同じ社会の誰かにとっては価値があるかもしれないのである。そして，誰かがその伝記作家の立ち位置に置かれ，社会の中の我々のいずれかがその問いに答える情報源の位置を占めるならば，他人事のように振る舞わず，我々自身もその問いを尊重しなければならない。Grimm は，机の上の埃の数という主題ですらも，気にかける者がもしかしたらいるかもしれないという想定で扱わねばならないとする。我々は情報を得る手段として社会内でほかの成員と互いに依存し合っている。そのため，他の主体も含めて考慮される共通善として真理を想定し，それを尊重しなければならない。

　このことを，他の共通善とのアナロジーによって Grimm は説明する。たとえば，清潔な水は，我々の社会の中心的な位置を占める。そのため，誰もが獲得・保有するべきものとしての価値を持つ。個人の視点から見た際には，もう十分な量の清潔な水を有していて，水に価値を見出さず，それ以上の水資源を保全しなくともよいと考える者がいるかもしれない。だが，清潔な水が我々の

158 第4章 真理の実質性と信念の規範

社会全体で持つ不可欠の役割を考えれば，自分自身の目的はどうあれ，その水を保全することに関心を向けるべきである。真理とは，この水と同様，自分自身の関心だけでなく，想像可能な他者の視点を含めて考慮される共通善として目指されねばならないというのが，Grimm の見解である。

　これらの立場は，主観主義的道具主義に生じる〈トリヴィアルな真理の問題〉と〈少なすぎる理由からの異議〉を解消する目的で提示されたものである。そのため，もしうまくいけば，主観主義的道具主義の難点を克服し，目的論をコアテーゼ②の論駁根拠とすることができることになるだろう。

　しかし，次に見るように，この立場も問題を克服できてはいない。

4.2.1.4　客観主義的道具主義の問題点

　上述したように，内在価値路線の客観主義的道具主義では，一見したところ主体がその真理に価値を見出していないように思える命題も，実際にはその真理に価値はあるのであり，それが別の要因によって乗り越えられているために価値が見出されていないように見えるのだとする。

　しかし，この立場は〈トリヴィアルな真理の問題〉と〈少なすぎる理由からの異議〉に十分に答えているとは言えない。まず，〈トリヴィアルな真理の問題〉を検討していこう。内在価値路線の客観主義的道具主義によれば，トリヴィアルな真理にも求める価値はあるが，限られた時間の中でほかのことに認識リソースを割きたいなどといった理由でその価値が乗り越えられうるのだった。しかし，たとえば十分なほどの時間があり，認識リソースの制限もない，乗り越え要因が存在しない状況があったとしても，トリヴィアルな真理に本当に主体の関心が向くかどうかは定かではない。さらに，この応答のより深刻な問題点は，〈トリヴィアルな真理の問題〉に答えることができるようになる代わりに，〈RKR 問題〉に適切に答えられなくなることにある。客観主義的道具主義をはじめとする目的論の立場によれば，真理は——少なくとも潜在的には——常に求めるべき価値がある目標とされる。そして，この目標達成にあたっては，実践的理由ではなく認識的理由のみが直接関わるので，認識的理由のみが正しい種類の規範理由となる，という仕方で〈RKR 問題〉に回答が与えられるのであった。しかし，トリヴィアルな真理について知るよりも，ほかのことに時

4.2 真理の実質性と認識的理由の規範性を結びつける議論　159

間を使いたいといった実践的考慮のほうが真理の獲得より優先される──真理の価値の〈乗り越え〉が起こる──ことがあると認めるのであれば，認識的理由よりも非認識的理由（実践的考慮）のほうが規範性に優る場合があると認めることになる。すると，真理は目指されるべき価値を持つので〈真なる信念の獲得〉が各認識主体の目標となり，それゆえ，非認識的理由ではなく認識的理由のみが正しい種類の規範理由となる，という目的論の主張の説得性は失われる。もともと〈RKR 問題〉は，客観主義的道具主義をはじめとする目的論の立場が答えようとしていた問いである。しかし，真理の価値の乗り越えという事態に訴えて〈トリヴィアルな真理の問題〉に答える方針を採ると，客観主義的道具主義は〈RKR 問題〉にもっともらしい答えを与えられなくなるので，この応答方針は採用できない。

　同様に，〈少なすぎる理由からの異議〉についても，内在価値路線の客観主義的道具主義では〈RKR 問題〉に答えられなくなるという問題が生じる。なぜなら，内在価値路線の客観主義的道具主義は，〈少なすぎる理由からの異議〉についても，〈真理の価値の乗り越え〉を持ち出して対処しようとしていたからである。たとえば，〈少なすぎる理由からの異議〉で提示された〈映画〉事例は，映画の結末について真なる信念を持つことは価値があるが，〈事前情報を得ずに鑑賞することで映画を楽しみたい〉といった実践的考慮事項がより重要性を持つため，映画の結末に関する認識的理由の規範性は乗り越えられてしまった，と説明されることになる。そのため，すぐ上の段落で示した問題がここでも生じる。

　以上から，客観主義的道具主義の応答は適当とは言えない。また，そもそも〈少なすぎる理由からの異議〉に見られるような，〈価値〉の有無に関わらず認識的理由はそれに従って信念を抱くべき理由としての規範性を持つものと理解されている，という主張は，客観主義的道具主義よりも優れた〈認識的理由のデフレ主義〉と呼ばれる立場の採用可能性を拓く。認識的理由のデフレ主義はBondy（2018）によって明示的に提唱・支持されている立場であり[16]，〈規範性問題〉と〈RKR 問題〉に対して，理由を与える必要性をそもそも認めない。

---

16)　cf. Bondy, 2018, ch. 7.

すなわち，なぜ認識的理由が認識論という領域において規範理由と見做される
のか，そして，なぜ認識的理由だけが正しい種類の規範理由とされるのか，と
いう問いに対し，〈認識論とはそういう取り決めで成り立っている領域だから〉
という説明しか与えないというものだ。

　この方針は，Maguire & Woods（2020）や Steglich-Petersen（2011; 2018），
Wrenn（2016）などでも採用されている。たとえば Maguire & Woods（2020）
は，〈認識論〉は，チェスやスポーツ，法体系などと同様に，一つの独立した
領域を形成していて，その領域の中で主体の目的とは独立の評価体系が確立さ
れていると主張する。チェスや法などの各領域には，それぞれの領域に根本的
な最上の価値が任意に設定されており，すべてのことがその価値への貢献の度
合いから評価される。チェスであれば，〈ルールの下での勝利〉が最上の価値
であり，あらゆる指し手はその価値への貢献からその良し悪しが評価され，ま
た，その領域で禁じられた行為──盤ごとひっくり返す，ある駒に許されてい
ない挙動をさせる──は行うべきでないとされる。このような，領域内でどの
ような振る舞いが許容可能か，望ましいか，といったことがらを定める規範は，
主体がどんな意志を持つかとは無関係に，あらかじめ当の領域で定められてい
る。たとえば，チェスの指し手の良し悪しの評価は，主体が勝利を目的に指し
ているかとは関係なく，その主体の指し手すべてに適用できる。そして，どの
主体のどの振る舞いに対しても，普遍的に規範の評価基準を適用してその振る
舞いの望ましさ・許容可能性・批判可能性を評価することができる。認識論に
おける信念の規範も，これと同様に，最上の価値を真理として，この真理を獲
得するためになにを信じるべきかという観点から，特定の状況が与えられた際
の正しい種類の振る舞いが決定されているのだと考えることができる。そして，
それがなぜ真理を最上の価値に設定して評価を行うものになっているのかにあ
えて答えずとも，そういうものとして運用されるのが決まり事になっているの
だということだけで〈規範性問題〉と〈RKR 問題〉には答えられるのである。

　同様に Steglich-Petersen（2011）も，認識論の営みは，真理を〈仮定的な目
的〉として，各命題に関して〈仮定的な理由〉を付与することであると主張す
る。それによれば，認識論とは，〈真理という目的を持っていたなら，命題 p
について ϕ する理由があるだろう〉という仕方で，真理を仮定的な目的とした

4.2 真理の実質性と認識的理由の規範性を結びつける議論　161

場合に，どのような信念態度を採るべきかを判定する領域であり，その領域の中で主体の実際の目的と独立になにを信じるべきか，どのような態度が望ましいかが決定されているということになる。そして，実際の我々の実践でも，こうした信念の規範は主体の目的とは独立に，〈普遍適用可能〉な仕方で適用され，運用されている，と彼は主張する。

また，ここが肝心なところであるが，彼らによれば，認識論がこのように真理を最上の価値とし，それを目指すべき目的に定めているからといって，認識論という領域を超えて認識的理由が規範性を持つと考える必要はない[17]。これは，チェスが〈ルールの下での勝利〉を至上価値に設定していて，参加者の許容可能な振る舞いがすべてそれに照らして統制されるとしても，チェスという営み自体を尊重しない参加者は〈ルールの下での勝利〉に価値を見出さず，盤をひっくり返してしまうことも可能であるのと同様である。つまり，真理自体に目指されるべき価値があり，それゆえに認識的理由は規範性を付与されるのだ，という説明は，認識的理由のデフレ主義の下では要請されない。

さて，〈内在価値路線〉の客観主義的道具主義は，真理の実質性を認めずとも説明可能な〈規範性問題〉と〈RKR問題〉に，わざわざ真理の内在価値を持ち出す立場である。そのため，認識的理由のデフレ主義よりも形而上学的にコストが高い立場となる。その上，客観主義的道具主義では適切に答えられない〈トリヴィアルな真理の問題〉や〈少なすぎる理由からの異議〉について，認識的理由のデフレ主義は説明可能である。なぜなら，真理を最終目的に置く認識論の営みでは，〈トリヴィアルな真理〉であっても〈主体が真なる信念を得るという目的を持たない命題〉であっても，認識的理由があれば信じるべきである，と認識的理由のデフレ主義では主張できるからだ。それゆえ，認識的理由のデフレ主義のほうが内在価値路線の客観主義的道具主義よりも優れた立場であると言える。

まとめよう。内在価値路線の客観主義的道具主義では，〈トリヴィアルな真理の問題〉も〈少なすぎる理由からの異議〉も適切に取り除くことができない。そして，この立場よりも優れた認識的理由のデフレ主義という立場がある。以

---

17)　この点を特に明示的に主張しているのは，Wrenn である（cf. Wrenn, 2016, 253）。

上から，内在価値路線の客観主義的道具主義を採用すべき理由はないと結論できる。

次に，共通善路線の問題を確認しよう。この路線でまず問題になるのは，あらゆる命題の真理は水資源と同じような共通善である，とするアナロジーがそもそも成り立つのかという点である。特定の机の上に存在する埃の数についての真理を望む他者を想像し，この真理の価値を擁護するという主張は，水資源の保有の重要性とパラレルに語れるようには思われない。なぜなら，水資源の場合は〈それがなくなってしまえば，現状は水に困っていない主体も含め誰もが生存困難になってしまう〉ため，その保全がどの主体にとっても重要であるのに対し，《机の上の埃の数》の真理は，それを得られなくとも一向に困らないような主体が無数にいるだろうからだ。そのため，トリヴィアルな真理をはじめ，あらゆる真理は共通善として獲得が目指されるべきものであると説得的に示せない限りは，共通善路線の客観主義的道具主義を擁護することはできない。そして，この〈トリヴィアルな真理が共通善であると示す〉というタスクをもし行うのなら，以下の点に注意しなければならない。現状，トリヴィアルな真理を重視するような想像上の主体を仮定せずとも，認識的理由の規範性を説明でき，〈トリヴィアルな真理の問題〉も〈少なすぎる理由からの異議〉も回避できる認識的理由のデフレ主義の立場がある。そのため，机の上の埃の数についての真理を水資源のように重視する者が本当に存在すると考えることが原理的に可能だと示すだけではなく，実際にそうした主体が存在するという根拠が説得的に提示されなければならない。しかし，そのような主体の存在を示すのは容易ではないだろう。

以上の点から，共通善路線の客観主義的道具主義も，認識的理由のデフレ主義より優れた立場ではないと結論できるだろう。

そして，認識的理由のデフレ主義が採用される場合，目的論がコアテーゼ②を論駁するのは困難となる。これは以下の理由による。まず，目的論では，真理性質は，プラティチュードを満たすがゆえに主体によって獲得が目指されるべき価値を有していると理解されるのだった。そして，このプラティチュードに由来する真理の価値が，真理を目指すべき理由——命題の真理を支持する認識的理由の規範性——を主体に与えていると目的論では理解される。しかし，

認識的理由のデフレ主義では，認識的理由の規範性は，単に認識論という領域で真理を目指すべきだとするルールがあることのみから与えられるので，〈プラティチュードを満たす真理が持つ価値〉から認識的理由の規範性が与えられている，という説明が成り立たなくなる。しかし，この説明が成り立たないのであれば，認識的理由の規範性を説明する上では真理の実質性に依拠しなければならない，という仕方でコアテーゼ②を論駁することもできなくなる。また，認識的理由のデフレ主義を採る場合，真理性質がプラティチュードを満たそうが満たすまいが〈規範性問題〉と〈RKR 問題〉に答えることはできる。たとえば，認識論で成り立つルールが〈実質的／非実質的を問わず真理性質の獲得が目指されるべきだ〉というルール R であったとしよう。この場合，真理性質が性質デフレ主義でも認められるような非実質的真理であったとしても，R の規定する通り，その獲得は目指されるべきである。そして，その場合，真理性質が非実質的であっても，命題の真理を示す認識的理由に従って信念を持つべきである理由が説明されるので，〈規範性問題〉に答えられる。また，R の下でも，真理を支持しない非認識的理由は規範理由とは認められないので，〈RKR 問題〉にも答えられる。そのため，認識的理由のデフレ主義が採用される場合，実質的真理性質を持ち出さなければ，信念が〈真理を目指す〉理由や，認識的理由のみに従って信念が持たれるべきである理由を説明できない，というインフレ主義の主張は妥当とは言えない。

　以上から，目的論では，いずれのヴァリアントを採っても，真理の実質性に基づく価値によって〈規範性問題〉と〈RKR 問題〉に答え，コアテーゼ②を論駁することはできない，と結論できよう。

4.2.2　認識的構成主義

　認識的理由が真理の実質性と結びつくことにより規範性を獲得し，規範理由となる，という主張を擁護するためのもう一つの有力な方針は，認識的構成主義 epistemic constitutivism を採るものである。認識的構成主義は，信念という概念の構成的基準として，〈真理を目指すこと〉が組み込まれていると指摘する。たとえばこの立場では，以下のような真理規範に従うことが〈信念〉の構成的基準となっているとされる。

164　第 4 章　真理の実質性と信念の規範

　真理規範：以下のことは信念についての**概念的真理**である。ある命題を信じ
　　ることは正しい iff その命題が真である[18]。

　より正確にこの立場を把握するために，Côté-Bouchard（2016）による説明
を参照しよう。彼によれば，認識的構成主義は，より広範な規範に関する構成
主義の一例とされる。規範に関する構成主義は，特定の活動・態度・存在であ
る X について，X が構成的目的 A を持っていて，A の達成にあたっては，あ
る種の規範 N に従うことが必然的に含まれる，と主張する立場である。ある
目的 A が X について構成的であるとは，なにかが X の事例 instance であると
見做される条件に，そのなにかが A の達成に方向づけられたり，制御された
りすることが含まれている，ということである。それゆえ，ある活動・態度・
存在は，N に従うことによってのみ達成可能な目的 A を目指さない限り，X
の事例とは見做されえない。

　これを認識的構成主義に当てはめると，以下のようになる。我々のある心的
態度 D が〈信念＝X〉であると見做されるためには，D が〈真理を目指すこ
と＝目的 A〉に必然的に方向づけられるのでなければならない。そして，こ
の目的達成のためには，〈真理規範＝N〉による規定に従って真である信念を
形成することが必然的に含まれる。

　このように，信念という**概念**はそもそも真であることを常に目指すものであ
る，という仕方で，〈信念〉という**概念**の構成的基準に真理を善いものとして
扱うことが組み込まれているのだとされる[19]。もし信念がこのように真理規範
に従う仕方で形成されるものであるなら，〈規範性問題〉と〈RKR 問題〉にも
答えることができるだろう。具体的には，認識的理由がそれに従うべき規範性
を持つことも，非認識的理由ではなく認識的理由のみに従って信念形成が行わ

18）　Cowie & Greenberg（2018, 174）。彼らによれば，ある心的態度が「信念」と呼ばれるためには，
　　〈信念〉という概念に含まれるための構成的基準に従っていなければならない。そして，〈真理規
　　範〉は，ある心的態度が〈信念〉に含まれるために従わなければならないこの構成的基準を与える
　　ものであるので，〈規範〉と呼ばれる。
19）　この立場の提唱者としてしばしば挙げられるのは Williams（1973）である。彼は，主体はなに
　　かを自分の意志で任意に信じることができるわけではないと述べた上で，それは偶然的事実によっ
　　てそうなのではなく，「信念が真理を目指すという特徴を有しているからである」（148）と述べて
　　いる。

れるべきであることも，以下のように説明できる。なぜ認識的理由が規範性を
持つのかと言えば，それは，信念というものが真理を目指すことを構成的目的
としている以上，認識的理由を必ず気にかけなければならないからである。よ
り明確に述べると，認識的理由（証拠）は，真理を支持する考慮事項であり，
真理の方向を示す目印なので[20]，信念という心的状態が真理を目指すという構
成的基準を持つものであるなら，認識的理由に反する仕方で信念形成を行って
はならないのである。そして，非認識的理由ではなく認識的理由のみが正しい
種類の理由であるのも，信念の構成的目的が真理である以上，真理を支持する
理由だけが，その信念を形成する上で正しい種類の理由となるからである[21]。

　そして，この認識的構成主義が正しければ，コアテーゼ②——〈真理性質は，
その存在によって世界内の事実を説明可能にしてくれるような本性を持たな
い〉——を論駁するという目論見も達成可能である。信念との構成的関係を結
ぶことで認識的理由に規範性を付与することができるような真理性質は，プラ
ティチュードを満たすものでなければならないはずだからだ。この点を確認す
るために，いま仮に，真理性質を例化する命題がすべてプラティチュード③
——真なる命題とは，信じることが正しいものである——を満たすという特徴
を共有するわけではないのだとしよう。その場合，真理性質を例化する命題の
中には〈信じることが正しいものである〉という特徴を持たないものがあるこ
とになる。これを仮に命題 p とする。このとき，p は信じることが正しいとは
言えない命題なのであるから，この p の真理を支持する認識的理由も，p を信
じることが正しいと裏づけてくれるような確かな理由とはなりえない。しかし，
そうだとすると，このように p の真理の確かな根拠とはならない理由が，信念
を形成する際に必ず従うべきものと見做されるとは考え難い。そのため，信念
との構成的関係を結ぶことで認識的理由に規範性を付与することができるよう
な真理性質は，プラティチュードを満たす実質的な真理性質でなければならな
い。よって，認識的構成主義が正しいならば，プラティチュードを満たす実質
的真理性質なしには，認識的理由が信念形成の際に必ず従うべき規範性を持つ

---

20)　cf. Cowie & Greenberg, 2018, 174.
21)　また，後述する〈反主意主義〉の立場が正しい場合，そもそも認識的理由以外は信念の理由に
　　なりえないことになるため，RKR 問題は消去されることになる。

166 第4章 真理の実質性と信念の規範

根拠を説明できないことになり，コアテーゼ②は論駁されることとなる。

　問題は，この認識的構成主義をうまく展開できるか否かである。認識的構成主義を展開する際に用いられる議論は，主意主義 voluntarism をベースにするものと，反主意主義 anti-voluntarism をベースにするものの二種類に分かれる。主意主義とは，我々は自分の意志で自由に信念形成を行うことができるとする立場である。それに対し，反主意主義とは，我々は任意に信念を抱くことができるわけではなく，あることが真理を示す理由だと気づけば，それを無視してはならない重要な理由であると受け止めて信念を抱くのを避けられないとする立場である。このうち，まずは主意主義をベースに認識的構成主義を擁護しようとする立場を見ていこう。

4.2.2.1　推論からの論証と透明性テーゼ

　主意主義を前提して認識的構成主義を擁護しようとする場合，我々は自発的な熟慮によって信念を形成することができ，かつ，この自発的な熟慮において常に真理規範に従う仕方で信念形成が行われる，と示す必要がある。

　このような主張を可能にするのが，〈推論からの論証〉と〈透明性テーゼ〉である。推論からの論証とは以下のような論証を指す。

　推論からの論証[22]：
　(1)前提：あなたが p を信じる理由は，そこから p を信じることをあなたが推論できる考慮事項でなければならない。
　(2)前提：p を信じることの利得から，p を信じることを推論できる者は一人もいない。
　(3)結論：それゆえ，p を信じることの利得は，誰にとっても p を信じる理由ではない。

これは，p を信じるか否かを熟慮する際の考慮事項には，実践的理由が含まれる余地はないと示す論証である。これにより，p を信じるか否かの考慮が常に

---

22)　推論からの論証のこの定式化は，Way（2016）に基づく。

認識的理由のみに基づくことが導かれる。ここで特に重要なのは、(2)の前提である。なぜかと言うと、この前提こそが、p を信じる上での推論に関わる理由の種類を制限し、真理規範の妥当性を担保する箇所だからだ。Way（2016）は、(2)は心理学的事実に基づくもっともらしいものに見えると主張し、このことを以下の例から説明する[23]。たとえば、《今日は晴れている》と信じ、かつ、《今日が晴れならば、試合が行われるだろう》と信じている主体ならばみな、通常、これらの信念から《今日は試合が行われるだろう》という結論を推論できるだろう。それに対し、《神の存在を信じれば幸せになれるだろう》という考えから、《神が存在する》という信念を結論として推論することは、通常、我々にはできない（806）。

これはなぜなのか。この(2)の説得性を示す説明で参照されるのが、〈透明性テーゼ〉と呼ばれる以下のテーゼである。

透明性テーゼ[24]：我々が p を信じるべき[25]か否かを決定しようとする際にはいつも、我々はその問いが〈p が真か否か〉という問いに即座に移行することに気づくことになる。

先の例で言えば、《神は存在する》という命題 p を信じるか否かを熟慮する際、我々は、p が真かどうかという真理の問いを考慮することによってしかその問いは解決されないと気づき、認識的理由の有無から p を信じるべきか否かを必然的に考慮することになる、とこのテーゼは述べている[26]。

---

23) ただし、Way 自身は推論からの論証には不備があると考えており、この論証を部分的に修正した論証を独自に提案している。

24) ここでは、Shah（2006）の定式化をより明瞭な仕方で提示している Bondy（2018, 42）の定式化を採用している。
　ちなみに、このテーゼの「透明性」の意味については、Shah（2006, 481-482）の文言から以下のように解釈できる。ある命題を信じるべきかという問いの答えと、その命題が真であるかという問いの答えの繋がりに主体は内省によって常に自分自身で気づくことができるという意味で、主体にとって二つの問いの関係は透明である。

25) ここでの〈べき〉は認識的なべきではなく、すべてを考慮に入れた場合に、なにを信じるべきかを考慮する場合のべきである。

26) このテーゼは、推論からの論証の擁護の文脈で Shah（2006）によって提唱されたものであり、認識的構成主義の擁護論の中核に据えられることも多い（cf. Bondy, 2018, 18）。

168　第4章　真理の実質性と信念の規範

　Shah は，この透明性テーゼを前提に，熟慮によって特定の信念 q を結論として導く推論 reasoning の前提となりうるのは，その q の真理を支持すると主体自身が受け入れるような理由のみである，と主張し，前提(2)を根拠づける[27]。この透明性テーゼを前提した場合，〈《神が存在する》を信じるべきか否か〉といった熟慮において主体は，神の存在が真であると判断できなければ答えを与えられないという考えに移行するので，〈神を信じることには利得がある〉という考慮事項は信念の理由にはならないはずである。

　以上のような議論が正しければ，主意主義を前提とした上で，認識的構成主義が擁護されることになる。なぜなら，透明性テーゼと推論からの論証が成り立つならば，我々は自発的な熟慮において，信念形成の際に必然的に〈真理規範〉に従って信念形成を行うことになると言えるからだ。その場合，実質的真理性質と信念の構成関係を主張する認識的構成主義を擁護し，コアテーゼ②を論駁することができるだろう。

4.2.2.2　透明性テーゼの問題点

　しかし，この透明性テーゼは，妥当なものとは言えない。もし，我々が主意主義の言うように，自発的な熟慮に基づいて信念形成を行えるのなら，認識的理由だけでなく，実践的考慮事項なども参照するだろうからだ。

　このことを具体的に確認するために，以下のような事例を考えてみよう。

　カルテ：医師がカルテを基に《患者は〇〇病である》という命題 p を導いたが，自身の〈寝不足〉や〈過労〉による判断力の低下を把握していて，かつ，そのような状態での診断は 1 割が誤ったものとなるという情報を知っているため，カルテから下した当初の診断を本当に信じるべきか否かを思案している。

この事例では，〈診断〉は p の一階の証拠となっていて，それに基づけば p を

　　ちなみに，Engel (2013a, n. 25) によれば，この〈透明性〉という概念自体の初出は，Evans (1982) とされる。

27)　同様の見解は Boghossian (2014) や Hieronymi (2005) でも提示されている。

信じるべきである。他方で，〈過労による判断力の低下〉は《p の証拠は正当に評価されている》という高階の命題に対する疑義を示す高階の証拠になっている。このとき，同様の状況の診断が9割が正しかったのだとすれば，一階の証拠に従って p を信じるほうが真理規範に適うように思われる。しかし，もしここで一階の証拠に従って診断を確定し，治療を開始した後に，患者が○○病でないと判明したら，誤った治療によって患者に不必要な苦痛を与えてしまうことになると医師が考えることがあるかもしれない。そして，〈p が真だと信じて行為したのに p が偽だった〉という場合に起こりうる結果——このケースでは誤った治療による患者の苦痛——という実践的考慮事項を踏まえて，診断の誤りの可能性が1割と低くとも，p をいま信じることは控えてもう少し証拠を集めるという結論を医師が熟慮によって導くという事態は理解できる。そうすると，p を信じるか否かという熟慮に際しては，p が真か否かという問いに直接答える認識的理由だけではなく，信念形成状況に存在する実践的リスクへの考慮なども関わってくることになる。そのため，透明性テーゼは妥当ではない[28]。

　主意主義に基づく認識的構成主義は，どのような信念を持つかを自発的に決定しようと熟慮する場面で，我々は常に真理規範に従って信念形成を行うことになる，という自説の主張を，透明性テーゼと推論からの論証によって擁護していた。しかし，透明性テーゼは妥当でないので，主意主義に基づく認識的構成主義も妥当とは言えない。そのため，この立場はうまくいかないと結論できる。

---

28) Cowie & Greenberg（2018）は，カルテ事例の医師のような，一階の信念と高階の信念のミスマッチが起きているような事例では，透明性テーゼは成り立たないという本書と同様の指摘をしている。その上で，このような事例は透明性テーゼが成り立たない例外として処理し，この場合には真理規範に従わない仕方で信念形成が行われるのだ，とする対処法を検討した上で，この対処法の問題を以下のように述べる。すなわち，真理規範がすべての信念形成時に成り立つわけではないのなら，信念と真理の構成的関係と呼ばれたものは，実際には想定されるほど強い結びつきだと考えることはできなくなる（181）。
　ちなみに，一階の信念と高階の信念のミスマッチは，「認識的アクラシア」とも呼ばれる（cf. Skipper & Steglich-Petersen, 2019, 4）。

4.2.2.3　反主意主義

　　認識的構成主義の擁護に用いられるもう一つの議論は，反主意主義に訴える
ものである。先にも確認したように，反主意主義とは，我々は好き勝手に信念
を抱くことができるわけではなく，あることが真理を示す理由であると気づけ
ば，それを無視してはならない重要な理由として受け止めて信念を抱くのは不
可避だとする立場である。これは言い換えれば，信念は〈非自発的 involun-
tarily〉に形成されるものであり，その際に〈理由〉関係に立てるのが認識的
理由のみに限定されるという立場である[29]。

　　たとえば，4.2.1.2 で挙げた Kelly（2003）の〈映画〉事例を思い返してみた
い。この事例の(i)では，A 自身は映画の結末を知ることを避けたいと考えて
いたが，B にネタバレの証言を聞かされてしまったのであった。このとき，A
が自分の意思で信念形成を行えるのなら，B の証言をそもそも理由として扱わ
ずに，無視してしまうことができただろう。だが，実際には A は自身の意思
に関わらず認識的理由を与えられれば信念を抱いてしまうと考えたからこそ，
ネタバレに触れないよう（B のせいでその目論見が外れることになったが）意識
的に努めていたのである。このことは，目の前に証拠となる認識的理由が提示
されてそれを認識したときに，認識的理由を無視して信念を抱くことは我々に
は非常に困難であることを示唆している。また，以上から分かるように，反主
意主義は，道具主義を苦しめた Kelly の〈少なすぎる理由からの異議〉をむし
ろ，自説の強化に使うことができる。反主意主義は，あるものが真であるとい
うことが，主体の目的・関心に関わらずそれだけで信念の形成を導くのはなぜ
かを自動的に説明してくれるからである。

　　類例はほかにもある。奇特な富豪に，〈今日が火曜日であることを自覚的に
把握していながら水曜日だと信じることができたならば，大金を渡そうと提案
された〉という仮想事例を Reisner（2009）は挙げている[30]。この際，今日が
本当は火曜日であることを知っていて，その知識を持っていることを自分でも

---

29)　認識的構成主義の擁護の根拠として反主意主義を持ち出す議論の概要については，Reisner
　　（2009, 264; 2018, §30.4）が詳しい。

30)　これは，Kavka（1983）が考案した毒パズルの設定を，意図形成の問題から信念形成の問題に
　　応用した変形事例となっている。

自覚的に把握している主体は，大金を貰いたいがために《今日が水曜日である》という信念を持つことを試みることはできても，実際に信じることはおそらくできないだろう。なぜなら，今日が火曜日であることを知っていると彼自身が自覚的に把握しているのであるから，それに反して水曜日だと信じるには，自分が真だと自覚的に考えていることと矛盾した信念を —— 持とうと試みるのでなく —— 実際に持たねばならないからである。

　Kelly は，このような信念の特性について，以下のように述べている。

　ある命題を信じれば良い結果が得られるということを認識しただけでは，その命題を信じることは帰結しない。他方，ある命題が真であるという強い証拠を私が持っているという認識は，典型的にその命題を信じることを帰結する。信念に関しては，認識的考慮とは異なり，実践的考慮は心理的に無力であるように思われる。（Kelly, 2002, 166）

つまり，我々の信念は認識的理由には常に反応してしまうのに対し，このようなことは実践的理由と信念の間には起こらないという非対称性がある。そして，これは反主意主義の正しさの証左だと Kelly は考える。

　以上のような反主意主義の立場が正しいならば，認識的構成主義が裏づけられることになりそうだ。なぜなら，反主意主義が正しいならば，真理を目指す仕方で態度形成が行われ，それを満たす過程で真理規範に従うことは，信念という心的態度にとって不可避だと言えるからである。

　では，認識的構成主義の正しさを担保するこの反主意主義の議論は十分に裏づけられたものだと言えるだろうか。そうとは言えない。その理由を次に確認しよう。

4.2.2.4　反主意主義に基づく認識的構成主義の問題点

　反主意主義に基づく認識的構成主義の主張に反して，信念は〈客観性〉などのプラティチュード要件を満たす実質的真理を支持する認識的理由に常に不可避な形で反応するとは言えない，という反例がある。実際に Reisner（2009）は，偏狭な教義を共有する集団によって育てられた主体 S が，科学者はすべて嘘

172 第4章 真理の実質性と信念の規範

つきであると教え込まれ，特定の主題について体系的に誤ったことを自動的に信じるようになっているという事例を挙げている[31]。S は科学者がなにかを言えばそれを自動的に偽だと信じるが，それはプラティチュードを満たす実質的真理を支持するような認識的理由に反応してのことではない。つまり，反主意主義の言うように信念が不可避な形で形成されるのだとしても，そこから，プラティチュードを満たす真理を支持する認識的理由に反応しているという主張は導けないのである。

　反主意主義に基づく認識的構成主義の議論は，我々は自分の意思とは独立に，プラティチュードを満たす真理を支持する認識的理由に不可避な形で反応して信念形成を行ってしまうとする。しかし，上の S の事例は，特定の理由に反応するのは，それがプラティチュードを満たす真理を支持するからではなく，刷り込みによるものである可能性を否定できないことを示している。この S の事例については，プラティチュードを満たす真理性質の存在を認める必要はない。《科学者の証言はすべて偽である》という命題にプラティチュードを満たす真理性質が例化されていると S が思い込むように刷り込みをすれば十分である。そのため，たとえ反主意主義が正しいとしても，その正しさから認識的構成主義の正しさまでもが導かれるという考えは妥当とは言えない[32]。

　以上から，反主意主義の正しさを論拠にして認識的構成主義の擁護を行うという路線はうまくいかないと結論できる。

---

31) cf. Reisner, 2009, 267.

32) また，反主意主義に対しては，必ずしもすべての信念について信念主体の自発的熟慮の余地がないとは言い切れないとする批判も存在する。それは，新たに得られた理由を踏まえて信念の改定や撤回を検討するという場面におけるものである。たとえば McHugh (2015) は，ある命題 p の真理を支持する証拠と，$\neg p$ を支持する証拠がそれぞれ存在し，どちらもその支持の度合いが他方に比べて十分に強いとは言えないような事例を挙げる。このような事例では，主体は信念を差し止めることもできるし，もともと信じていた命題が論駁されたと言い切れるまで暫定的に信念を保有することもできるのではないか，というものだ。この指摘が妥当かどうかはさらなる検討が必要であるが，McHugh のように主意主義の正しさに訴える仕方でも，この立場への批判を加えることは可能かもしれない。

4.3 認識的理由の規範性を真理の実質性によって根拠づける必要性はない

　認識的理由の規範性と真理の本性を結びつける議論は，以上のようにそれぞれ困難がある。目的論の場合，真理の価値によって認識的理由の規範性を与えようとするが，この試みには反例がある。認識的構成主義の場合，実質的真理と信念の構成関係を主張するために，信念形成時に真理規範が必ず満たされると主張する必要があるが，この主張を擁護する議論——透明性テーゼから認識的構成主義を導く議論や，反主意主義から認識的構成主義を導く議論——が妥当とは言い難い。

　また，目的論にとって課題となった，形而上学的コストのかからない認識的理由のデフレ主義があるにもかかわらず，なぜ真理の実質性に訴えねばならないのかの理由を提示できない，という問題と同様のことは，認識的構成主義の側にも指摘できる。認識的構成主義では，〈規範性問題〉と〈RKR 問題〉に答える際に，〈信念は実質的真理と構成的に結びついているがゆえに，常に真理規範に従う〉と述べなければならない。しかし，実際のところ，〈規範性問題〉と〈RKR 問題〉に答える上では，認識論という領域が〈認識的理由を規範理由として設定し，それに基づいて信念を抱くべきと規定する〉営みだからという説明で十分である。このような説明は，認識的構成主義が説明できない真理規範からの逸脱——認識的理由だけでなく実践的考慮事項も含めた熟慮——が信念形成において起こる理由についても，以下のように処理できる。主体は，認識論の領域内でのルールに基づけば真理規範に常に従うべき理由を持つ。しかしだからと言って，主体は常に真なる信念だけを重視しているわけではないので，認識論という領域内のルールを無視した信念形成を行うこともある，と説明するのである。認識的構成主義のように信念と真理規範を必然的に結びつけてしまうとこうした逸脱が起こる余地を認められないが，認識的理由のデフレ主義では，そのような事例を認識論という領域のルールに従う動機を持たないケースとして容易に処理できる。

　つまり，目的論や認識的構成主義の抱える問題というのは，認識的理由を，

認識論という領域のルールを超えて規範性を有するものとして捉えようとするから生じるものであり，単に認識論という領域内のルールでは認識的理由は正しい種類の規範理由として扱われる，ということだけで説明を打ち切る立場には問題が生じないのである。たとえば，プラティチュードを満たす実質的真理性質は，常にそれを例化する命題に信じるべき価値を付与する，などと考える目的論では，〈トリヴィアルな真理の問題〉や〈少なすぎる理由からの異議〉が生じるが，真理を信じるべきなのは認識論という領域のルールの中だけであると考えるなら，この問題は生じない。また，認識的構成主義のように，信念とは常に真理規範に従う心的状態であると主張してしまうと，真理規範から逸脱する実践的考慮事項などを踏まえた信念形成熟慮が行われるのはなぜなのかを説明できないが，上述したように，認識的理由のデフレ主義にはこの問題は生じない。そのため，目的論や認識的構成主義よりも優れた立場として，認識的理由のデフレ主義を採用することが望ましいと言える。

　そして，この認識的理由のデフレ主義を採用する場合，4.2.1.4でも示したように，真理性質がプラティチュードを満たすものであろうがなかろうが，〈規範性問題〉と〈RKR問題〉に答える仕方で認識的理由の持つ規範性を説明することができる。いま一度，この議論を確認しておこう。まず，認識論で成り立つルールが〈実質的／非実質的を問わず真理性質の獲得が目指されるべきだ〉というルールRであったとしよう。この場合，真理性質が性質デフレ主義でも認められるような非実質的なものであったとしても，Rの規定する通り，その獲得は目指されるべきである。その場合，真理性質が非実質的であっても，命題の真理を示す認識的理由に従って信念を持つべきである理由が説明されるので，〈規範性問題〉に答えられる。また，Rの下でも，真理を支持しない非認識的理由は規範理由とは認められないので，〈RKR問題〉にも答えられる。そのため，認識的理由のデフレ主義が採用される場合，実質的真理性質を持ち出さずとも，認識的理由の規範性に関する説明は十全に与えられるのである。

　以上の点を改めてまとめよう。まず，認識的理由のデフレ主義は，〈規範性問題〉と〈RKR問題〉に答えることができ，かつ，目的論や認識的構成主義の抱える問題を回避できるという点で，これらの立場より優れていると言える。

よって，認識的理由の規範性について説明する上では，認識的理由のデフレ主義が採用されるべきである。そして，認識的理由のデフレ主義が採用されるということは，〈認識的理由の規範性を真理の実質性に訴えて説明することでコアテーゼ②を論駁する〉という方針も退けられるということである。なぜなら，すぐ上で見たように，認識的理由のデフレ主義では，信念が獲得を目指すべき真理性質は，プラティチュードを満たすものであると必ずしも想定しなくてよいからである。そのため，この立場の採用が最も適当である以上，〈認識的理由の規範性を説明する上では真理の実質性を認めなければならない〉と主張してコアテーゼ②を論駁する議論も妥当でないと言える。

　以上から，真理の実質性に訴える仕方で認識的理由に規範性を付与するという試みは，うまくいかないことが明らかとなった。よって，本書では，真理の実質性と認識的理由の規範性を結びつける試みは放棄すべきだと結論する。

まとめ

　本章では，近年，本性的説明役割アプローチの主流となる議論としてインフレ主義者によって検討されている，認識的理由の規範性に関する二つの問い──〈規範性問題〉と〈RKR 問題〉──を，真理の実質性に訴えて説明しようという試みについて検討してきた。その試みとして，〈目的論〉と〈認識的構成主義〉と呼ばれる立場があるが，そのいずれも説明上の困難が存在することが判明した。これらの困難は，認識的理由の規範性を真理の実質性から説明しようとする場合にのみ生じるもので，そのような前提を採らない〈認識的理由のデフレ主義〉にはこの困難は生じない。認識的理由のデフレ主義は，〈認識的理由が規範理由となるのはなぜか〉〈認識的理由のみが正しい種類の信念の理由となるのはなぜか〉という〈規範性問題〉と〈RKR 問題〉について，認識論という領域がそういうルールで成り立つ実践だから，という以上の答えを与えない。この立場は他の立場が抱える問題を持ち込まないため，認識的理由の規範性を説明する上では，この立場が採用されるべきである。しかし，認識的理由のデフレ主義が採用される場合，真理の実質性によってしか認識的理由の規範性を説明することはできない，というインフレ主義の主張は妥当とは

言えなくなる。

　以上から，認識的理由の規範性を真理の実質性によって説明することでコア
テーゼ②を論駁するという構想は捨て去られねばならない。

第5章　メタ認識論と真理[1]

　前章で見たコアテーゼ②の論駁のための議論は，〈認識的理由が認識論にお
いて正しい種類の規範理由として扱われるのはなぜか〉を説明するために真理
の実質性に訴える必要がある，と主張するものであった。これは，認識的理由
がなぜ規範性を持つのかに焦点化し，その規範性の由来を実質的真理性質に求
める議論である。しかし，認識的理由の規範性については，真理の実質性に訴
えずとも，〈認識論という領域では，ルールとして，認識的理由が正しい種類
の規範理由とされているのだ〉という説明で十分なため，この議論によってコ
アテーゼ②の論駁はできないという結論が導かれたのだった。

　そこで本章では，認識的理由の規範性ではなく，認識的理由という概念その
ものに焦点化する形で，コアテーゼ②の論駁を試みたい。具体的には，認識論
という領域の営みの中で用いられている〈認識的理由〉という概念は，プラテ
ィチュードを満たす実質的真理性質を持ち出さなければ適切に理解できないよ
うな概念なのだ，ということを本章で示し，コアテーゼ②を論駁する。

　この〈認識的理由〉という概念をいかなる内実のものとして理解するかは，
信念の正当性や合理性を評価する〈認識的評価〉という営みをどのように理解
するかで変わってくる。よって，本章ではまず，認識的評価という営みの本性
をめぐるメタ認識論の議論を確認する。具体的には，認識的評価の本性をどの
ように理解するかで対立する〈認識的記述主義〉と〈認識的表出主義〉という
二つの陣営の議論を確認し，このうちのどちらが正しいかを検討する。前者の
認識的記述主義は，認識的評価を，世界の側に実在する認識的事実や認識的理

---

1)　本章は，須田（2022）を下敷きにし，発展させた論点を含めたものとなっている。

178 第5章 メタ認識論と真理

由（証拠）の記述実践と理解する。それに対し，後者の認識的表出主義は，認識的事実や認識的理由というものの実在を認めず，認識的評価というのは我々がある信念を承認したり否認したりといった態度を示す実践なのだと理解する立場である。本章では，後者の認識的表出主義のような立場には大きな困難があるため，認識的評価という営みは，世界の側に実在する認識的事実を記述しようとする評価実践だと言わねばならないことを確認する。そして，認識的評価が実在する認識的事実を記述しようとする実践だと理解するということは，コアテーゼ①②を拒否しなければ，認識論という営みが保てないということでもあるということを明らかにする。

5.1　認識的評価を説明する二つの立場
── 認識的記述主義と認識的表出主義

　近年のメタ認識論では，認識的評価の本性をめぐる議論が蓄積されてきている。認識的評価とは，「Sの信念は正当化されている／合理的である」といったような，認識論の領域において行われている評価を指す。通常，この評価は，認識的対象に特定の認識的性質を帰属する形式の言明となる。ここで，認識的対象は信念のような〈心的状態〉を指し，認識的性質は〈正当性〉〈合理性〉などの性質を指す[2]。すると，たとえば，「Sの信念は正当化されている」という評価言明は，〈Sの信念〉という認識的対象に〈正当化されている〉という認識的性質を帰属させているということになる。

　この認識的評価をいかなる本性を有するものとして理解すべきかについては，二つの立場の対立がある。一方の立場は，認識的記述主義と呼べる立場である。それによれば，認識的評価とは，それに対応する世界に存在している認識的事実 epistemic fact ── Sの信念が〈正当化されている〉という性質を持つといった，認識的対象が認識的性質を例化しているという事実 ── を記述する言明なのだとされる[3]。すなわち，世界には〈Sの信念は認識的に合理的である〉

---

2)　cf. Carter, 2016, 18.

3)　この立場を採る代表的論者としてはCuneo（2007）がいる。また，Carterは，このメタ認識論的立場が認識論者の大半において暗黙の前提となっていると指摘している（cf. Carter, 2016, ch. 1）。

〈p を信じることは認識的に正当である〉といった認識的事実が存在し，認識的評価はこの事実を記述しようとする営みなのだと理解される。

それに対し，対立する見解として，〈認識的表出主義 epistemic expressivism〉と呼ばれる立場がある。認識的表出主義は，認識的評価言明を，世界の側で成り立つ認識的事実の記述的言明としてではなく，主体による承認・推奨などの態度表明として説明する立場である。後述するように，認識的表出主義には形而上学的自然主義との親和性の高さなどの多くの利点が期待されており，その存在感は年々増してきている。

本章では，認識的評価をこのうちのどちらの営みと捉えることが適切なのかを検討していく。具体的には，認識的表出主義は解決困難な大きな問題を抱えていることをまず確認し，これを回避するために認識的評価の営みを記述主義的に理解しなければならないことを示す。その後，この結果を踏まえ，記述的な認識的評価という営みを適切に説明する上では，インフレ主義的真理論が欠かせないということを導き出す。

5.2 認識的表出主義と認識的評価

本節では，認識的表出主義の立場の成否を探ることで，認識的評価の本性をいかなる仕方で捉える必要があるかを明らかにする。まず，認識的表出主義がどのような立場であるかを概観しよう。次に，この立場に向けられる二つの主要な問題である〈二階の認識的評価の問題〉と〈自説の正当化問題〉を確認する。Kappel（2011）と Carter & Chrisman（2012）によるこの二つの問題への応答を見た後，それが実際には応答として成功していないことを論証する。認識的表出主義の側からの再応答の余地について検討し，その見込みも十分でないことを示す。以上の議論を経て得られる分析結果を基に，認識的評価の本性を同定する。

5.2.1 認識的表出主義

認識的表出主義は，認識的評価言明を，それに対応する世界に存在している認識的事実 epistemic fact──S の信念が〈正当化されている〉という性質を

持つといった，認識的対象が認識的性質を例化しているという事実——の記述
的言明としてではなく，主体のある種の態度表明として理解する立場である。
具体的には，この立場は，認識的規範と，主体によるその規範の承認という態
度の二つの道具立てによって認識的評価を説明する[4]。それによれば，まず，
認識的評価はなんらかの認識的規範に相対的になされるものである。たとえば，
「S の信念 p は正当化されている」という認識的評価は，信念の正当性を規定
する認識的規範 E——〈S が命題 p を信じることは正当化される iff S が p を
信じることは，時点 t において S が持つ p についての証拠と合致する〉と規定
する証拠主義の規範[5]など——に基づいてなされるものである[6]。そして，評
価者による認識的評価の言明は，〈E によれば S の p という信念は正当化され
ている〉という信念と，E の承認という態度，この二つによって構成される
複合的な心的状態を評価者が有している，と表明することである。このとき，
この E の承認は，評価者が自身の目的や計画に E が望ましいと考えることに
基づくとされる。まとめると，認識的表出主義者は，認識的評価を以下のよう
に定式化する。

認識的表出主義による認識的評価の定式化：「S の信念 p は正当化されてい
る」のような認識的評価言明は，(α)〈E の基準で正当性を認められる信
念 p を S が持っている〉という信念と，E の承認という態度，この二つ
から成る心的状態の評価者による表明である。(β) E の承認は評価者の任

---

4) なお，ここでの認識的表出主義の定式化は，Chrisman（2007, 240-241）の特徴づけに従ってい
る。Chrisman はこの論文の中で，倫理言説を倫理規範と主体によるその受け入れ態度という二つ
の道具立てによって説明する Gibbard（1986）の「規範表出主義 norm expressivism」を，認識的
評価の本性の説明に拡張する議論を展開している。
5) 以上の証拠主義の規範の定式化は McCain（2016, 80）を参照した。
6) 認識的規範は「我々が認識論的な恩恵——正当化，真理，知識——を得ることができるような仕
方で信念を形成するための手続きを規定する」（Mitova, 2016, 199）ものとされる。認識的規範に
ついて議論する論者は，通常，この規範を二つの役割を持つものとして扱っている。一つは，認識
的に良い／悪い信念態度はなにかといった評価基準を規定することである（cf. Engel, 2013b）。も
う一つは，「主体は Φ するべきである」という形の命法を与えることである。たとえば，Littlejohn
によれば，認識的規範は〈特定の条件 C の下では，Φ するべきである〉という構造を持つとされ
る（Littlejohn, 2014, 1）。この Φ には〈p を信じる〉〈p を信じる理由として q を扱う〉などの行為
が入るとされる。

意の目的・計画にとっての望ましさを根拠とする。(γ)それゆえ，この言明は S の信念に関して成り立っている認識的事実についての記述的言明ではない[7]。

　以上の認識的表出主義の立場は，二つの動機に基づいている。一つは，評価のばらつきという事態を適切に捉えるには，認識的事実や認識的性質といったものの実在論を採るよりも，認識的表出主義のほうが望ましいように思われる点である。認識的正当性や知識の帰属という認識的評価実践をとってみても，その判定には評価者ごと —— あるいは評価文脈ごと —— のばらつきが見られる。たとえば信頼性主義と証拠主義では，信念への正当性の帰属が異なる基準に基づいているので，同一の事例でも認識的評価にばらつきが生じうると言える。しかし，このときに，認識的事実が実在するとする主張が正しいとすれば，このばらつきが起こる理由は，一方（あるいは両方）の理論が世界の側で成り立つ認識的事実を正しく捉えることに失敗しているからであるということになる。それゆえ，どちらかは完全に破棄されるべき理論であると結論される。しかし，このばらつきはむしろ，我々の認識実践に即してそれを評価する理論が構築されたときに，この認識実践をどのように理解するかという点で評価者ごとに差異があったことに原因があると考えることもできるだろう[8]。実際，各評価者が評価の際に採用して承認すべきと考えている規範の差異や，そもそもの評価

---

7)　ただし，認識的評価が認識的事実の記述ではないということで，認識的表出主義者がその評価に事実報告が一切含まれないという主張をしているわけではない点に注意が必要である。この点を理解するために，Kappel（2011, 51-52）の説明を以下参照する。まず，S が方法 M を使い真なる信念を得たとする。このとき，M という方法を採ったときに得られるデータの信頼性は 85% だとしよう。観察者がこれを踏まえて〈85%の信頼可能なプロセス M によって得られた S の信念は正当化されている〉と報告する際，S の信念が M に基づくことや，信頼性の値の報告は事実報告となっている。認識的表出主義において否定されているのは，その信念が〈正当化されている〉という評価が事実の記述だということである。認識的評価に含まれうる —— データの信頼性は 85% であるなどの —— 事実は Kappel によれば「認識的に関連する事実 epistemically relevant fact」であり，認識的対象が認識的性質を例化している状態を指す認識的事実からはこれは区別される。そして，認識的表出主義者がその存在を認めないのは，後者の認識的事実である。

8)　たとえば，信念の正当性を評価する認識実践において重視すべきことがらが，信頼性主義では〈信念形成の際に用いる方法が安定して事実を捉えられるものかどうか〉だと理解されているのに対し，証拠主義では〈主体自身が持っている証拠に照らして抱くことが妥当な信念はどのようなものか〉だと理解されているがゆえに，信念の正当性評価にばらつきが生じるのかもしれない。

182　第5章　メタ認識論と真理

実践の理解において重視する力点の相違が評価のばらつきを生んでいると見る
ほうが，より穏当な主張だと言える。この点で，認識的表出主義は，実際の認
識的評価実践に生じる評価の不一致に対する直観的な説明を与えられるのであ
る[9]。つまり，認識的評価実践を，認識的事実の認知に基づいて行われている
ものとしてではなく，どのような規範を採用すべきかを各々が自身の目的に合
わせて決定し，その規範に基づいて〈正当性〉や〈合理性〉の承認／否認を表
明するといった，非認知的態度に基づく実践として捉えるほうがより適切だと
いう考えが，認識的表出主義の採用を動機づけていると言える。

　また，もう一つの動機は，存在論的に不明瞭な対象の実在を認めることを拒
否したいというものである。認識的評価は，しばしば指摘されるように，明ら
かに規範的な評価である。たとえば，「これこれの信念を持つことは合理的／
不合理である」などといった評価は，その信念を持つべき／差し控えるべき
〈認識的理由〉を与えると通常理解される。このとき，この評価が事実の記述
だとすれば，規範的事実の存在にコミットせねばならないように思われる。し
かしそれでは，どのような仕方で世界に存在するのかが不明瞭な規範的な認識
的事実――また，〈合理性〉や〈正当性〉といったそれ自体規範的な性質――
という存在者を認めることになる[10]。一方，認識的表出主義の主張がうまく展
開できるならば，規範的性質／事実の実在を否定しつつ，認識的評価の営みの
特徴を説得的に説明できるかもしれない。この点は，形而上学的自然主義を採
用しつつ[11]，認識的評価という規範的営みを説明することを可能にするという
利点に繋がる[12]。

　まとめると，認識的表出主義の採用動機は以下のようになる。

---

9)　この動機を挙げる論者としては，Field (1998); Chrisman (2007, 243) がいる。

10)　これはあくまで，認識的表出主義者の理解ではそうだということである。実際には，〈正当性〉
　や〈合理性〉，あるいはそれを例化する事実が規範性を伴うという認識的表出主義の前提を必ずし
　も引き受ける理由があるとは言えない。たとえば，〈善〉という性質が例化されている事実を認め
　たとしても，それに規範性を見出さないアモラリストが存在しうるように，認識的性質や事実の実
　在を認めることがそれ自体で規範性を伴うなにかを認めることを含意するとは言えない。

11)　形而上学的自然主義は，世界に存在する性質・存在者は，自然科学において存在が認められる
　性質・存在者か，自然科学において存在が認められる性質・存在者から構成される性質・存在者の
　みであるとする立場である（cf. Chan, 2021, 233）。

12)　この動機を挙げる論者としては，Kappel (2011, 52); Carter & Chrisman (2012, 324-325) がい
　る。

5.2 認識的表出主義と認識的評価　183

　(i)採用される認識的規範や認識的評価にばらつきがあることを，どれか一つ
　　の規範・評価のみが正しく，それ以外は完全に誤っていると考えるのでは
　　ない仕方で説得的に説明する。
　(ii)認識的事実や認識的性質の実在を否定し，それらに訴えない仕方で，認識
　　的評価の営みが持つ特徴についての説得的な説明を与える。

　ただし，このような目的 —— 特に(ii) —— を持つ以上，認識的表出主義は，認
識的評価の営みにおいて実際に顕在化している認識的評価の特徴を十全に説明
できるのでなければならない。ここで，その特徴として重要と考えられるもの
を二点確認し，これらを認識的表出主義の成否を評価する上での参照点とする
ことにしよう。

　①認識的評価を直接的に適用することが可能な心的状態は，その内容が〈表
　　象的〉かつ〈真理適合的 truth-apt〉であるようなものに限られる[13]。
　②認識的評価には〈分離性 separateness〉が成り立つ。

①は Cuneo（2007）が指摘する認識的評価の特徴である。まず，Cuneo は，あ
る心的状態に〈合理的である〉〈正当である〉などといった認識的性質を帰属
するためには，その心的状態の内容が表象的なものでなければならないとする。
心的状態の内容が表象的であるとは，その心的状態が，真であることがらを示
そうとするようなものになっている，ということである。より正確に言うと，
これは，〈心から世界へ〉という適合方向を持っていて，内容の正誤に合わせ
て調整が必要になるような心的状態のことである。ある心的状態 m がこの
〈心から世界へ〉の適合方向を持つなら，その内容が偽であった場合，m はそ
の内容が真となるよう改定を要求される。たとえば，《地球は平面である》と
いう内容の心的状態が誤りであり，実際には《地球は丸い》が真であった場合，
その心的状態が〈心から世界へ〉の適合方向を持つなら，この心的状態の内容
を真であると判明した内容 ——《地球は丸い》—— に改定しなければならない。

___

13)　ここでは，Cuneo（2007, 137）の定式化を，文言を部分的に修正して提示している。

ある心的状態が表象的であるというのは，このような意味である。では，なぜ表象的であるというこの特徴が必要かと言うと，我々の認識的評価実践においてある心的状態を持つことが〈正当である〉とか〈合理的である〉と呼ぶのは，その心的状態の内容が真であることを裏づけるような根拠——証拠——がある場合だからである[14]。また，このように，心的状態の内容が真であると見做す根拠があるか否かに照らして，その心的状態への認識的性質の帰属は行われるため，認識的性質を直接帰属可能[15]な心的状態は，その内容が真理適合的でなければならない。逆に言えば，〈心から世界へ〉という適合方向を持たない——表象的でない——心的状態は真理適合的な内容を持たないため，認識的性質を帰属する認識的評価を直接行えないということになる。以上が，Cuneoの示す認識的評価の特徴①である[16]。

　確かに我々は，認識的評価において主体の信念などを評価する際には，実際にその信念が真であると考える根拠があるかという点から〈認識的正当性〉などの認識的性質を帰属している。そのため，この①は認識的評価の特徴として妥当と言えるだろう。

　次に，②の認識的評価の〈分離性〉という特徴についても確認しよう。これはBerker（2013）が指摘する認識的評価の特徴である。この〈分離性〉の意味を簡潔に述べれば，認識的評価は，個々の心的状態それぞれに対して，それ自体が認識的性質を所有するか否かを評価するものであり，その心的状態がもたらす帰結からは切り離された——分離された——評価だということである。たとえば，pという命題内容を持つ信念の合理性を評価する際には，あくまでpを信じることが認識的に合理的か否かという点からその評価が下されるので

14）　認識的正当性は，通常，〈ある言明の真理を信じるよい理由を持つこと〉として理解される（cf. McCain, 2016, 57）。また，認識的合理性の帰属についても，以下で見るように真理を示す根拠が重要となる。

15）　Cuneo（2007）は，心的状態に認識的性質の帰属を行う認識的評価は，直接的 non-derivatively な場合と，派生的 derivatively な場合とに区別されるとする。いわく，ある心的状態xが認識的性質F——〈合理的である〉〈正当である〉など——を直接的に持つと認定できるのは，x自体がFを持つと言える場合である。それに対し，xがFを派生的に持つと認定できるのは，xが，別の心的状態yが認識的性質を持っていることの証拠になる場合であり，この派生的帰属の場合，①は必須でない（136）。ただし，この帰属はあくまで派生的なもので，認識的評価を正当に properly 行っているのは，直接的な帰属の場合である（137）。

16）　以上の①の説明は，Cuneo（2007, 135-137）を参照した。

あり，p を信じることの実践的帰結——p 自体が偽であっても，p を信じることでより多くの真なる信念を得られるなど——は p を信じることの認識的合理性には無関係である。これは，〈認識的合理性〉と〈実践的合理性〉の差異に関わる。この差異を Bondy（2018）の説明に基づいて確認しておこう。Bondyいわく，命題 p に対する信念の認識的合理性は，その信念が p の真偽を信じる証拠に基づく場合に認定される（2）。それに対し，p に対する信念の実践的合理性は，p の真偽とは独立の，実践的な理由に基づいて p が信じられている場合に認定される（11）。Bondy は，以下のような事例を基にこの区別を説明する。いま，《パートナーは不貞を働いている》という命題 p の証拠を得た S が，p を信じるとパートナーにこれまで通り接することができなくなってしまうと考え，これを避けたいという理由から，証拠を無視して ¬p と信じたとする。この場合，S の信念は，証拠に反する点で認識的には不合理だが，実践上の利点を持つ理由に基づいて ¬p を信じている点で，実践的合理性を持つ。このような実践的合理性に照らせば，〈p 自体は偽だが，p を信じることでより多くの真なる信念を獲得できる〉といった状況では p を真と信じるほうが合理的かもしれない。しかし，p を信じることが認識的に合理的か否かと言う際には，その信念を持つことが証拠に支持されるかどうかのみが問題なのであり，p を信じることがもたらす帰結によってその判定は左右されない。

　この指摘もまた，我々の認識的評価に表れる特徴を適切に捉えている。たとえば，くずかごの中のごみが四個であることを主体 S が知覚的に把握したとしよう。このとき，ごみの数を正しく把握したところで，S の認識活動にはなんの利点もないとする。しかし，それでもごみの数が四個だと確認した S が《くずかごの中のごみの数は五個である》と信じることは認識的に不合理であるし，知覚情報に沿って《くずかごの中のごみの数は四個である》と信じている場合には，その信念が有用でなくとも S の信念は認識的に合理的だと我々は見做すだろう。つまり，実践的合理性とは異なり，認識的合理性は，評価対象である心的状態それ自体が認識的性質の帰属に必要な特徴を持つか否かによって評価されるのである。それゆえ，心的状態の認識的評価は，その心的状態を持つことの帰結とは切り離して行われる評価である[17][18]。

　ここで検討したいのは，上で見た(ⅰ)(ⅱ)の採用動機を保ち，①②の認識的評価

186 第5章 メタ認識論と真理

の特徴を保つというタスクを引き受けた上で，認識的表出主義の主張の擁護が可能かどうかという点である。この点を考える上で重要なのが，認識的表出主義に対して提起される二つの問題である。本章では，認識的表出主義の側がこれらの問題への応答として提示した方法では，採用動機(i)(ii)の維持あるいは認識的評価の特徴①②の保存に失敗するため，認識的表出主義の擁護はうまくいかないと主張する。具体的にこの点を確認していくために，まずは，次の5.2.2項で認識的表出主義の二つの問題を見ることにしよう。

5.2.2 認識的表出主義の二つの問題

本項では，認識的表出主義に向けられる二つの問題を確認し，そのポイントを整理する。まず，一つ目の〈二階の認識的評価の問題〉を見て，その後，二つ目の〈自説の正当化問題〉を確認する。

5.2.2.1 二階の認識的評価の問題

Cuneo（2007）によれば，認識的表出主義には，二階の認識的評価を説明する際に，認識的評価の特徴①を満たすことができないという問題がある。まず，一階と二階の認識的評価の差異を見た上で，この点を確認しよう。

認識的評価は，一階の認識的評価と二階の認識的評価に分けることができるとされる[19]。一階の認識的評価とは，ある信念が正当化されているとか合理的であるなどといった，認識的対象に特定の認識的性質を帰属させる標準的な評価である。そして，二階の認識的評価とは，この一階の評価自体に対して認識的性質を帰属させる評価である──「〈S_1 の信念は正当化されている〉とする

---

17) これと同様の指摘は Kelly（2003）でも行われている。

18) 無論，4.2.2.2で透明性テーゼの問題を指摘した際にも見たように，我々は信念形成熟慮において，認識的理由に加えて実践的リスク等の理由を踏まえて持つべき信念を決定することがある。しかし，この場合，信念は，認識的理由と実践的理由の〈すべてを考慮に入れた場合〉に抱くことが合理的と評価されているのであり，〈認識的に〉合理的と評価されているのではない。ただし，1.3節で見たプラグマティズム説などの立場の場合，実践的利点も命題の真理を信じる根拠となると考える余地があるので，〈分離性〉が成り立たない信念の認識的合理性が認められる可能性がある。しかし，〈分離性〉を認めないこのような立場には，5.2.5項で示すような，認識的合理性と実践的合理性の境界策定という深刻な問題が生じることになる。

19) cf. Cuneo, 2007, 137-138.

5.2 認識的表出主義と認識的評価　187

S_2 の評価は正当化されている」などがこれに当たる。

　Cuneo は，二階の認識的評価について，本来ならば認識的評価に成り立つはずの特徴である①を，認識的表出主義の立場では満たせなくなってしまうと指摘する。この理由は，認識的表出主義の以下の〈前提1〉による。

　　前提1：認識的評価は，事実の認知に基づく表象的（心から世界へという適合方向を持つ）で真理適合的な信念を表す言明ではない。

この前提は，認識的評価が事実を記述しようとする言明ではなく，主体の態度表明であるとする認識的表出主義の主張から自然に導かれる。すると，①が正しければ，当然，認識的評価そのものには認識的評価を直接適用することはできないことになる。だが，実際の実践において，我々は認識的評価の正当性などを確かに直接的に認識的に評価しているように思われる[20]。たとえば，S_1 が「S_2 は p を信じることが正当だと評価しているが，p は偽であり，その評価は正当でない」などと言うとき，S_1 は，S_2 の評価そのものを対象に，それが p を信じることの正当性に関わる事態の真偽を正確に示すことに失敗しているため，その評価には〈正当性〉が帰属されないと語っているように思われる。認識的表出主義の説明では，二階の認識的評価のこうした実践を説明できなくなってしまうと Cuneo は主張する[21]。

　この問題は，認識的評価の適用可否に〈適合方向 direction of fit〉がどのように関わるかを確認することでより正確に理解できる。認識的評価の対象となる〈信念〉のような心的状態は，〈心から世界へ〉という適合方向を持っている[22]。すなわち，その内容である命題が偽であると判明した場合には，信念を正しい内容に改定する必要がある。たとえば，《地球は平面である》とか《2 +

20）　直接の認識的評価と派生的認識的評価の区別は，本章注16を参照のこと。

21）　認識的評価が事実を記述しようとする言明だとする立場なら，当然この問題は生じない。なぜなら，認識的評価が事実を記述するために行われる言明であるなら，それは，表象的かつ真理適合的なものだからである。

22）　たとえば Schwitzgebel（2021, 1.1.2）では，〈心から世界へ〉の適合方向を信念が持つという考えは，信念の本性に関する一部の特定の立場のみに限定されない形で，さまざまな論者により主張されていると述べられている。

$2 = 5$ である》といった命題を信じていて，これが偽であると判明したならば，信念を改定し，正しい内容を信じるように調整する必要がある。しかし，それに対し，〈欲求〉や〈願望〉などの心的状態は，その心的状態が持つ命題内容に合致する事態が実現することを望む，という逆方向の適合方向を持つとされる[23]。たとえば，〈《拷問は悪い》が真であることを望む〉というような心的状態は，現状がどうあれ，拷問が悪いものとして扱われるような事態が実現するべきだという願望であり，仮に，実際には拷問が悪いものとして扱われていなかったとしても，その願望を〈拷問が悪いものとして扱われていない〉という実際の事態に合致するように改定する必要はない。そして，認識的評価が，もしも認識的表出主義の主張するように，〈信念 p が正当であると評価することは望ましい〉と規定する認識的規範 E を承認するという主体の態度の表明であるとするなら，この評価は，実際の事態に合致するように調整が必要となるようなものではない。むしろ，認識的評価は〈信念 p は E に基づいて評価されるべきだと自分は考えていて，この E を採用するならば，p には正当性が認められる〉という主体の望みに基づく評価ということになる。このように，認識的表出主義の下では，認識的評価は，〈信念〉とは逆の〈世界から心へ〉という適合方向を持つ〈願望〉のような心的状態と理解されねばならないので，この心的状態への評価については，①が満たされない[24]。また，このような主体の〈願望〉は真偽判断が可能なものではない —— 真理適合的でない —— ので，その内容の真偽を示す証拠に照らして正当性／合理性を評価することもできないのである。

　そのため，彼らの理解に基づけば〈願望〉などと同様に〈世界から心へ〉という適合方向を持つことになる〈一階の認識的評価〉に対して，なぜ二階の認識的評価を適用可能なのかを，認識的表出主義は説明できねばならない。また，その際には，①を満たさない評価であっても認識的評価と呼べると主張することになるのであるから，〈適合方向〉を持ち出さない仕方で認識的評価の適用可否の基準を定式化し，一階と二階の双方の認識的評価がともにその特徴を満

---

23) cf. Beddor, 2019, 2.
24) 心から世界へという適合方向を持つ心的状態を対象にするという点が認識的評価の核となる特徴であるとする議論は，たとえば Beddor（2019）にある。

たすことを説得的に説明しなければならない。

　まとめると，二階の認識的評価をめぐって，認識的表出主義には二つの課題がある。一つは，①を満たさない心的状態への直接の認識的評価がなぜ認められるのかという説明を与えることである。そして，もう一つは，認識的評価の適用可否を特徴づける標準的な条件である①——心的状態が〈表象的である（心から世界へという適合方向を持つ）こと〉と〈真理適合的であること〉——に頼らない仕方で，一階と二階の評価をともに〈認識的評価〉として分類する方法を与えることである。これらの課題に認識的表出主義は答えなければならない。

5.2.2.2　自説の正当化問題

　次に認識的表出主義に対して挙げられる問題が，この立場は自説の正当化論証を行うことができない，というものである。ここでは，この問題を異なる仕方で提示する Cuneo（2007）と Kvanvig（2003）のそれぞれの批判を確認する。

　Cuneo（2007）によれば，認識的表出主義の主張は二つの相反する目論見を持っている[25]。この点を確認するために，認識的表出主義者の(ii)の動機を思い返そう。この動機によれば，彼らは，我々が実際の実践で行う認識的評価の特徴を保持しつつ，その評価が実在する認識的事実を記述しているのではないと主張しようとしている。つまり，現に我々の実践で成り立つ特徴を認識的評価が備えており，それが有意味な実践であることを認めるという目論見と，この評価が事実を記述する言明であることを否定するという目論見，この二つを持っているのである。そのため，認識的理由・認識的正当性・認識的事実といったものに言及する実践を認めつつも，その実，そのような性質や事実が存在してはいないと示さねばならない。そうすると，この二つの相反する目論見を双方実行するためには，認識的表出主義は以下のように二つの視点を分けねばならないと Cuneo は主張する。一つの視点は，その中で認識的理由を集めたり与えたり，認識的評価を行ったりする，認識的実践を行う内部の視点である。そして，二つ目の視点は，こうした認識的理由や認識的事実が実際には存在せ

---

25)　以下の記述は，Cuneo（2007, ch. 6）での認識的表出主義への批判を，筆者が要点をまとめて提示したものとなる。

190 第 5 章 メタ認識論と真理

ず，そのような主張は態度の表明であると説明する，認識的実践の外部の視点である。認識的表出主義者が「認識的理由や事実は存在しない」とする主張を裏づけ，自説を説明するなどの理論的実践を行うのは，認識的理由や認識的事実の存在しないこの外部の視点からでなければならない。しかしながら，Cuneo いわく，認識的実践には外部の視点など存在しない。なぜなら，この外部の視点から自説を裏づける論証をするにも，認識的理由や認識的事実への言及は必要だからである。認識的理由・事実が存在しないとする主張を説明する上で，探究主体は，自説を正当化する理由を集め，種々の主張を認識的に評価し，論証を与えるといった作業を行う必要がある。つまり，外部の視点でも認識的評価実践が要請されるのである。すると，認識的表出主義者は，認識的理由に依拠して自説を擁護する実践をしなければならないが，同時に，自身が依拠する認識的理由の存在を否定しなければならないのである。このようなことは不可能である。よって，外部の視点から認識的理由や事実に依拠せずに認識的表出主義自体の主張を正当化するという目論見を，認識的表出主義者はそもそも実行できないため，彼らは自説を正当化することはできない。以上が Cuneo による批判である。

また，認識的表出主義の自説の正当化問題は，Kvanvig（2003）によっても異なる形で提起されている[26]。彼は，認識的表出主義者が自説の擁護を行うためには，〈正当化〉に関する特定の種類の認識的規範の〈真理〉を前提しなければならないと主張する。どういうことかと言うと，認識的表出主義者が自説の擁護を行うためには，〈認識的表出主義を他の立場よりも望ましいと信じることが認識的に正当化される〉と示す必要があるが，このためには，この言明を支持する認識的規範 E が必要だということである。たとえば，認識的表出主義は要請される理論的存在物が少ないため他の理論より望ましいと推論するなら，この論証には，〈異なるメタ認識論的理論がある場合は，オッカムの剃刀の原理に従って選ばれる理論が望ましいと信じることが正当化される〉と規定する認識的規範 E が真であることが前提される必要がある。しかし，認識的表出主義が正しければ，認識的規範の採用は主体の態度に基づくので，E 自

---

26) 以下の記述は，Kvanvig（2003, 174-176）の内容を整理して提示したものである。

体について〈E が真であると信じることは正当化される〉と示すような認識的な理由は存在しえない。であれば，認識的表出主義が他の立場よりも望ましいとする正当化論証は，その前提に置かれる認識的規範がそもそも真になりえないため，前提に欠陥があり論証として成り立たない。

いま見てきた〈二階の認識的評価の問題〉と〈自説の正当化問題〉という二つの問題に対し，認識的表出主義はいかに応答するのか。次節では，この二つの問題への Kappel (2011)，Carter & Chrisman (2012) による応答を確認しよう。

5.2.3 認識的表出主義からの応答

5.2.3.1 二階の認識的評価の問題への応答

認識的表出主義の擁護者である Kappel (2011) は，〈二階の認識的評価の問題〉は簡単に取り除くことができるとする。まず彼は，一階と二階の認識的評価には差異があることを認める。一階の認識的評価は確かに①を満たすのに対し，二階の認識的評価は認識的表出主義の描像の下では表象的な（心から世界へという適合方向を持つ）心的状態を対象としないことになるため，これは①を満たさない。しかし，Kappel いわく，二階の認識的評価にまで①を課すべき理由などない。なぜなら，二階の認識的評価を，一階の認識的評価が〈真なる信念の獲得の促進〉に寄与するものか否かを評価する実践と捉えれば，この評価実践は認識的表出主義の描像の下でも問題なく説明できるからである。たとえば，「S_2 の信念 p は正当である」という S_1 の一階の評価が，S_2 の信念 p が実際の事態に照らして真であるということを正しく捉えているとしよう。p が真であるということは，S_2 は p を持つことで真なる信念を獲得できるということなので，S_1 の「p を持つことは正当だ」とする評価は，S_2 に対して真なる信念の獲得を推奨していると言うことができる。そして，〈真なる信念の獲得の促進〉という目標に照らしてこのように S_1 の評価が寄与している場合に〈正当だ〉と評価するのが，二階の認識的評価の営みなのである。つまり，①を満たさずとも，一階の認識的評価を直接対象にした二階の認識的評価が成立すると説得的に説明することは可能である。

これは，二階の認識的評価についてのみ，①を満たさない心的状態にも直接

の〈正当性〉帰属が可能な認識的規範を採用する方針と理解することができる。認識的表出主義の定式化では，認識的規範はそもそも，主体の目的に基づいて採用されるものである。そのため，〈真なる信念の獲得を促進する〉といった目的を採り，〈正当性〉の帰属条件を規定する複数の規範からその目的に沿う規範として，①を満たさない心的状態を含めた〈真なる信念の獲得を促進する心的状態〉一般に対して認識的正当性を帰属できるものを二階の認識的評価にのみ採用することも可能なのである。このように捉えなおしても，我々の二階の認識的評価の実践を説明できるのだから，二階の認識的評価については①が満たされずとも問題はないというわけである。

　また，適合方向の同一性という①の特徴に訴えない仕方で，ある評価を〈認識的評価〉として分類する方法としては，認識的規範の採用に際しての目標の一致を課す方法を Kappel は提案する。すなわち，上に挙げた〈真なる信念の獲得の促進〉という目標である。まず，二階の認識的評価は〈真なる信念の獲得の促進〉を目標にした認識的規範に基づく評価である。そして，この目標を，命題の真偽に照らして認識的性質の帰属可否を判断する一階の認識的評価にも通底するものと捉えることで，一階と二階の認識的評価は双方とも，同じ目標達成のために行われる同一の基準——評価対象の心的状態が真なる信念の獲得に繋がるか——に基づく評価と言えるようになる。つまり，認識的評価の核となる目標を共有しているため，一階と二階の認識的評価はその対象の適合方向に差異はありつつも，両者ともに同じ目標を持つ同一の基準に照らした評価実践だと言うことができる。それゆえ，どちらも認識的評価と呼ぶのは当然である。そのため，Kappel いわく，〈二階の認識的評価の問題〉は解決される。

5.2.3.2　自説の正当化問題への応答

　次に，Cuneo と Kvanvig によってそれぞれ提起された自説の正当化問題に対して，認識的表出主義がどのような応答を提示するかを確認しよう。Cuneo の批判に対しては，Kappel（2011）と Carter & Chrisman（2012）がそれぞれ独自に応答しているが，両者の基本的な応答方針は一致している。それは，認識的表出主義者は，認識的理由や認識的事実が一切存在しないと前提した上で自説を擁護する必要などない，というものだ。認識的表出主義者であっても，

認識的理由や認識的事実に訴えることができる。ただし，それらはあくまで，認識的表出主義が理解する限りでのものである。認識的表出主義によれば，自身が承認する認識的規範が認める限りで，「Sの信念は正当化される」といった言明を真だと言うことが可能である。この言明は，認識的対象が認識的性質を持つと認める言明のため，認識的事実を認めることに相当する。そのため，認識的事実や認識的理由は，ある条件下でそれに相当するものが存在すると特定の認識的規範が規定する限りで，その規範を承認して採用する論者も利用することができるようなものである。認識的表出主義者が否定しなければならないのは，「認識的理由がある」とか「Sの信念は認識的に正当である」と言うときに，それが世界の記述であるということに過ぎず，認識的理由や事実に相当するものを一切否定しなければならないわけではない。そのため，認識的表出主義者は，自身が支持する認識的規範がその存在を認める認識的理由・事実に相当するものを利用して，自説の正当性評価を問題なく行うことができる。

　次に，Kvanvig の批判に対してはどのような応答がなされるのだろうか。この問題には，すぐ上の主張は役に立たないように思われる。なぜなら，認識的規範が認める限りで認識的事実や認識的理由に依拠することができるとしても，その大元である認識的規範そのものの正当性については話が別だからだ。認識的規範が真であることによって初めて用いることができるようになる認識的事実や認識的理由に訴えて，「認識的表出主義の採用を支持する認識的規範が真であると信じることは正当である」という言明の真理を主張することはできない。そうすると，この言明の真理はなにによって担保されるのだろうか。

　Kvanvig の批判に答え，このような言明の真理を主張できるようにするために，Carter & Chrisman（2012）は，認識的規範自体の真理はデフレ主義的に理解される真理だと見做すことを提案する[27]。

　ここで彼がデフレ主義の理論のうち重要と考えるのは，コアテーゼ①であ

---

27) Kappel も別の仕方で応答をしている。彼は，オッカムの剃刀のような認識的原理の正誤は，認識的事実ではなく，〈認識的に関連した事実〉なので，認識的表出主義も認めることができ，その場合には認識的表出主義が擁護論証にこの原理を前提しても問題は起きないとする。しかし，彼は Kvanvig の主張を誤解している。Kvanvig が述べているのは，原理の採用を〈正当である〉と規定する認識的規範が真であると認識的表出主義は前提せねばならないということである。そのため，Kappel の応答は的を外している。

194　第5章　メタ認識論と真理

る[28]。コアテーゼ①は以下のものだった。

　　コアテーゼ①：真理性質は，それがなにによって成り立つかについての構成
　　　理論を持たない。

これは第Ⅰ部でも繰り返し確認してきたように，真理を成り立たせるような別
の性質は存在せず，真理は，それがなにによって成立するのかという説明を受
け付けないということである。通常，真理に構成理論を認める論者は，あらゆ
る命題の真理がそれによって実現されるような〈性質 F〉が存在すると主張す
る[29]——事実との〈対応〉という性質や，他の信念体系との〈整合〉，信じる
ことが〈保証〉されているという性質が挙げられていたことを思い出そう。そ
のため，《地球は丸い》という命題が真であるとしたとき，それがなぜ真なの
かと問われれば，彼らはこの命題が，地球が丸いという事実と対応しているか
らだとか，我々の採用する信念体系と整合するからだ，といった説明を構成理
論に沿って与えることになる。しかし，デフレ主義者の場合は，そのような構
成理論は存在せず，命題の真理がなぜ成り立つのかという問いに答える説明も
存在しないと主張することになるのだった。代わりに，デフレ主義者は，命題
の真理の説明は ES によるもののみで十分だとする。ES も再度確認しておこ
う。

　　ES：《p》は真である iff p

この左辺の二重山括弧内の p には任意の命題が，右辺の p にはその命題を表す
文が入る[30]——〈《雪が白い》は真である iff 雪が白い〉など。そして，どの
ような命題 p についても，この図式に当てはめて，右辺の文 p を主張してよい
場合には，真であると主張してよいとされる[31]。

---

28)　デフレ主義のコアテーゼの詳細は，本書の 0.4.2 項を参照のこと。
29)　cf. David, 1994, 65–66.
30)　cf. Horwich, 1998, 18.
31)　ただし，文 p の主張をしてよいと言えるのはどのような場合か，という点については別途考え
　　る必要がある。

Carter & Chrisman は，このようなデフレ主義的真理観を採用することで，認識的表出主義者であっても，認識的規範の真理を問題なく語れるようになると主張する[32]。コアテーゼ①と ES を引き受けるデフレ主義を採用することで，《認識的規範 E が真であると信じることは正当である》という命題の真理を主張することは，端的に「E が真だと信じることは正当である」という言明の適切性を話者が受け入れていることとして理解できる。そして，この際，Carter & Chrisman いわく，その言明の適切性の担保には，発話者がその言明を受け入れていることで十分なのであり，認識的事実や認識的理由の存在は必要ない[33]。そのため，認識的規範 E の採用を支持する認識的理由が存在しなくとも，E の採用が真であると言うことは可能であり，Kvanvig の批判も回避できると結論される。

しかしながら筆者は，Kappel と Carter & Chrisman による認識的表出主義の立場からのこの〈二階の認識的評価の問題〉〈自説の正当化問題〉への応答は，いずれも成功しないと考える。次項でこの点を論証する。

5.2.4 認識的表出主義の応答の問題点

5.2.4.1 二階の認識的評価の問題に対する Kappel の応答の不備

まずは，〈二階の認識的評価の問題〉への Kappel の応答の不備を見ていこう。二階の認識的評価の問題に対する認識的表出主義の擁護論証はなぜうまくいかないのか。それは，Kappel の応答では，認識的評価の特徴②の分離性を満たせなくなり，その結果として①もやはり満たせないからである。以下，この点を詳しく論証する。

彼の主張は，以下のようなものであった。まず，一階の認識的評価は①を満たすが，二階の認識的評価は①を満たさないことを認める。しかし，二階の認識的評価は，〈真なる信念の獲得の促進〉に寄与するかどうかという点を判断する評価として見れば認識的表出主義の下でも説明可能な実践である。また，その〈真なる信念の獲得の促進〉という目標は，一階の認識的評価にも通底す

---

32) cf. Carter & Chrisman 2012, 326-327.
33) この点で，Carter & Chrisman は，ES の右辺の文 p を主張することの適切性を担保するために必要な条件を，あまり厳格に捉えてはいないと言える。

196　第 5 章　メタ認識論と真理

る，認識的評価すべてに等しく当てはまる特徴である。それゆえ，両者に差異
があろうとも，この目的を第一の基準に置いた評価であるという点で，どちら
も〈認識的評価〉と呼ぶことは適切である。

　今見たこの主張の問題点は，一階と二階の認識的評価の両評価が，〈真なる
信念の獲得の促進〉という共通の目標に照らした同一の基準による評価を行う
実践だとすることにある。この目標を一階の認識的評価にも共有されるものと
して捉えると，以下のような事例が生じた場合に，②が満たされると言うこと
ができなくなる。

　　助成金[34]：S が，ある宗教団体から助成金を得ようとしている科学者だとす
　　る。S は，神が存在するかどうかについて証拠を吟味して熟考し，最終的
　　には神は存在しないという結論に達した。しかし，この宗教団体は神を実
　　際に信じていると判断できる者にしか助成金を出さず，それを S も把握
　　している。S は嘘が下手なので，〈本当に神が存在すると信じよう〉と決
　　意しない限り，助成金の審査委員に〈S は神を信じている〉とは判断して
　　もらえないと考えている。また，S は，この助成金を受け取ることができ
　　たなら，その助成金を使って自身の研究を進め，知的に重要なさまざまな
　　ことがらについて，新たな真なる信念を数多く形成し，誤った信念を数多
　　く修正することができるだろうと考えている。このとき，S は《神が存在
　　する》という命題について，真偽どちらを信じるほうが認識的に合理的だ
　　ろうか。

この事例では，S が自身の熟考の結果に従って，《神が存在する》という命題
を偽だと信じるか，神を信じることで助成金を得られれば今後〈より多くの真
なる信念の獲得〉を促進できるという考えに従い，自身が持つ証拠を無視して
《神が存在する》を真と信じるかという問題が生じている。ポイントは，認識

34）　これは，Berker（2013, 363-364）の事例を，要点をまとめて筆者が整理し直したものである。
　　Berker は，②を拒否するタイプの認識的規範を採用する場合に生じる問題として，この〈助成金〉
　　を提示している。本書の以下の議論は，その事例を筆者が認識的表出主義への批判に応用したもの
　　である。

的評価に通底する目標が〈真なる信念の獲得の促進〉で，その目標に照らした基準で認識的評価が常に行われるのだとするならば，S が自身の持つ証拠を無視して，証拠に支持されない《神が存在する》という命題を信じているケースを認識的に合理的と評価することに問題があると言えなくなることである。しかし，これは明らかに②に反している。

　深刻なのは，この目標の採用が，一階の認識的評価の特徴①にまで影響を及ぼす結果に繋がるということである。本来，一階の認識的評価は，内容が偽であった場合に改定が必要となる〈心から世界へ〉という適合方向を持つ真理適合的な心的状態を対象に，その心的状態の内容が真であると示す根拠があるかどうかで正当性／合理性評価を行うものであった。しかし，上の〈助成金〉の例のように，〈真なる信念の獲得の促進〉という目標に従う認識的評価は，必ずしも〈心から世界へ〉という適合方向を持つ心的状態を対象に，その内容が真偽を示す証拠に基づいて持たれているかどうかで正当性／合理性評価を下すものにはならない。〈助成金〉の S の心的状態がもし〈心から世界へ〉という適合方向を持つ信念であれば，本来，真ではないと考える根拠が把握された場合，信念を改定して内容が真となるよう調整することが必要となる。この意味で，《神が存在する》が真でない命題だと証拠を基に自身で判断しながらなお，望ましい帰結に繋がるという理由からこれを信じると決めた場合の S の心的状態は〈心から世界へ〉という適合方向を持つ信念とは言い難く，むしろ逆向きの適合方向を持つ非認知的なものにより近いと言える。それゆえ，〈真なる信念の獲得の促進〉という目標を採用すると，一階の認識的評価は，①を満たすとは認め難い心的状態にも直接適用され，また，その内容の真偽に基づかずに認識的正当性／合理性を帰属しうるものとなってしまう。つまり，一階と二階の認識的評価に通底する共通の目標として〈真なる信念の獲得の促進〉を挙げ，それを基に同一の基準で評価がなされると述べるならば，認識的表出主義者が本来，二階の認識的評価についてのみ採用したかった①を拒否するという方針が，一階の認識的評価にも反映されてしまうのである。そうなると，認識的評価の特徴①②をともに保てない。それゆえ，この認識的表出主義の応答はうまくいかない。

198 第5章 メタ認識論と真理

5.2.4.2 自説の正当化問題に対してデフレ主義を採用することの問題点

次に，自説の正当化問題に対する認識的表出主義の側からの応答の難点を指摘する。この応答では，「認識的表出主義を支持する認識的規範が真である」という言明の真理をデフレ主義的に認めることが提案される。そして，これにより，自説を真であると主張することが認識的表出主義の立場でも可能になるとされていた。

しかし，この主張には問題がある。なぜなら，この方針では，異なる認識的規範を受け入れる論者がいた場合に，正当化の問題が再燃するからである。認識的表出主義者は，自身とは異なる認識的規範を真と考える主体がいた際に，自説を支持する認識的規範の採用を正当化する根拠を提示できる必要がある。これは次の理由による。認識的表出主義は，〈認識的評価〉という営みの本性を説明するメタ認識論上の理論であり，それには対立説となる認識的記述主義がある。そのため，自説が認識的評価の本性を正確に捉えた理論であることを担保してくれる〈認識的規範〉の採用を正当化する余地がない場合，認識的表出主義は，認識的評価の本性を説明するほかの対立説に対して，〈理由はないが自説が認識的評価の本性を捉える正しい立場だ〉と独断的に主張する立場でしかなくなる。しかし，仮にそうなった場合，根拠を持たない理論を基にして認識的評価の本性を理解する理由はないだろう。そのため，認識的表出主義は，〈自説を正当化する認識的規範〉の採用を正当化する余地があるのでなければならない。しかし，デフレ主義的真理論を採用する場合，認識的表出主義にはこの余地がないのである。以下，理由を確認しよう。

まず，改めて整理しておくと，構成理論に基づく対応説や整合説のような真理論とは違い，デフレ主義の下では，ES の左辺の命題が真と言えるのは，その命題を表す右辺の文を主張することが適切な場合とされる。そのため，認識的表出主義者は，右辺の文の主張の適切性を示す根拠を提示できればよい。

では，認識的表出主義の採用が認識的に正当であると規定するような認識的規範 E について，「E の採用は正当である」という文が適切だと言えるのはいつなのか。認識的表出主義者は，認識的規範の採用は，事実の認知に基づくのではなく，主体の任意の目的に依存すると考えるので，E の採用を正当化する事実を提示することはできない。事実の提示以外の方法として，「認識的規

5.2 認識的表出主義と認識的評価 199

範 E が真だと信じることは正当化される」という言明が適切だと我々の実践で認められるのがいつかを確認すればよいと思われるかもしれないが，彼らはこの方法も採れない。認識的表出主義によれば，「認識的正当化」という語の適切な適用条件というのは，認識的規範によって規定される。だが，そもそもその適用条件を規定する複数の認識的規範のうち，どれを採用するのが認識的に正当なのかが今問題になっているのである。そのため，どの認識的規範を採用するかという見解自体にばらつきがあるときには，「認識的正当化」という語の適切な適用条件は一意に定まらない。この適切な適用条件の判別に先んじて，正しい認識的規範が選び出される必要があるのである。しかし，(i)の動機によれば，採用される規範はどれか一つが正しいわけではなく，主体の任意の目的に基づいて選択されるものなので，正しい規範を一意に選ぶことはできない。そうすると，デフレ主義を受け入れて《認識的規範 E は正しい》という命題が真であると言えるようになったとしても，採用する規範に不一致がある際にはその真理言明の根拠は提示できない。

　以上から，真理のデフレ主義によって認識的規範の真理を主張できるようになることは，自説の正当化問題への解決をもたらさないことが分かる。(i)とデフレ主義的真理論を同時に採ると，単にある言明が真だと述べることはできても，受け入れ規範が異なる主体がいた際に，相手の規範を棄却し自説を正当化する根拠を得る見通しがないからである。

　しかしながら，認識的表出主義者は，ここでデフレ主義の採用を断念し，真理の構成理論を認めるということもできない。仮に，《認識的表出主義の採用を支持する認識的規範 E が真であると信じることは正当化される》という命題の真理を構成する理論を認め，それを満たすことを根拠に E の真理を主張してしまうと，認識的表出主義の基底にある精神に反する以下のような帰結が生じるからである。E の真理がなんらかの真理の構成理論によって裏づけられる場合，〈どのような認識的規範を採用すべきかを各々が自身の目的に合わせて決定しているので，どれか一つの認識的規範が正しいわけではない〉という考えを動機——(i)——として生じた立場であるはずの認識的表出主義の精神に反して，特定の真理の構成理論によって〈認識的表出主義を支持する認識的規範が，競合する認識的規範を退けて唯一正しいものである〉と裏づけられる

のだと認めねばならない。しかし，その場合は認識的表出主義の採用動機(i)は
もはや満たされないのであるから，認識的表出主義を採用する理由が失われる
だろう。

　そのため，いずれの真理論を採用するにせよ，Kvanvig の批判から認識的表
出主義を擁護することはできない。

5.2.5　認識的表出主義による再反論の検討

　最後に，再度，認識的表出主義者が二つの問題に対して応答する余地がある
かを検討する。結果として，認識的表出主義の見込みは薄いということが判明
するだろう。

　まず，二階の認識的評価の問題に対しては，なにか応答方法はあるだろうか。
一つ考えられるのは，①と②を双方とも，認識的評価の特徴から取り除いてし
まうというものである。

　しかし，この路線にはいくつか問題がある。まず，①②は認識的評価という
実践に実際に見出される特徴であることは既に見た通りである。そのため，①
②を捨て去る選択は，実際の認識的評価実践の特徴を保存しつつ，自説を展開
するという認識的表出主義の(ii)の動機に抵触してしまっている。

　さらに，①②を捨て去ると，次のような深刻な問題も生じる。それは，①②
を引き受けないなら，実践的合理性と認識的合理性の境界をどこに設定するの
かを，彼らは考えなければならなくなることである。①と②を採用する場合，
実践的合理性と認識的合理性の境界は明瞭である。問題になる信念が，その信
念の帰結とは独立に，それ自体正しいものだと言える場合にのみ，その信念は
認識的に合理的だということになる。そのため，その信念を信じることがなに
かに役立つかといった点は，考慮から外れる。しかし，①を引き受けないなら
ば，認識的評価の対象となる心的状態は〈心から世界へ〉という適合方向を持
たず，また，真理適合的でないものでもよいことになるので，心的状態の正当
性／合理性評価は，その内容の真偽とは無関係に行われるものとして理解しな
ければならない。また，②を引き受けないならば，信念それ自体ではなくその
帰結を考慮に入れ，より望ましい帰結をもたらす信念を持つことが，認識的に
合理的だということになるだろう。その場合も，信念が真だと考えるべき根拠

に基づいて持たれていなくとも，その信念の認識的合理性は成り立つことになる。だが，このように，信念の内容が真理を適切に示せているかどうかという点を度外視して認識的評価を行うことになる場合，認識的合理性と実践的合理性の境界をどこに引くのかはもはや不明瞭である。そして，この境界が保てないならば，我々が日々行っている信念の認識的評価実践は全く保てなくなる。たとえば，主体 S が医師に〈あなたは重病です〉と宣告されたとしよう。このとき，S は，自分が病気でないと信じることで前向きに過ごせるので，医師の証言という適切な証拠を無視し，《S は重病である》という命題を偽だと信じたとする。我々は普通，S の信念は，証拠を無視して持たれた誤りの可能性の高い内容なので認識的に不合理だが，S 自身にとって望ましい効用をもたらしてくれるので実践的には合理的である，というように区別をする実践をしている[35]。しかし，①②を捨て去る場合，その真偽とは無関係に，実践的によりよい帰結をもたらしてくれる信念を認識的に合理的と評価することに問題はないのだから，このケースの S の信念が認識的に不合理であるとはもはや我々は主張できない。そのため，①②を捨て去ると，このように，信念の評価実践において実際に我々が依拠している重要な区別を利用できなくなってしまうのである。また，その場合，5.2.1 項で確認したような，知覚による証拠を無視して〈くずかごの中のごみの数は五個である〉と信じるような主体についても，認識的に不合理だと判定できるかどうかは分からない。

　以上の問題点を解消して，認識的合理性と実践的合理性を区別する新たな方法を得られない限り，①②を捨て去ることはできない。しかし，現状，我々が認識的合理性と実践的合理性を区別する方法は，①②に依拠するものなのだから，①②に頼らずにこの区別を与える新たな方法を認識的表出主義の論者がどう与えられるのかは全く不明瞭である。

　自説の正当化問題についてはどうだろうか。これについて一つ考えられる応答は，誰もが受け入れる態度を示す規範があると主張することである。不一致の余地のない，誰もが受け入れる傾向を持つ認識的規範が存在し，それが認識的表出主義の採用を支持すると言えるのなら，問題も生じないかもしれない。

---

35)　この認識的合理性と実践的合理性の区別がどのように行われているかについては，本書 5.2.1 項の②に関する記述も参照のこと。

202 第5章 メタ認識論と真理

　しかし，認識的表出主義者がこの主張をすることはそもそも問題である。認識的表出主義の採用動機(i)を思い返してほしい。認識的評価や，採用する認識的規範のばらつきという事態から，彼らは認識的事実があるという主張を拒否したのである。このように主体ごとに採用する認識的規範にばらつきがあることから認識的事実の存在を否定したにもかかわらず，自分たちの都合に合わせて認識的規範の一意性を主張することは一貫性を欠く。

　では，認識的規範の採用根拠を，真理とは別の観点から与えるのはどうだろうか。その規範を受け入れることが，なんらかの点で他の規範の採用より利点を持つということから，その採用を根拠づけられないだろうか。

　この主張は可能かもしれないが，このような利点は，採用規範が異なる相手に対して，自身の採る認識的規範が真であると主張し，相手の規範を棄却する根拠にはならない。なぜなら，認識的表出主義の理解の下では，規範の採用は主体の任意の目的に基づくもので，採用を正当化する事実に基づいてはいないので，別の目的を基に異なる認識的規範を採用する主体は，相手の規範の持つ実践上の利点を，自身の規範の誤りを示しているものとして認める必要はないからである。そのため，実践的利点はあくまで，〈認識的表出主義を望ましい理論と判定する認識的規範〉の採用を推奨する一つの要素という弱い根拠にしかならない。しかし，そうすると，やはり別の認識的規範を採用する論者に対して，自説が正しいとまでは主張できない。そのため，自身の依拠する認識的規範の採用根拠を実践上の利点のみから担保しようとする場合，認識的表出主義は，認識的評価の本性に関する他の立場――実在論的立場など――を誤りと主張し，自説の正しさを示すことはできなくなる。しかし，認識的表出主義は，認識的評価の本性について特定の理解が正しいと主張し，認識的記述主義のような対立説は誤りであると主張する立場なので，自説の採用の利点を示すのみではなくて，異なる認識的規範を採用する相手が誤っているのだと言えねばならない。

　この方針の問題点はそれだけではない。このような実践上の利点・欠点に基づく規範の選択という議論を突き詰めていくと，認識的表出主義の主張に反して，根本的なレベルで唯一正しい認識的規範の存在を前提する必要が出てくる。なぜなら，ある実践的利点 a について，そもそもそれが真に利点であると示す

ためには,「《 a は利点である》と信じることは正当である」と根拠をもって主張する必要があるからである。この主張は,自身が理由なく承認する認識的規範に基づく態度の表明ではなく,論争相手も真だと認めざるをえないような,客観的な証拠に裏づけられた主張となっている必要がある。類似の議論として,Cowie(2014)は,実践的利点をめぐる不一致は,認識論上の根拠なしには調停できないと指摘している。なにが実践的利点かを示す証拠等の認識的根拠が存在しないなら,それが本当に〈利点〉なのかという問いは開かれたままで,実践的利点をめぐる意見対立は泥仕合になるだけだからである。

　以上の検討の結果から,認識的表出主義に対する二つの主要な批判である〈二階の認識的評価の問題〉と〈自説の正当化問題〉に対して認識的表出主義の側からなされている応答は,いずれもこれらの問題を退けうるものではないと言える。〈二階の認識的評価の問題〉に対しての応答方針は,認識的評価の特徴①②を諦めねば実行できない上,実践的合理性と認識的合理性の境界策定という新たな,そして困難が予想されるタスクを伴う。また,〈自説の正当化問題〉に対して真理のデフレ主義を採用する応答方針も,結局のところ自説の正当化の可能性の担保には繋がらない。むしろ,この方針は,自説が真であるという主張に根拠を与え正当化する可能性を奪うのである。認識的規範の採用根拠を真偽とは別の視点から担保する方針をなんとか探る余地はあるかもしれないが,その場合,認識的表出主義は自説が真だと示しうる立場ではなくなる。

　これら重要課題が解決されていない認識的表出主義を,認識的評価の本性の適切な説明理論と考えることはできない。逆に言えば,認識的評価の本性を説明する理論は,こうした課題を避けられるように以下三点の基準を満たす必要がある。

基準1：認識的評価を態度の表明として扱うと二階の認識的評価の問題を解消できないので,認識的評価は事実を記述しようとする実践だと考える必要がある。

基準2：認識的合理性と実践的合理性の境界を区別できるように,認識的評価の特徴①②を保つ必要がある。

基準3：認識的評価の本性をめぐる諸理論が自説の正当性を論証するには,

特定の認識的規範の真理を前提せねばならないが，デフレ主義的真理論に定位するとどの認識的規範が正しいのかに関する意見の不一致への対処ができなくなるので，構成理論を持つ真理論によって，その真理の根拠を与えられるようにする必要がある。

この基準に沿う仕方で，認識的評価の本性は説明されねばならない。

5.3　認識的評価の本性と実質的真理性質の構成的結びつき

　以上の議論により引き出された三つの基準からは，デフレ主義のコアテーゼを論駁する上で重要な点がいくつか導かれる。まず，基準1と基準2から，認識的理由，すなわち証拠に関する重要な含意が得られる。そして，基準3からは，メタ認識論における実質的真理性質の重要性が見えてくる。それぞれ確認しよう。

5.3.1　証拠の分類におけるインフレ主義的真理の不可欠性

　まずは，認識的表出主義の論駁によって導かれる第一の含意——証拠（認識的理由）に関する含意——について確認しよう。はじめに押さえ直しておくべきなのは，認識的評価は，我々の態度の表明ではなく，〈認識的事実〉の記述言明であると考えねばならないということである。そして，この認識的事実は，〈信念〉が〈合理性／正当性〉といった認識的性質を実際に例化している場合に成り立つものであり，また，5.2.1項で示したように，信念が〈合理性／正当性〉を持つと認められるのは，その信念が真である根拠——証拠（認識的理由）——がある場合なのであった。

　このような認識的事実は，我々の視点に依存して正しいと見做されている証拠に基づいて形成されているだけの信念とは異なる。このことは，Fassio（2019）が挙げる二つの事例を確認するとよく分かる。彼はまず，〈p かもしれない〉といった認識様相に関わる信念形成の問題に着目する。〈かもしれない〉のような認識様相は，証拠と両立する可能性の範囲——可能世界——を量化する。たとえば，凶器 a と目撃証言 b という証拠は，犯人が S であることが真

である可能世界と両立可能であるとする。その場合，《S は犯人かもしれない》という命題は，〈証拠 $a \cdot b$ と，S が犯人である可能世界は両立する〉という内容を意味することになる。つまり，認識様相はこの証拠との両立可能性によってその量化範囲が決まる。このとき，Fassio は，この認識様相の量化範囲の確定に関わる証拠は，主体の観点から把握可能な証拠に限定されないと主張する。この主張の根拠として，Hacking の以下の例が提示される。

> 沈没船：はるか昔に沈没した船を探すサルベージクルーを想定せよ。古い航海記録を基に探索を行っていたこのサルベージ船の仲間は，いくつかの計算間違いを犯して，沈没船の残骸が特定の湾にあるかもしれないと結論した。［中略］しかし，後になって分かることであるが，実際には，沈没船がその湾に沈んでいることは単純に不可能であった。より注意深く航海記録を検査すると，その沈没船は少なくともその湾より 30 マイルは南に沈んでいるのでなければならなかったのである。(Hacking, 1967, 14)

このとき，サルベージ船の仲間は，《沈没船が湾に沈んでいるかもしれない》と信じる正しい認識的理由を実際には有していないので，そのような可能性を信じることは正当でなかったと言える。《沈没船が湾に沈んでいるかもしれない》という認識様相を含む命題は，彼らが証拠と見做した航海記録に実際のところ支持されておらず，むしろ，彼らがその存在に気づいていない正しい証拠—— 航海記録を正確に読んだ場合に得られる情報 ——と両立不可能なものだったからである。つまり，ある信念 p について，主体が p の根拠だと見做すものと，実際に，p が〈正当性〉を例化するという認識的事実が成り立つために必要な正しい証拠は異なりうるのである。

　また，我々の認識実践においてしばしば起こる〈弁解 excuse〉という事象を把握する上でも，主体の観点に依存せずに，特定の命題の真偽を支持するものとしての地位を認められる〈証拠〉概念が必要だと Fassio は指摘する。我々は，ある信念を抱いた後に，それが誤りであったと指摘されたとき，「事実に気づくことができず，持つべきでない信念を持ってしまった」といった弁解をすることがある。これは，主体がある時点でその存在に気づいているか否

かに関わらず，信じることが正しい命題はなにかを示す正しい証拠（認識的理由）というものがあり，それに基づいて信念形成をすることが正当であるということを示す事例となっている。主体が気づいていない考慮事項は命題を信じることの正当化には関わりを持たず，その時点での手持ちの証拠と両立する信念を持っている限りはその信念が正当であるのなら，持つべきでない信念を誤って持ってしまったことを〈弁解〉するという実践は奇妙である。

このように，認識的評価において記述される認識的事実は，信念 p が実際に真であることを正しく示している理由，すなわち，正しい〈認識的理由（証拠）〉に基づいて形成されている場合にのみ成り立つものであり，p の根拠だと主体が見做している理由に基づいて信じられているだけでは成り立たないのである。そのため，信念を正当化する認識的理由は，我々の観点に依存して単に証拠と見做されているものではなく，その証拠としての存在論的身分を我々とは独立に有しているものでなければならない[36]。

これは言い換えれば，認識的評価という実践は，〈命題的正当化を与える実際に正しい証拠〉に基づいて形成されている信念を他から区別して記述することを目指す実践であるということである。この意味を正確に把握するために，正当化と証拠（＝認識的理由）の種類について，認識論における区分を必要な範囲で確認しておこう。

まず，正当化には二種類の区別がある。〈命題的正当化 propositional justification〉と〈信念的正当化 doxastic justification〉である。命題的正当化は，p を支持する正しい証拠を主体が有している場合に成り立つものであり，その証拠を有してさえいれば，この正当化は成立するとされる。つまり，p を支持する正しい証拠を有しているのなら，その時点で主体は p を信じることが――仮に別の理由を基に p を信じていたり，この証拠の重要性に主体が気づいていなかったりしたとしても――命題的に正当化される[37]。そして，この命題的正当化を与える証拠は，主体の信念ではなく，命題との正当化関係にのみ関わるの

---

36) 無論，我々の認識的評価が認識的事実の記述実践であるからといって，我々の認識能力と認識的評価が無関係であることは帰結しない。認識的事実を成り立たせる本当の証拠ではないものを，我々が証拠と取り違えてしまい，それによって誤った評価を行ってしまうということは当然ありうる。

37) cf. Carter & Bondy, 2019, 1.

で，主体の認知アクセス上の制限とは関わらないという特徴を持つ。

　この命題的正当化という考えの特徴は，信念的正当化というもう一つの正当化との対比で明確に浮かび上がってくる。信念的正当化とは，主体が実際に命題的正当化を与える証拠を基に p を信じていること，そして，〈基づけ関係 basing-relation〉という特殊な関係に基づいて適切な仕方でこの信念を形成していること，この二つが満たされる場合に成り立つ正当化である。基づけ関係とは，信念と理由との間に成り立つ関係であり，その関係に言及することによって，主体がなぜある信念を持っているかの説明を提供することができるような説明的関係——すなわち，〈信念 B〉と〈その理由ゆえに B が持たれていると言える理由 R〉の間の説明関係——である[38]。この基づけ関係の成立条件の定式化として有力とされる理論が，「因果理論 causal theory」である[39]。これによれば，以下の条件が満たされる場合に基づけが成り立つとされる。

　　因果理論的基づけ条件：S の信念 B は理由 R に基づいている iff S の B が
　　R によって因果的に維持されている[40]。

理由 R が信念 B を主体の認知プロセスにおいて因果的に維持する役割を果たしている場合に，この B は R に基づいていることになる。ここでの因果的維持とは，R があるゆえに B が継続して存在し続けているのであり，もし R を阻却されるなどして失ったならば，S は B を持たなくなるということである。さらに，基づけは主体の心的状態同士の関係であるとされ，入力としての理由 R と出力としての信念 B が双方とも，主体の認知プロセスに関わるものとなっていなければならない[41]。そのため，命題的正当化とは異なり，信念的正当化という認識的地位は，主体の認知プロセスにおいて信念維持の役割を果たす理由によってしか獲得されない。

　つまり，命題的正当化と信念的正当化では，主体の認知プロセスにおいて，

38）　cf. Carter & Bondy, 2019, 2.
39）　たとえば，Korcz（2021）では，基づけ関係は，この因果理論の観点から最も頻繁に分析されている，と紹介されている。
40）　この定式化は Evans（2013）によるものである。
41）　cf. Evans, 2013, 2945.

証拠がどのようなものとして理解されているかを考慮するか否かという点で差異があるのである。命題的正当化は，主体の認知プロセスにおける証拠の役割を度外視した上で，純粋に命題に対して正当化関係に立つ証拠があるか否かによって確定される。そして，先にも見たように，このような命題との正当化関係に立つ正しい証拠は，主体の観点によってそれが証拠と理解されているかどうかとは独立に，既に証拠としての地位を持つ。

このような命題的正当化を与える証拠と区別される重要な証拠概念が，〈ミスリーディングな証拠 misleading evidence〉である。ミスリーディングな証拠は，主体の認知状況の下では，正しい命題的正当化を与えるように見える証拠なのであるが，実際には事実とは異なる誤った結論を導くような証拠を指す。たとえば，夜の森で迷った主体 S が，北に行けば人のいる居住地につけることを知っていて，北の方角がどちらかを探しているとしよう。このとき S は，持っていたコンパスを取り出し，〈コンパスの指針〉を証拠として，それが指す方向へと歩き始めた。だが，S は知らないのだが，この森には，コンパスを狂わせる磁場があり，実際にはコンパスは北を指し示していなかった。このような状況において，〈コンパスの指針〉はミスリーディングな証拠と呼ばれる[42]。注意する必要があるのは，ミスリーディングな証拠は，単なる誤った証拠ではないということである。実際に，主体の制限された認知状況では信頼できると考えられる証拠が，ミスリーディングな証拠であることはしばしばあり，コンパスもそのような事例と言える。

一見すると，主体や評価者の視点からは命題的正当化を与えるように見える証拠が，実際にはミスリーディングな証拠であり，命題的正当化を与える正しい証拠ではなかった，という事態は常に想定可能である。そのため，主体の認知状況や能力を度外視して，命題との正当化関係のみから正しさが確定される証拠と，主体の視点を考慮に入れた上で正しいと暫定的に考えられる証拠——ミスリーディングな証拠の可能性があるもの——は，存在論的・概念的に区別されねばならない。

---

42) この事例は，Valaris（2020, 11）で提示されているものである。Valaris は，実際には信頼可能でないが，主体の認識的に制限された観点からはそれに頼ることが理に適っている証拠の例として，この事例を提示している。

5.3 認識的評価の本性と実質的真理性質の構成的結びつき　209

　以上の区別を念頭に置くと，信念という認識的対象が〈正当化されている／合理的である〉などの認識的性質を例化している際に成り立つ事実である〈認識的事実〉は，正確には以下のようなものとして定式化されることになる。すなわち，認識的事実とは，我々の認識的制限に影響されずに証拠としての地位を持つ —— ミスリーディングな証拠ではない —— 〈命題的正当化を与える証拠〉に基づいて信念pが形成されている際に成り立つ，pが〈正当性／合理性〉を例化しているという事実である[43]。我々の認識的評価の実践は，この〈命題的正当化を与える証拠（我々の視点に依存しない仕方で証拠としての地位を認められる証拠）〉に基づいて形成された信念に成り立つ認識的事実を記述しようとする実践である。したがって，〈ミスリーディングな証拠（我々の視点に依存して証拠と見做されているもの）〉と〈命題的正当化を与える正しい証拠〉に存在論的・概念的な区別があることを担保できなければ，認識的評価が記述しようと試みている対象である〈認識的事実〉というものも担保できなくなってしまう。

　このことを見るために，いま仮に，命題との正当化関係のみからその地位が獲得される証拠など存在しないのだと前提しよう。つまり，ある理由が証拠としての地位を獲得するルートは，〈我々の視点から見てその理由が命題の真偽を支持するように見えるときに，証拠としての地位を獲得する〉というルートしか存在しないと仮定する。その場合，我々は，命題的正当化を実際に与える正しい証拠を，ミスリーディングな証拠から存在論的にも概念的にも区別できなくなってしまう。そうすると，我々の視点から正しいと認定される証拠に基づく信念は，常に正当性を認められるため，我々の信念が本当のところ誤って

---

43)　そのため，実際に真理を示していないミスリーディングな証拠に基づく信念は決して〈認識的正当性〉や〈認識的合理性〉を例化することはない，ということになる。しかしながら，先のコンパスの事例のような状況では，Sが〈コンパスの指針〉に従って信念形成をするのは理由のないことではないのだから，彼の信念が〈認識的に正当／合理的〉でないというのはおかしいと考える論者もいるかもしれない。これに対しては，〈認識的正当性／合理性〉を例化する信念と，〈やむをえない excusable〉〈筋が通った reasonable〉信念を分けることで対処できる。認識的正当性／合理性を信念が例化するのは，その信念が実際に真理を示す証拠に基づく場合のみである。しかし，主体の認知状況からはミスリーディングな証拠に基づく信念形成は理解可能だったと言える場合，その信念はやむをえない筋の通ったものではある。このような方針は，実際に〈証拠外在主義者 evidential externalist〉たちの間で採用されているものである（cf. Fratantonio & McGlynn, 2018）。

210　第5章　メタ認識論と真理

いて，実際には〈正当性〉を例化する認識的事実ではなかったという余地が残らないことになる。しかし，これだと，〈信念が正当性を例化している〉という認識的事実は，我々によって証拠と認定された理由に基づいている信念を，我々が〈正当化されたもの〉として扱っている，ということに過ぎなくなる。だが，それは既に退けられた認識的表出主義の立場にほかならない。

　以上から，認識的評価が認識的事実を記述しようとするものである以上，命題的正当化を実際に与える正しい証拠と，ミスリーディングな証拠を，存在論的・概念的に区別できなければならないということが導かれる。我々の認識的評価実践は，ミスリーディングな証拠に基づく信念ではなく，実際に命題的正当化を与える証拠に基づいている信念に成り立つ〈認識的事実〉を捉えようとする試みだからである[44]。

　さて，ここで問題にしたいのは，〈真理性質はプラティチュードを満たすという特徴を持つ命題のみに例化されるものである〉とするインフレ主義を否定した場合，すなわちデフレ主義の立場を採用した場合，ここで述べられたような証拠の区別 —— 命題的正当化を与える証拠とミスリーディングな証拠の区別 —— の存在を担保できるかどうか，という点である[45]。この点を検討する際に参照点となるのが，証拠の区別を与える上で満たさなければならない以下の条件 —— これを証拠の区別条件と名づけよう —— をデフレ主義が満たせるかどうかである。

44）　このことは，以下のような高階の認識的評価についても当てはまる。我々は，ときに過去の認識的評価の実践を，認識的に正当でないものだったとして排除する。この排除が可能であるためには，一階の認識的評価実践が誤っていた，と言えなければならない。そのためには，ミスリーディングな証拠と実際に正しい証拠が区別されており，我々はこれまでミスリーディングな証拠に従っていたのだと考えられなければならない。すなわち，我々の認識能力の制約とは独立に証拠としての地位を持つ正しい証拠と，ミスリーディングな証拠を分けねばならないのである。

45）　ここでの「証拠の区別」という文言は，ある証拠について，それが〈命題的正当化を与える証拠〉なのか〈ミスリーディングな証拠〉なのかを我々が認知的に区別できる術を与えることを指しているのではない。そうではなく，どの命題についても，その真理を支持する証拠の中には〈命題的正当化を与える証拠〉と〈ミスリーディングな証拠〉が存在するので，各命題それぞれすべてについて，どのような証拠が〈命題的正当化を与える証拠〉と呼ばれ，どのような証拠が〈ミスリーディングな証拠〉と呼ばれるのかを概念的に区別する道具立て —— 条件 —— を用意しなければならない，ということである。なぜすべての命題それぞれについてこの概念的区別を可能にする道具立てを用意しなければならないのかについては，すぐ下で証拠の区別条件が必要な理由を述べる箇所で説明する。

証拠の区別条件：すべての命題について，その命題と実際に正当化関係に立
つ命題的正当化を与える証拠と，単に我々が証拠と見做しているもの（ミ
スリーディングな証拠）の間の存在論的・概念的区別を保証する道具立て
を与えねばならない。

証拠の区別を与えるに際してこの〈証拠の区別条件〉が課されるのは，以下の
理由による。認識論の評価実践は，任意の真理適合的な信念それぞれについて，
その正当性／合理性の有無を評価する実践である。そして，認識的評価は，こ
れら各信念が〈命題的正当化を与える証拠〉に基づいて持たれている際に正当
性／合理性を例化することで成り立つ認識的事実を記述しようとする営みなの
で，任意の命題を内容に持つあらゆる信念について，ミスリーディングな証拠
に基づいているケースと，命題的正当化を与える証拠に基づいている——実際
に正当性／合理性を例化している——ケースという区別が存在することを原理
的に担保できねばならないのである。これはつまり，証拠の区別条件で明示さ
れているように，あらゆる命題一つ一つについて，我々がその真偽の根拠と見
做しているが実際には誤った結論を支持しているような証拠と，その正しさを
実際に示している証拠との間には存在論的・概念的な区別があるのだと保証す
る道具立てを用意する，ということである。
　では，デフレ主義がこの条件を満たす仕方で証拠の区別が存在することを担
保しうるのかを検討していこう。デフレ主義の下では，ES の右辺の文の主張
を適切だと我々が認める場合——社会集団の合意が得られる場合など——に命
題の真理が認められるとされ，この真理はプラティチュードを持たず，それを
実現する性質は存在しないとされる。このとき，ES の右辺の文の主張の適切
性条件をどのように与えうるかを考えてみたい。まず，右辺の文の主張の適切
性条件が，その主張内容が広く信じられていることなどと同一視される場合，
命題的正当化を実際に与える正しい証拠と，ミスリーディングな証拠との間に
区別が存在することは保証できなくなる。なぜならこの場合，命題の真理は，
ES の右辺の文の主張がその時点で適切だと認められていれば成り立つので，
〈証拠〉も，その時点で ES の右辺の文の主張の適切性を示す根拠として主体
に認められているもののことを意味することになるからである。つまり，常に

212 第5章 メタ認識論と真理

我々の実践の視点に〈証拠〉が依存することになる。この場合，命題的正当化を与える正しい証拠が我々の認知的制約と独立に存在する，ということを担保する余地がない[46]。

そのため，命題的正当化を与える証拠とミスリーディングな証拠の区別を与える上では，以下のような方法を採る必要がある。すなわち，ESの右辺の文の主張が適切なのは，その文で主張されている内容が実際に成り立っている場合のみであるとし，文の主張内容が成り立っていると〈単に思われている〉場合には右辺の文を主張する適切性は担保されないとする方法である。これなら，ESの右辺の文の主張の適切性を示す証拠は，主体の観点のみで正しさが認められているのではなく，実際に正しい証拠でなければならないとデフレ主義でも主張することができる。ただしこの際，すべての命題について，命題的正当化を与える証拠とミスリーディングな証拠の区別を担保する――〈証拠の区別条件〉を満たす――ことができる必要があるので，命題を表現する文すべて――ESの右辺に代入可能なすべての文――の主張の適切性条件に，〈その文で表されている内容が実際に成立していること〉を課すことが，デフレ主義には必要となる。

しかし，このような主張は，プラティチュードを満たす真理性質の存在を密輸入することになるという点で問題がある。この理由を以下説明しよう。まず，あらゆる命題について，ESの右辺の文の主張が我々によって認められているだけではなく，実際に正しい場合にのみ真であると主張可能だとするのであれば，個々の命題のいずれについても，それが真となるためには〈我々が単にそれが正しいと認めているだけではなく，実際に正しいものである必要がある〉と認めることになる。しかし，それはあらゆる真なる命題について，プラティチュード①（真なる命題とは，我々がそれを信じる際に，正に信じた通りにあるものである）とプラティチュード③（真なる命題とは，信じることが正しいものである）の特徴が必ず成り立つと認めるということである。また，命題がプラティチュード①③をともに満たすものであるなら，それは我々が今後なにかの探究に携わる際に安心して採用できる前提となるような命題であるはずなので，

---

46) この種のデフレ主義が，実際に命題が正しいことと，特定の時点で保証されているだけであることを区別できないという類似の議論としては，Wright（2001）がある。

プラティチュード②（探究に携わる際に真だと信じるべきものである）という特徴もこの命題は満たすだろう。だが、デフレ主義は、真理性質を例化する各命題がすべて〈プラティチュード①〜③を満たす〉という特徴を共有すると認めることはできない。無論、デフレ主義であっても、個別の命題については、その真理の根拠を提示することはできる。これは、本書0.4.3項でデフレ主義論駁の際の注意点として述べた通りである。しかし、個別の命題でなくすべての真なる命題に共有される特徴として、〈プラティチュード①〜③を満たす〉という特徴があると主張することは認められないのである。このことは、コアテーゼ①②から〈真理性質は、その外延同士の類似性を根拠づけるような共通の特徴を持たない豊富な性質である〉ことが含意される、という序章の議論から導かれる[47]。それによれば、デフレ主義は真理性質を例化する命題同士の類似性の根拠となるような特徴を認めることはできないのだった。しかし、プラティチュードは、機能主義的インフレ主義の議論で見たように、まさしく、真理性質を例化する命題同士の類似性の根拠となるような特徴なのである。第2章や「小括と第Ⅱ部への展望」で確認したように、機能主義をベースとするインフレ主義は、真理は、原理的に〈対応〉や〈整合〉といったさまざまな実現性質によって多様に例化されうるものだとする。その意味で、個々の命題が真になる仕方は全く異なるものでありうる。しかし、それでもなお、それぞれの真なる命題が共通の性質を例化していると言えるのは、それが〈プラティチュード〉という本性的特徴を持つからである、と説明されていた。つまり、プラティチュードは、真になる仕方が異なりうるそれぞれの真なる命題が、なぜ同じ「真である」という述語の外延となるのかという、その類似性の根拠を与える特徴として機能しているものなのである。デフレ主義者は、このような機能を果たす特徴を真理性質が持っていることを否定するのであるから、真理性質を例化する命題すべてがプラティチュードを共有すると認めるわけにはいかないのである[48]。

---

47) この議論については、本書0.4.2項を参照のこと。

48) 本書のこの見解と同様、Edwards も、ES の右辺の文の主張可能性について、すべての命題が満たさねばならない共通の条件としてプラティチュードに類似した条件を課す場合、その立場はデフレ主義には回収できないものになると指摘している（cf. Edwards, 2012, §3）。

214 第5章 メタ認識論と真理

そのため，ES の右辺が成立するための条件として，右辺の文で主張されている内容が実際に成り立っていることを一律に課し，主張内容が成り立っていると単に思われている場合には右辺の文を主張する適切性は担保されないとする方針は，デフレ主義では採れない。この方針を採ると，デフレ主義の核となるコアテーゼ①②から導かれるはずの含意を否定して，真理性質は，それを例化するものがみなプラティチュードを満たすという特徴を共有するような性質だと認めることになるからである。この場合，真理性質を例化する命題すべてが共有する，それらの命題が真理述語の外延となるのはなぜかを説明する根拠となるような特徴があると認め，かつ，認識論において証拠の種類の区別を担保する上ではこの特徴への参照が不可欠だと主張——コアテーゼ②を否定——することになる。また，命題の真理は，その命題がなんらかの性質を所有することでプラティチュード①〜③を満たすことができる場合にのみ成り立つ，とする機能主義的ミニマルインフレ主義の構成理論を認める——コアテーゼ①を否定する——ことにもなる。しかし，その立場はもはやインフレ主義にほかならない。

　また，デフレ主義が命題的正当化を与える証拠とミスリーディングな証拠の区別を担保する上でプラティチュードに頼る必要がある理由は，別の仕方でも以下のように説明できる。まず，命題 p に対するある証拠が，ミスリーディングな証拠ではなく，実際に p が真であることを示している命題的正当化を与える証拠であるのなら，それは〈p を我々が信じる際に，p は正に我々が信じた通りにある＝その命題にプラティチュード①が成り立っている〉と示しているような証拠となっている必要があるし，また，〈p は信じることが正しいものである＝p にプラティチュード③が成り立つ〉と示しているような証拠となっている必要もある[49]。なぜなら，ある証拠 e が，p は〈我々が信じる際に正に信じた通りにある〉ような〈信じることが正しい〉命題である——プラティチュード①③が成り立つ——と示せていないならば，この e は，信じることが正しいという特徴を持っていないような命題 p を支持してしまっている証拠であり，また，我々がその命題を信じた際に誤りの可能性があるという特徴を持つ

49）　また，すぐ上で見たように，プラティチュード①③を満たす命題は，必然的に②も満たすことになる。

命題を信じることを支持している証拠だということになるからである。このような証拠は，ミスリーディングな証拠であり，命題的正当化を与える証拠ではない。そのため，〈命題的正当化を与える証拠〉を〈ミスリーディングな証拠〉から概念的に区別するためには，真なる命題は必ずプラティチュード①〜③を満たすものであると――すなわち性質インフレ主義を――認めなければならない。そして，先にも見たように，〈証拠の区別条件〉を満たすためには，この二種類の証拠の区別を各命題すべてについて担保しなければならない。それゆえ，デフレ主義に反して，それぞれの真なる命題すべてについて，プラティチュード①〜③が成り立つという特徴があることを認める必要がある。

　このように，デフレ主義で〈証拠の区別条件〉を満たす仕方で証拠の区別を与えることは困難である。すべての真なる命題にだけ共有される特徴を実際に捉えている証拠を〈命題的正当化を与える証拠〉，そのような特徴を捉え損ねている証拠を〈ミスリーディングな証拠〉として区別する方法を採ることが〈証拠の区別条件〉を満たす上で必要となるが，その方法を採るとデフレ主義を放棄することになるからである。つまり，デフレ主義は，以下のジレンマに陥るということだ。

　ジレンマの角①：自説を保ち真なる命題に共有されるプラティチュード①〜③という特徴を認めない場合，認識論という営みに必要な証拠の区分を与えられなくなる。
　ジレンマの角②：認識論という営みに必要な証拠の区分を保つために，真なる命題に共有される特徴としてプラティチュード①〜③を認めると，インフレ主義に回収される。

　まとめよう。先の議論からも分かるように，我々が認識的評価の実践において記述することを目指しているのは，認識的事実である。そして，この認識的事実は，実際に正しい命題を内容に持つ信念が，その正しさを実際に示している〈命題的正当化を与える証拠〉に基づいて持たれている際に，その信念に〈合理性／正当性〉という性質が例化されることで成り立つものである。ここで参照されている認識的事実は，単に我々の営みの上である信念が合理性／正

216 第5章 メタ認識論と真理

当性を例化していると認定される際に措定されるものではなく，我々と独立に在る事実である。我々の認識的評価は，この認識的事実を記述しようとしている[50]。そして，今見た通り，このような認識的事実を記述しようとする営みが原理的に可能となるためには，真理性質を例化する命題がプラティチュード①〜③という特徴を共有することを認め，この特徴を命題が所有していることを実際に示している証拠（命題的正当化を与える証拠）と，この特徴を捉え損ねている証拠（ミスリーディングな証拠）を分ける必要があるのである。これは，証拠の区分を与える上では，最低限，機能主義的ミニマルインフレ主義の採用が必要だということだ。改めて確認しておくと，これは以下のような立場である。

機能主義的ミニマルインフレ主義：
構成理論：命題 p が真理性質を例化する iff p がプラティチュード①〜③を満たすなんらかの真理実現性質を所有する。
真理性質の定式化：真理性質とは，プラティチュード①〜③を満たすなんらかの真理実現性質を p が所有する際に，p に例化される性質である。

そして，プラティチュード①〜③とは，以下のものである。

①真なる命題とは，我々がそれを信じる際に，正に信じた通りにあるものである。

---

50) 我々の認識的評価の実践が認識的事実を記述しようとする実践であることは，我々が認識的評価においてミスリーディングな証拠から命題的正当化を与える証拠を必ず認知的に区別できるという考えを含意しない。そのため，我々の認識的評価がしばしば認識的事実を記述し損ねていて，そのことに我々が気づけていない，ということもありうる。しかし，このことは，命題的正当化を与える証拠とミスリーディングな証拠の区別や，前者の証拠に基づく信念と後者の証拠に基づく信念の区別が存在しないことを意味しない。たとえば，本項の前半で挙げた夜の森で迷った事例の S の立場に我々がいたと仮定したとき，我々は〈コンパスの指針〉が命題的正当化を与える証拠なのかミスリーディングな証拠なのかを区別できない。しかし，そうだとしても，〈コンパスの指針〉は誤った結論を支持するミスリーディングな証拠なのである。そのため，〈命題的正当化を与える証拠〉に基づいて形成されている正当性／合理性を例化する信念を，ミスリーディングな証拠に基づく信念から正しく区別して記述することが我々の認知能力では困難だとしても，前者の信念のみに認識的事実が成り立っているということは否定されない。

②真なる命題とは，探究に携わる際に真だと信じるべきものである。

③真なる命題とは，信じることが正しいものである。

上述の通り，すべての真なる命題について，命題的正当化を与える証拠とミスリーディングな証拠の区別が存在することを担保する——〈証拠の区別条件〉を満たす——には，少なくとも真理性質を例化する命題がいずれもプラティチュード①〜③という特徴を共有することを認めなければならないので，以上の機能主義的ミニマルインフレ主義を認める必要がある。この立場を認めることではじめて，命題的正当化を与える証拠（真なる命題だけが所有している特徴を実際に示している証拠）と，ミスリーディングな証拠（真なる命題が所有している特徴を実際には捉え損ねている証拠）の存在論的・概念的区別を，すべての真なる命題について担保することができるのである。そのため，真なる命題がプラティチュード①〜③という特徴を共有することを認めない場合，〈命題的正当化を与える証拠〉に基づいて持たれた信念にのみ成り立つ〈認識的事実〉を記述しようとする認識論の営みは成立しなくなってしまう。既に5.2節で見たように，認識的評価の営みは，我々の視点から任意の信念に正当性／合理性を認めるべきかを決定する態度実践ではなく，認識的事実を記述しようとする実践である。そのため，すべての真なる命題に共有される特徴としてプラティチュード①〜③を認めないデフレ主義では，我々の認識的評価の実践を保てないし（ジレンマの角①），プラティチュードを認めて認識的評価の実践を保とうとすると，デフレ主義を放棄して機能主義的ミニマルインフレ主義を認めることになる（ジレンマの角②）。

　では，デフレ主義は，ジレンマの角①と②のいずれを採るべきだろうか。ここで思い出すべきなのは，デフレ主義者たちがいかなる仕方で自説を導いていたか，ということである。序章で示したように，彼らは，真理性質にはそれがなければ説明できないような世界内の事実は存在しないので，真理性質に実質性を認めなくともよい，という仕方で自説を導いていた。そのため，彼らが自説を保持することが許されるのは，デフレ主義の理解する真理性質によって，世界内の事実をすべて説明できる限りにおいてである。しかし，認識的評価という営みにおいて不可欠である，〈命題的正当化を与える証拠〉と〈ミスリー

218 第5章 メタ認識論と真理

ディングな証拠〉の存在論的・概念的区別を担保するためには，プラティチュードを満たす実質的な真理性質が不可欠である。そのため，彼らはジレンマの角①を採ることはもはやできない。とすると，デフレ主義に残される選択肢は，インフレ主義に回収される道だけだということになる。

5.3.2 メタ認識論におけるインフレ主義的真理の不可欠性

次に，認識的表出主義の論駁から導かれた含意の第二の点を確認する。それは，認識論の営みを記述するメタレベルの理論の成否を判断するにも，どの理論が正しいかを示す認識的規範が必要だ，という基準3から導かれるものである。

認識的評価という営みがいかなる本性のものであるかを説明するメタ認識論的理論には，認識的表出主義と認識的記述主義という対立する二つのものがあった。このようなメタ認識論的理論の対立において，どの立場が正しいのかを認識的に判断する際には，この判断を裏づけるなんらかの認識的規範が必要となる。そして，前節で見たように，《ある認識的規範を信じることは正当である》という命題を根拠を持って真だと主張するためには，デフレ化されない真理の構成理論が必要なのである。

そのため，コアテーゼ①に反し，機能主義的ミニマルインフレ主義の真理の構成理論が，メタ認識論の議論の調停という場面でも必要となる。

5.4 証拠構成主義と規範構成主義の導出

以上から，二つの新たな構想が要請される。〈証拠構成主義〉と〈規範構成主義〉とそれぞれ呼ぶことができる構想である。

まず，前者について確認しよう。これはすなわち，証拠（認識的理由）という存在者，そして概念そのものが，〈真理性質はプラティチュード①～③を満たす命題にのみ例化される〉という考えを構成的に要請している，というテーゼから成る立場である。このテーゼは以下のように導出される。まず，先に見たように，認識的事実を記述しようとする営みとして認識的評価を説明する上では，すべての真なる命題について，〈ミスリーディングな証拠〉と〈命題的

正当化を与える証拠〉の区別が存在することを担保できねばならない。この区別には，真なる命題だけが共有する特徴——プラティチュード①〜③——を命題が実際に持っていると示す証拠を〈命題的正当化を与える証拠〉として，そして，この特徴を捉え損ねている証拠を〈ミスリーディングな証拠〉として理解することが必要となる。そのため，真なる命題はすべてプラティチュード①〜③を満たすという特徴を持ち，それゆえに真となるという機能主義的ミニマルインフレ主義の真理理解が，〈命題的正当化を与える証拠〉と〈ミスリーディングな証拠〉という二つの存在者，そして概念が区別されるための前提となっているのである。

　そして，この証拠構成主義により，コアテーゼ②を論駁することができる。既に見た通り，真なる命題はすべてプラティチュードを満たすという特徴を共有すると考えるのでなければ，各命題すべてに対して，単に我々の視点から証拠と見做されているものと〈実際に命題的正当化を与える証拠〉を存在論的・概念的に区別できない。そのため，プラティチュードを満たす命題にのみ成り立つ真理性質には，不可欠の説明役割があると言えるので，コアテーゼ②は論駁される。また，この場合，命題的正当化を与える証拠とは，真なる命題にのみ成立する特徴——プラティチュード①〜③——をある命題が持っていると実際に示す証拠であるので，この証拠構成主義の構想では，〈プラティチュード①〜③を満たすという特徴を持つ場合にのみ各命題は真となる〉という真理性質の構成理論も必要となる。それゆえ，認識的評価の実践の説明の際に証拠構成主義が要請される時点で，コアテーゼ①も論駁される。

　また，もう一つの構想である〈規範構成主義〉は，認識論という営みのメタ記述について，一つの正しい描像を正当化された形で選び出す上では，認識的規範が必要であり，その規範の正しさを担保するには，真理の構成理論が必要だという立場である。そのため，この構想によってもコアテーゼ①は論駁される。

　以上から，認識論という営みには対象レベルとメタレベルの双方で，機能主義的ミニマルインフレ主義によって定式化されるような真理性質が必須となっているという主張の妥当性が示されたと言えるだろう。認識的事実を記述する認識的評価の営みを我々が保存するには，すべての真なる命題だけが共有する

特徴としてプラティチュード①〜③を認め，そのプラティチュードを満たす性質が所有されている場合に各命題は真となる，という考えを認めないわけにはいかないのである。そのため，デフレ主義は論駁される。

まとめ

　本章では，認識論という実践，すなわち，認識的評価とはなにかという本性の問いを扱った。認識的評価の本性については，認識的事実を記述する営みと捉えるアプローチと，そうした事実を否定する認識的表出主義のアプローチとがあり，このうち，後者のアプローチでは認識的評価という営みを適切に説明することはできないことが本章の分析で明らかとなった。そして，この分析の結果として，認識的評価という営みの本性をどう理解するべきかについて重要な基準が三点あることが確認された。

　　基準１：認識的評価を態度の表明として扱うと二階の認識的評価の問題を解
　　　　　消できないので，認識的評価は事実を記述しようとする実践だと考える必
　　　　　要がある。
　　基準２：認識的合理性と実践的合理性の境界を区別できるように，認識的評
　　　　　価の特徴①②を保つ必要がある。
　　基準３：認識的評価の本性をめぐる諸理論が自説の正当性を論証するには，
　　　　　特定の認識的規範の真理を前提せねばならないが，デフレ主義的真理論に
　　　　　定位するとどの認識的規範が正しいのかに関する意見の不一致への対処が
　　　　　できなくなるので，構成理論を持つ真理論によって，その真理の根拠を与
　　　　　えられるようにする必要がある。

基準１と基準２からは〈証拠構成主義〉という構想を，基準３からは〈規範構成主義〉という構想を採用しなければならないという帰結が導かれる。証拠構成主義は，任意の信念に対して，実際に認識的正当性を付与する〈命題的正当化を与える証拠〉と〈ミスリーディングな証拠〉という二つの存在者・概念の区別を用意する上で，その前提として機能主義的ミニマルインフレ主義の真理

理解が必要だ，というものである。この構想が要請されるのは，すべての真な
る命題について，その真理を実際に示す〈命題的正当化を与える証拠〉と〈ミ
スリーディングな証拠〉を存在論的・概念的に区別するためには，真なる命題
はすべてプラティチュードという特徴を共有しているとした上で，その特徴が
実際に命題に成り立っていると示す証拠を〈命題的正当化を与える証拠〉と理
解する必要があるからである。また，規範構成主義は，認識的評価の本性を説
明する複数の理論のうち，どの理論の採用が正当かを規定する唯一正しい〈認
識的規範 E〉が必要であり，この E の正しさを裏づけるために，インフレ主
義的な真理の構成理論が必要だ，というものである。この二つの構想のうち，
証拠構成主義によってデフレ主義のコアテーゼ①②の双方が論駁される。また，
規範構成主義によってもコアテーゼ①は論駁される。

　証拠構成主義と規範構成主義というこの二つの構想を否定して困らないのは，
認識論における認識的評価という実践を必要としない者だけである。しかし，
我々は，さまざまな主張の正しさ／誤りを示す証拠を集め，論証し，その成否
を評価する認識的評価の実践を日々行っているので，この実践を放棄しようと
することはおそらくできない。少なくとも，デフレ主義のコアテーゼは，我々
の行う実践はインフレ主義を仮定せずともすべて説明できるという方法論上の
利点から導出されていた。だとすれば，〈我々が実際に行っている認識的評価
の営みを捨て去るという選択〉を彼らは採れない。それゆえ，コアテーゼ①②
をデフレ主義者は保つことができない。

　以上から，我々はコアテーゼ①②の論駁に成功し，インフレ主義を採らざる
をえないことを結論できたと言える。

　ただし，我々は戦略として，機能主義という型だけを残したミニマルなイン
フレ主義をとることで，具体的な構成理論を特定せずにコアテーゼ①②を論駁
した。そのため，本章で擁護されたのは，ミニマルなインフレ主義のみである。
このミニマルなインフレ主義では，命題がなんであれプラティチュードを満た
す際に例化されるものとして真理性質を理解し，命題がプラティチュードを満
たすことを可能にする性質がなんであれ真理実現性質であるとされる。この際，
では真理実現性質とは〈対応〉や〈整合〉などのうちどの性質なのかという特
定作業はなされていない。しかし，認識論における証拠概念の区分を与える上

では，この骨組みだけのミニマルなインフレ主義で十分なのである。

　次章では，本書で提示したミニマルなインフレ主義に対して考えられる反論を検討することで，この立場の輪郭をさらに深堀りし，そのメリットとデメリットを明示する。その上で，機能主義的ミニマルインフレ主義のデメリットを補う改良を施し，筆者が最も有望だと考えるインフレ主義の形式を描き出す。

第6章　機能主義的ミニマルインフレ主義と方法論的インフレ主義

　はじめに，本書のこれまでの議論から擁護されたインフレ主義がどのような
ものかを押さえ直しておこう。我々は，第Ⅰ部の検討を踏まえ，コアテーゼ①
の構成理論の問いに一意に答えることは現状困難であるという結論に辿り着い
たため，Lynch の提唱した機能主義からドメイン概念を取り除いた機能主義
的ミニマルインフレ主義を導出した。これは以下のように定式化される立場で
ある。

　機能主義的ミニマルインフレ主義：
　構成理論：命題 p が真理性質を例化する iff p がプラティチュード①〜③を
　　満たすなんらかの真理実現性質を所有する。
　真理性質の定式化：真理性質とは，プラティチュード①〜③を満たすなんら
　　かの真理実現性質を p が所有する際に，p に例化される性質である。

つまり，真理性質とは，命題がプラティチュード①〜③をすべて満たす真理実
現性質 F を有する場合に，その命題によって例化される性質である。このプ
ラティチュードを満たす真理実現性質 F は，この立場においては事前に同定
されずともよい。なぜなら，各命題が真となるかどうかは，その都度，その命
題がプラティチュードをなんらかの仕方で満たす性質を所有しているかどうか
に照らして個々に判断すればよいので，事前に真理実現性質とは〈対応〉や
〈整合〉であるなどと同定しておかなくとも真偽判断はできるからである。そ
のため，命題を表現する真理適合的な文を〈真理適合性のミニマリズム〉[1]に
よってまず検出し，その後で，その命題がプラティチュードを満たす特定の真

理実現性質 ——〈対応〉や〈整合〉—— を持つかどうかを判断すれば，事前に真理実現性質の内実を同定せずとも，各命題の真偽判断はできるのである。このような立場が，機能主義を前提した場合にインフレ主義が採ることのできる，ミニマルなインフレ主義となる。この立場は，真理性質にはデフレ主義が認めない特徴（プラティチュード①〜③）があり，どの命題もこの特徴を持たない限り真とはならない，と主張する点で，デフレ主義に反するインフレ主義の理論となっている。

前章では，この理論の必要性を示すことで，コアテーゼ①②の論駁を行った。少なくとも，認識論という営みを説明する上では，対象レベルとメタレベルの二つの次元で機能主義的ミニマルインフレ主義が組み込まれる必要があるため，コアテーゼ①②は誤りとして論駁されることになる，というのがそこでの結論だった。

しかし，これは本当に十全なインフレ主義の擁護になっているのだろうか。実際には，デフレ主義の側にも筆者の議論を回避する手立てや，筆者の示したインフレ主義の問題点を指摘する道が残っているのではないか。こうした懸念を回避し，筆者の提示したインフレ主義の擁護が十全に達成されていることを示すためには，デフレ主義からの反論の余地について検討し，この立場がそれに対してどのように答えることができるのかを見ていくことが有用であろう。

そこで，本章ではまず，6.1節でこの反論の余地について検討し，それに答えていく過程で，機能主義的ミニマルインフレ主義の描像を明確にするという作業を行う。以上の作業により，ミニマルインフレ主義が，インフレ主義として適格かつ十分なものであることを明らかにしていく。しかし，この作業は同時に，ミニマルインフレ主義に内在する限界を示すことにもなる。特に，ミニマルインフレ主義は，一般化された認識論的主張を行うことができないというデメリットを抱えることになる。そこで，この限界を超えるために，ミニマルインフレ主義に追加のオプションとして〈方法論的インフレ主義〉という選択肢を与える作業を6.2節で行う。

以上の過程を通じ，本書で新たに擁護されたインフレ主義がどのようなもの

---

1) 真理適合性のミニマリズムについては，本書0.4.1項を参照のこと。

であるかが，明確な仕方で描き出されることになる。

6.1 機能主義的ミニマルインフレ主義

本節では，機能主義的ミニマルインフレ主義に対して考えられる批判を複数検討し，それぞれに機能主義的ミニマルインフレ主義を擁護する議論を与えていく。まず次項でこの立場への考えられうる批判を示し，続く項でこの批判に答える。

6.1.1 機能主義的ミニマルインフレ主義に対する可能な批判

本項では，機能主義的ミニマルインフレ主義に対して提示されうる批判を複数確認していく。最初に考えられる批判は，以下のものである。

批判1：機能主義的ミニマルインフレ主義では，構成理論の問いに十全に答えられていないのではないか。また，そのような立場では，我々の真偽判断の実践に資するインフレ主義の理論にはなりえないのではないか。

この批判は，機能主義的ミニマルインフレ主義の構成理論の特徴から生じる。機能主義的ミニマルインフレ主義では，機能主義をベースとし，真理実現性質を，〈なんであれプラティチュードを満たす性質〉として定式化する。そのため，実際にその構成理論に固定された真理実現性質が割り当てられていないし，この性質は具体的に特定されてもいない。このような状態で，それは真理性質の構成理論と言えるのか。仮にそう言えないとすれば，コアテーゼ①が論駁されたとは言えないだろう。また，こうした具体的な真理実現性質が固定されていない状態では，我々がある命題を真とか偽とか言う際に，その拠り所にする手がかりが全くなくなってしまうのではないか。以上が，最初の批判——批判1——である。

次に考えられる第二の批判は，以下のものである。

批判2：機能主義的ミニマルインフレ主義の擁護の一つの核となっている証

226 第6章 機能主義的ミニマルインフレ主義と方法論的インフレ主義

拠構成主義の構想は，実質的に，1.3節で確認した②タイプのプラグマティズム説（性質デフレ主義＋概念インフレ主義）によって代替可能なのではないか。

筆者が提示した証拠構成主義は，我々の認識論の実践において，すべての真なる命題一つ一つについて〈命題的正当化を与える証拠〉と〈ミスリーディングな証拠〉の存在論的・概念的区別を担保する上では，真なる命題はいずれもプラティチュードを満たすという特徴を共有していると理解し，〈命題的正当化を与える証拠〉をこの特徴が命題に成り立っていることを捉えている証拠として理解する必要がある，というものであった。しかしながら，プラグマティズム説では，真理と現状の保証との間にギャップを持たせるために，真理概念のうちに，理想的に探究が遂行されたなら到達されるであろうもの，という統制的想定を含める。これは，我々が今持っている証拠が，実際に正しい証拠とは異なる可能性を示し，両者の存在論的・概念的区別を与えることを可能にしてくれるようにも思われる。だが，このプラグマティズム説は〈我々による保証とはギャップを持つ客観的なものである〉という仮定を真理〈概念〉に加え，単なる〈保証〉が成り立つ状態から真理概念を区別する方法を与える一方で，そのような客観性を真理〈性質〉にまで付与することは否定する。たとえばPriceは，真理という概念は我々の保証に還元することのできない概念として理解される必要があるが，だからといって，真理〈性質〉にまで客観性という実質性を持たせる必要はないとする[2]。そうだとすれば，認識論の実践において正しい証拠と他の証拠を区別するためには，真理についての概念インフレ主義だけで十分だ——性質インフレ主義はいらない——と言える。以上が，批判2である。

　第3の批判が，以下のものである。

---

2) Priceによれば，真理とは，我々が他者の主張に根拠を求め，それが与えられない場合には主張の撤回を求めることができるようにするために，我々が実践上の関心から発明した概念に過ぎない。つまり，真理という概念については〈我々の実践関心を超えた客観性を持つ〉という包摂条件を与えておくことが必要だが，客観性をもともと備えた性質として真理を捉える必要はないとされる（cf. Price, 1998）。彼は，真理概念のそのような包摂条件が要請されたのは，意見の不一致の際に，一方のみが正しいと言えるためになんらかの客観的概念が欲しいという理由によるとしている。

批判 3：筆者が提唱する証拠構成主義は，認識実践を過度に知性化するのではないか。

証拠構成主義からは，我々が信念を形成したり，その合理性／正当性を評価したりする実践は，真理のプラティチュードを理解し，それを基に種々の証拠に存在論的・概念的区別が存在することを把握できる主体でなければ行えないことが帰結する。なぜなら，この立場によれば，我々が証拠の種類の区分を把握し，どの種類の証拠に基づいてなにを信じれば合理的なのかを検討して信念を形成するためには，真理のプラティチュードを把握していなければならないからである。だが，信念を形成することができるとしばしば認められる動物や幼児は，真なる命題がプラティチュードという特徴を持っていることや，その特徴を捉えている証拠とそうでない証拠は概念的に異なるものであるということを把握した上で，適切な証拠を検討しながら信念を形成する，といった高度な知性的能力は持っていないのではないか。そうすると，本来，信念を形成するという動物や幼児にも認められる実践を，証拠構成主義を採ると認められなくなってしまうのではないか。そのため，動物や幼児にも信念形成は可能だと認められている実情に照らして，過度に認識実践を知性化してしまう，というもっともらしくない帰結を，証拠構成主義は持つと考えられる。以上が批判 3 である[3]。

　次項では，以上に見た三つの批判に対して応答し，機能主義的ミニマルインフレ主義の構想の内実・利点を明確化していく。

6.1.2　機能主義的ミニマルインフレ主義の応答

　まず，批判 1 は機能主義的ミニマルインフレ主義にとって脅威となるものではない。機能主義的ミニマルインフレ主義では，具体的な真理実現性質──〈対応〉や〈整合〉など──を同定しておかなくとも，ある命題が真であるか

---

3)　この批判は，第 4 章で検討した〈認識的構成主義〉に対してデフレ主義者の Wrenn（2014）が提示した批判とパラレルなものである。Wrenn が認識的構成主義に対して提示した批判とは，信念を持つには真理概念を知る必要があることになるが，それでは動物たちが信念を持てないことになってしまう，というものである。

228　第6章　機能主義的ミニマルインフレ主義と方法論的インフレ主義

どうかを検討する場面が来たときに，それがプラティチュードをなんらかの仕方で満たしているかどうかで命題の真偽を判断することが可能である。また，正しい真理実現性質をあらかじめ同定しないこのような真理の構成理論でも，正しくない理論を排除することはできる。プラティチュードを満たさない命題を真と判定してしまう理論を除外していくことができるからだ。そのため，事前に個々の命題の真理実現性質を同定しておかないからと言って，我々が命題の真偽判断をする際にその拠り所がないなどということはない。

　確かに，機能主義的ミニマルインフレ主義は，個々の命題の真理実現性質が具体的になんであるのかについて真偽を判断する場面ごとに明らかにしていく仕組みであるため，正しい真理実現性質を個々の命題についてすべて見つけることまでは今のところできていない。しかし，これはコアテーゼ①が十分に論駁されていないということを意味しない。注目すべきは，前章の議論によって，もはやデフレ主義のように構成理論を認めない立場はうまくいかないことが示されたことである。ここで，前章で導かれた証拠構成主義がどのような理路で成り立っていたかを再確認しておこう。まず，認識論の評価実践は，任意の真理適合的な信念について，それが〈正当性／合理性〉を例化しているかどうか（認識的事実が成り立っているかどうか）を評価しようとする実践であるので，任意の命題を内容に持つあらゆる信念について，それがミスリーディングな証拠に基づいているケースと，命題的正当化を与える証拠に基づいている —— 実際に正当性／合理性を例化している —— ケースの間に区別が存在することを保証する道具立てを用意できねばならないのであった。これは〈証拠の区別条件〉を満たす必要があるということである。しかし，デフレ主義が証拠の区別条件を満たそうとすると，あらゆる命題について，ES の右辺の文が我々によって正しいと認められているだけではなく，実際に正しい場合にのみその文が主張可能だと言わねばならなくなる。だがそれは，デフレ主義の主張に反し，〈プラティチュード①＝真なる命題とは，我々がそれを信じる際に，正に信じた通りにあるものである〉〈プラティチュード②＝探究に携わる際に真だと信じるべきものである〉〈プラティチュード③＝真なる命題とは，信じることが正しいものである〉の特徴がすべての真なる命題に成り立つことを認め，命題はこのプラティチュードを特徴として持つ場合にのみ真理性質を例化するとい

う構成理論を認めることにほかならないのである。そのため，機能主義的ミニマルインフレ主義を採用せねば，命題的正当化を与える証拠とミスリーディングな証拠を区別することはできず，我々が行っている〈認識的事実を記述するという認識的評価の実践〉を手放すことになる。まとめると，機能主義的ミニマルインフレ主義の構成理論は，現状はごく薄い意味での構成理論であるが，これはデフレ主義が供給不可能な認識論における証拠の区別のための道具立てを与えてくれるのであるから，この構成理論でもコアテーゼ①の論駁には十分なのである。

その上，機能主義的ミニマルインフレ主義が個々の命題の真理実現性質を特定できていないのは，今現在の話であり，その状態が今後も続くというわけではない。今後，個々の命題の真偽を判断する場面が生じるごとに，プラティチュードに照らして，命題 p_1 の真理実現性質は F_1，p_2 は F_2，といったように個々具体的な命題の真理実現性質が経験的に特定されていくことで，各命題の真理を構成する実現性質がなんであるかを具体的に特定していくことが可能である。そのため，この批判 1 は妥当ではない。

しかし，以上のような応答は，批判 2 に関して回答可能である限りでしか成立しない。仮に，真理に関して性質デフレ主義を採ったままでも，概念インフレ主義さえ採用すれば種々の証拠の間に区分を与えられるのならば，性質インフレ主義を不可避な形で前提する証拠構成主義の採用は不要となってしまう。

では，批判 2 は実際に有効なものだろうか。そうではない。この批判は，真理概念を〈我々の実践が理想的に進められた場合に最終的に到達されるもの〉という統制的想定を内容に含む概念と仮定することで〈真理〉と〈保証〉の間にギャップを持たせ，実際に正しい証拠とそれ以外の証拠を区別すればよいと考える。このような考えの下で，必要な証拠の区別を与えられるかを実際に検討してみよう。そのために，命題が真であることを実際に示している〈命題的正当化を与える証拠〉とはどのようなものでなければならないかを改めてここで確認しよう。この証拠は，単に命題が真であると信じる上で我々が根拠になると見做すことに同意するものではない。我々がその証拠を根拠に命題を信じる際に，実際に命題が真であることを担保してくれるようなものである。そして，この〈命題的正当化を与える証拠〉を〈ミスリーディングな証拠〉から区

230 第6章 機能主義的ミニマルインフレ主義と方法論的インフレ主義

別するためには，たとえ性質デフレ主義＋概念インフレ主義を採るプラグマティストであっても，真なる命題は必ずプラティチュード①〜③を満たすものであると――性質インフレ主義を――認めなければならない。このことを見るために，いま仮に命題の真理を，このプラグマティズム説が考えるように〈我々の実践が理想的に進められた場合に最終的に到達される真理〉のことなのだとしよう。さて，この〈我々の実践が理想的に進められた場合に最終的に到達される真理〉が命題 p に成り立つことを実際に示している証拠（命題的正当化を与える証拠）は，それを示すことに失敗している証拠（ミスリーディングな証拠）からどのように区別されることになるのだろうか。その証拠がミスリーディングな証拠ではなく，実際に p が真であることを示している命題的正当化を与える証拠であるのなら，それは〈p を我々が信じる際に，p は正に我々が信じた通りにある＝その命題にプラティチュード①が成り立っている〉と示しているような証拠となっていなければならないはずである。また，その証拠は〈p は信じることが正しいものである＝p にプラティチュード③が成り立つ〉と示しているような証拠となっている必要もある[4]。なぜなら，ある証拠 e が，p は〈我々が信じる際に正に信じた通りにある〉ような〈信じることが正しい〉命題であると示せていないならば，この e は，〈信じることが正しい〉という特徴を持っていないような命題 p を支持してしまっている証拠だということになるからである。このような証拠は，その命題に対して実際に正当化関係に立つ証拠ではないため，命題的正当化を与える証拠ではなく，ミスリーディングな証拠となる。そのため，〈命題的正当化を与える証拠〉を〈ミスリーディングな証拠〉から区別するためには，真なる命題は必ずプラティチュード①〜③を満たすものであると――すなわち性質インフレ主義を――認めなければならない。さて，ここで思い出す必要があるのは，ミスリーディングな証拠から命題的正当化を与える証拠を概念的に区別する際，我々はすべての命題についてこの証拠の区別を用意しておかねばならないということである。なぜなら，繰り返しになるが，認識的評価は，任意のあらゆる真理適合的な信念について，それが命題的正当化を与える証拠に基づいて抱かれた〈正当性／合理性〉を例

---

4) また，5.3.1 項でも見たように，プラティチュード①③を満たす命題は，必然的に②も満たすことになる。

化する信念なのかどうか――認識的事実が成り立っているか否か――を評価しようとする実践であるからである。そのため，任意の命題を内容に持つあらゆる信念について，それが〈ミスリーディングな証拠〉に基づいて抱かれている――正当性／合理性を例化していない――ケースと，〈命題的正当化を与える証拠〉に基づいて抱かれている――実際に正当性／合理性を例化しているという認識的事実が成り立つ――ケースがそれぞれ存在することを担保できねばならないのである。そして，真なる命題すべてについて，それを信じることの〈命題的正当化を与える証拠〉を用意しようとする場合，すべての真なる命題はプラティチュードを満たすものであると認め，そのプラティチュードが実際に成り立っていると示してくれる証拠こそが〈命題的正当化を与える証拠〉であることを受け入れねばならない。そのため，すべての真なる命題に対して〈命題的正当化を与える証拠〉と〈ミスリーディングな証拠〉の区別が存在することを担保しようとする際には，たとえ批判2のような路線で証拠の区別を担保する方針を採ったとしても，機能主義的ミニマルインフレ主義の採用を余儀なくされるのである。よって，〈概念インフレ主義＋性質デフレ主義〉のプラグマティズム説が真理性質の実質性を認めずに〈命題的正当化を与える証拠〉と〈ミスリーディングな証拠〉の区別を担保できる立場だと考えることは，端的に誤っている。以上から，批判2を退けることができる。

　しかし，機能主義的ミニマルインフレ主義を受け入れることは，〈概念インフレ主義＋性質デフレ主義〉をもともと採用していた論者にとっても，そもそもそれほど悪いことではない。まず，この立場を採用していた Misak（2013）などが，真理性質についての形而上学にかかずらうことなく，しかし，真なる命題とは単に保証されたものではなく客観的なものであると認めたいと考えていたのは本書1.3.2項で見た通りである。そして，機能主義的ミニマルインフレ主義は，この二つの要望のいずれにも適うものである。まず，一つ目についてだが，機能主義的ミニマルインフレ主義はほかのインフレ主義理論のような強い形而上学的コミットメントを伴わない立場である。たとえば，機能主義的ミニマルインフレ主義は，一元主義のように〈真理は特定の唯一つの真理実現性質によって例化される〉という主張にコミットすることも，多元主義のように〈真理実現性質は少なくとも二つ以上存在する〉という主張にコミットする

こともない。なぜなら，機能主義的ミニマルインフレ主義は，命題が真となるためには，その命題がなんらかの仕方でプラティチュードを満たすのでなければならない，ということしか主張しないからである。そのため，機能主義的ミニマルインフレ主義に基づいて個々の命題の真理実現性質を一つ一つ経験的に明らかにしていった最終的な結果として，一元主義が正しいと判明する可能性もあるし，真理実現性質は命題の種類などによって異なる二つ以上のものが存在すると判明する可能性もある。つまり，一元主義や多元主義の理論というのは，機能主義的ミニマルインフレ主義に基づいて個々の命題の真偽判断を行う実践をすべて終えた最終的な結果として到達するものであり，現段階でいずれの立場が正しいかについて頭を悩ませる必要はないのである。また，〈概念インフレ主義＋性質デフレ主義〉のプラグマティズム説をもともと採用していた論者の二つ目の要望についても，機能主義的ミニマルインフレ主義は応えることができる。機能主義的ミニマルインフレ主義では，真なる命題とは，ただ保証されるだけでなく，プラティチュードという客観的特徴を満たす場合に成り立つものであると考えるからである。さらに，繰り返しになるが，このプラティチュードがどういう仕方で満たされるかは，我々が経験的な実践の中で明らかにしていくものであるので，経験的探究に先立って形而上学的議論にかかずらう必要もない。そのため，機能主義的ミニマルインフレ主義は，あらかじめ形而上学的に強いコミットメントを伴う仕方で命題の真偽を検討する従来の真理論の営みを忌避してデフレ主義に共感を抱いてきたような論者たちにとっても，望ましい立場なのである。つまり，〈概念インフレ主義＋性質デフレ主義〉をもともと採っていた論者たちにとっては，機能主義的ミニマルインフレ主義の採用に伴うデメリットはないので，批判2が退けられたからといって，彼らはこのことを憂慮しなくともよい。

　批判3についてはどうだろうか。これは，機能主義的ミニマルインフレ主義の補強論証に用いられた〈証拠構成主義〉が認識実践を過度に知性化するという問題であった。しかし，この診断をどれだけ深刻に受け止めるべきかは定かではない。たとえば，信念形成は，意識的なコントロールの及ばない自動的な仕方で行われるサブパーソナルなレベルのものと，熟慮的な判断を伴うものとに区分することもできるだろう[5]。こうした区分を引き受ければ，我々が証拠

6.1 機能主義的ミニマルインフレ主義　233

構成主義の議論と絡めて第5章で問題とした認識実践は，熟慮的判断を伴う信念形成に関してのみ該当する議論として，その範囲を狭めることもできる。この場合，熟慮的判断を伴う信念形成を行う際には，我々は証拠の区別が存在することを把握できる主体でなければならないのだ，という主張として，証拠構成主義の議論は理解することができる。これは，熟慮的判断についてのみ証拠の区別を概念的に把握する能力を要請するものであり，サブパーソナルレベルの信念についてはなにも述べていないため，動物や幼児の信念をサブパーソナルレベルのものと見做してよい限りにおいて，動物や幼児にも信念形成を認めることと整合的である。このように信念形成実践に熟慮的／サブパーソナルというレベルの差があることを認めるならば，種々の証拠（理由）の区別を概念的に把握して信念を形成するようなことができない主体であっても，信念形成自体の可能性は否定されない[6]。

　また逆に，熟慮的判断を伴う信念形成において証拠の間に複数の区別が成り立つことを認めない者は，むしろ，我々の信念形成において知的に要求される能力を実情よりも過度に低く見積もっていると批判することもできるかもしれない。第5章でも見たように，我々は異なる種類の証拠や実践的理由を区別して，実際に熟慮し，それを踏まえて信念を形成している。そのため，〈プラティチュードに紐づいた真理の構成理論〉を理解し，それによって証拠の概念的区別ができることを我々の認識実践が前提することは，むしろ熟慮を経ない信念形成しかできない他の主体の実践から我々の認識実践を分かち，その認識実践を固有のものとして維持するためには欠かせないものと言える。よって，この批判3は妥当でないと結論できる。

---

5)　たとえば，特定の集団に関して「暗黙の偏見 implicit bias」に基づく信念を主体自身が自覚的でない仕方で形成してしまう場合（cf. Brownstein & Saul, 2016）や，目に飛び込んできた情報から瞬時に《なにかがいる》と信じるような場合，これらの信念形成はサブパーソナルだと言えるだろう。それに対し，バイアスの存在を自覚したり，視覚情報の内容を振り返って吟味したりした上で，サブパーソナルなレベルで形成された信念を後から修正するといったこともあるだろう。この後者の信念形成は，サブパーソナルなレベルとは区別される熟慮に基づく信念形成だと言える。

6)　また，そもそも人間主体の認識実践においては，リスクを考慮に入れた熟慮的な信念形成などの知性的能力が複数要請されるのであるから，その能力の不足を根拠に，動物や幼児の信念形成能力を否定し，批判3を受け入れてしまうこともできる。つまり，批判3を端から相手にする必要のない議論として扱うことも可能な選択肢の一つと考えられる。

以上から，デフレ主義によって機能主義的ミニマルインフレ主義の構想を代替することもできないし，機能主義的ミニマルインフレ主義がそれだけでは真理の理論として機能しないということもないと示された。また，機能主義的ミニマルインフレ主義がなければ我々の認識実践の保存は不可能であるということも示されたはずだ。

6.1.3　機能主義的ミニマルインフレ主義の限界

以上の議論から，機能主義的ミニマルインフレ主義が真理の理論として必要な役割を十分に果たせると本書では結論する。しかしながら，実際には，この立場には一つ限界がある。この立場では真理を実現する性質を固定しないため，特定の主題のすべての命題を対象とする一般化された認識論的主張ができないのである。より明瞭に言い換えると，構成理論の真理実現性質を具体的に固定しておかないと，なにがプラティチュードを満たす性質であるのかを個々の命題についてその都度検討しなければならないため，特定の主題の命題すべてを対象とした懐疑論などの認識論的主張を行えないのである。この点を詳しく見るために，第3章でも確認した道徳認識論における正当化懐疑論と呼ばれる議論を改めて参照しよう。

道徳認識論は，道徳判断 ——〈x は善い／悪い〉〈x は正しい／不正だ〉などの判断 —— についての認識論的考察を行う分野である。具体的には，道徳認識論は，〈x は善い／悪い〉といった道徳判断が〈知識〉や〈正当化〉といった認識的地位を獲得することは可能か否かという問いをはじめとした，道徳判断に関わる認識論的問いを主な主題として考察する分野である。その中でも，道徳判断が特定の認識的地位を獲得する余地があることを否定する議論一般が，まとめて道徳懐疑論と呼ばれる。そして，第3章の定式化に基づくと，道徳懐疑論のうち，正当化懐疑論は以下のような立場であった。

正当化懐疑論：あらゆる道徳文の言明・判断について，それが〈正当化されること〉を否定する。

この懐疑論を導く一つの手法は，道徳的事実の認知の方法としてしばしば用

いられる道徳的直観の信頼性を，〈進化論的暴露論証〉と呼ばれる論証によって攻撃し，非自然主義的道徳実在論の正当化可能性を否定するものである。改めて説明しておくと，進化論的暴露論証は，まず我々の道徳信念を，我々の進化的祖先が自身や所属集団の生存・繁殖に資するがゆえに獲得し発展させたものであるとし，それが現在の我々の道徳的直観に基づく信念形成にも引き継がれているとする。そうすると，道徳信念は本来，真偽に基づいてではなく，そのような信念を持つほうが生存に役立つなどという実践的有用性に導かれて形成されたものだったことになるため，それを引き継いだ現在の我々の道徳的直観に基づく道徳信念も，道徳的真理とは無関係に形成されるものであることになる。そうだとすると，直観に基づく判断という真理寄与的ではない方法によって形成されている道徳信念は，正当化されないことになる。そして，第3章で確認したように，進化論的暴露論証がターゲットとする非自然主義的道徳実在論においては，各道徳信念はこの道徳的直観に基づく判断を通じて形成されるとされていたので，この論証が正しければ，すべての道徳信念について正当化可能性が否定されることになる。これが一つの正当化懐疑論のスタンダードな論法である。

　また，この懐疑論に対しては，採用する真理論の変更によって回避するという対応策がある（Street, 2006）。Street いわく，進化論的暴露論証が問題となるのは，道徳的事実が我々とは独立に世界の側で固定されていると見做す——対応説的真理観を採る——場合のみである。仮に，道徳的事実を我々の道徳実践や道徳判断を基にして決定されるものと考え，そして道徳的真理を〈我々が整合的な道徳判断の束を信じていたならば信じるであろう命題群のこと〉と理解する構成主義的真理観を採ったならば，このような論証の有効性は失われる。なぜなら，このような真理観を採れば，道徳的直観がたとえ我々とは独立に世界に存在する道徳的事実というものを捉えるために獲得されたものでないとしても，我々の実際の実践によって固定される構成的な真理を認知する上では，この直観に基づく判断は信頼可能な方法だと言う余地があるからである。その場合，道徳的直観の由来はどうあれ，この直観に基づく判断は真理寄与的だと言えるため，道徳的直観に基づく非反省的な道徳信念は正当化される余地があることになり，正当化懐疑論は回避できる。

236　第6章　機能主義的ミニマルインフレ主義と方法論的インフレ主義

　このStreetによる懐疑論の回避策は，真理論の選択次第で認識論の道具立
ての内実が変わるということを示している。今見たStreetの議論では，真理
論の選択の変更により，ある信念形成プロセスが真理寄与的であるとはどうい
うことかの理解が，〈我々とは独立に存在する事実を安定的に捉えていること〉
から，〈構成的な真理 ── 我々が整合的な信念の束を信じていたならば信じる
ことになるであろう命題群 ── を安定的に捉えていること〉に変わり，それに
応じて信念形成プロセス ── この議論の場合は道徳的直観に基づく判断 ── が
信頼可能か否かにも変化が生じることが示されている。真理の構成理論の変更
は，このような仕方で認識論の営みに影響を与える。そして，真理の構成理論
の変更によって認識論的道具立ての内実がこのように変化するおかげで，認識
的評価の結果 ── 正当化という地位の獲得可能性の有無 ── が変わり，進化論
的暴露論証の有効性も失われるのである。

　さて，ここで問題にしたいのは，正当化懐疑論やその回避策の成否ではない。
こうした議論が，いずれも機能主義的ミニマルインフレ主義の構想の下では行
うことができないということである。なぜなら，正当化懐疑論もそれへの回避
策も，道徳命題すべてについて，一律に同様の真理の構成理論を前提すること
で初めて成立するような種類の議論だからである。正当化懐疑論は，その前提
として，任意の道徳命題の真理について〈対応〉を真理実現性質として固定し
た場合にのみ主張可能である。なぜなら，〈我々と独立に存在する事実を捉え
ている〉ことを示す証拠の存在を正当化のために必要としない ── Streetの構
成主義的真理観のような ── ことが特定の道徳命題に認められるならば，その
命題は正当化懐疑論の議論の適用範囲に入らないからである。また，Streetに
よるこの懐疑論の回避策にしても，任意の道徳命題の真偽を捉える上で道徳的
直観に基づく判断は信頼可能であると主張するためには，〈真なる道徳命題と
は我々が整合的な道徳判断の束を信じていたならば信じるであろう命題群のこ
とである〉という構成主義的真理観を各道徳命題に認め，どの道徳命題の真理
を捉える上でも，道徳的直観に基づく判断は信頼可能でありうると言えなけれ
ばならない。

　このように，特定の議論において〈真になる仕方が同一であるもの〉として
ひとまとめで扱われている命題全体に及ぶ認識論的議論というものは，その命

題全体に実際に統一的な真理実現性質を与える構成理論が存在する場合にしか主張できない。しかしながら，ミニマルインフレ主義の構想では，このような，すべての命題に同一の真理実現性質を割り振るという方法は，経験的探究に先立って実施することができない。なぜなら，個々の命題について，プラティチュードが満たされる仕方が異なる可能性を，機能主義的ミニマルインフレ主義は排除しないからである。無論，個々の命題の真理実現性質がなんであるかを一つ一つ経験的に探究し，その結果として同一の真理実現性質が当てはまることが判明すれば，上記のような正当化懐疑論などの議論は展開される余地がある。だが，経験的探究に先立って，特定の複数の命題すべてについて同一の真理実現性質を固定し，その全域に当てはまる主張を行うということは，機能主義的ミニマルインフレ主義の道具立てだけでは許容されないのである。

このことは，直接に機能主義的ミニマルインフレ主義の問題点であるわけではない。なぜなら，個々の命題の真理実現性質を経験的に確かめることで，すべての命題について，いかなる仕方で真理が実現されるのかを同定することは原理的に可能なので，構成理論を与えられない命題は存在せず，真理の理論としては欠陥を持ってはいないからである。

とはいえ，特定の議論において〈真になる仕方が同一であるもの〉としてひとまとめで扱われている命題全体に関わる一般化された認識論的主張を，経験的探究を終えるまで全く行えないというのは，我々の認識実践を明らかに不便なものにする。我々はしばしば，正当化懐疑論のような一般化された主張を伴う議論を検証しながら，認識実践を行っているからである。そのため，特定の議論において〈真になる仕方が同一であるもの〉としてひとまとめで扱われている命題全体について，一般化された認識論的主張を可能にする真理の構成理論を与えられないことは，機能主義的ミニマルインフレ主義の限界であると言える。

そこで，次節ではこの限界を超えるために，機能主義的ミニマルインフレ主義に〈方法論的インフレ主義〉と筆者が呼ぶ道具立てをオプションとして与える作業を行う。

6.2 方法論的インフレ主義とその利点

　前節では，機能主義的ミニマルインフレ主義でも批判1〜3に十分に答えられるので，この立場は真理の構成理論として欠陥を持たない，ということを確認した。しかし他方で，機能主義的ミニマルインフレ主義には，特定の議論において〈真になる仕方が同一であるもの〉としてひとまとめで扱われている命題全体を対象とした認識論的主張・検討を行うことが難しくなる，という点でデメリットがある。構成理論を固定できる仕組みがないことは，機能主義的ミニマルインフレ主義の一つの限界である。

　本節ではこの限界を乗り越えることで，ミニマルインフレ主義をより優れた真理の理論として形作っていくことが目指される。

　しかし，この試みについては懸念がある。第Ⅰ部の検討で判明したように，構成理論の問いに一意に答えることには困難があったはずである。我々は，少なくとも現状では，経験的探究の不足もあり，真理実現性質をすべての命題に対して与えきるということはできない。すると，いかなる仕方で，特定の議論において〈真になる仕方が同一であるもの〉としてひとまとめで扱われている命題すべてに対して，同一の真理実現性質を固定的に与えることなどできるのだろうか。このような，〈我々の認識実践上，真になる仕方が同一なものとしてひとまとめに扱われている命題全体に対して，真理実現性質を一意に固定化することが望まれる〉という要請と，現状，〈我々はそのような真理実現性質の固定化の根拠を得られない〉という分析結果の衝突は，後者によって前者の余地を取り除いてしまうことを帰結するように思えるが，どのように対処できるのだろうか。

　この困難を調停するために，筆者は，方法論的に特定の真理実現性質を固定した構成理論を採用する，という方針を提案する。この方針を，〈方法論的インフレ主義 methodological inflationism〉と呼ぼう。以下，この考えの内実を詳述していく。

　方法論的インフレ主義は，まず，機能主義的ミニマルインフレ主義をその土台となる前提として採用する。つまり，真理性質・プラティチュード・プラテ

ィチュードを満たす真理実現性質という三つの道具立てから真理を特徴づける，という方針を引き受ける。その上で，任意の命題 p の真偽を議論する実践に参加する実践者たちが合意する任意の基準によって，〈p と真になる仕方が同一である命題群 P〉を選び出すことを暫定的に許す[7]。たとえば，《拷問は悪い》という命題 p_1 の真偽を議論している実践者たちが，《人助けは倫理的だ》という命題 p_2 や《中絶は許容可能である》といった命題 p_3 についても，〈善い行為とはなにか〉に関わる命題であるという基準で，同様の仕方で真偽判断がなされる命題群としてひとまとめにすることに合意するとする[8]。その場合，p_1・p_2・p_3 はいずれも，同一の真理実現性質の所有の有無によって真偽が決まる命題群 P として一般化して扱うことが可能となる。また，この方法で決定されるのは〈p_1・p_2・p_3 はすべてなんらかの同一の真理実現性質によって真偽判断が行われる命題群 P である〉ということまでなので，この〈同一の真理実現性質〉とは実際にどのような性質なのかについては，実践者間で意見が一致していなくともよい。まとめると，方法論的インフレ主義は，以下の(i)〜(iii)から成る立場だということになる。

方法論的インフレ主義：
(i)真理性質・プラティチュード・プラティチュードを満たす真理実現性質という三つの道具立てから真理を特徴づける機能主義的ミニマルインフレ主義を土台となる前提として採用する。

---

7) この際，命題群 P の選び出しに関わる資格を持つ実践者は，p の真偽について認識的に〈強い対等者〉であると認められる者たちとする。〈認識的対等者〉とは，(i)p に関する証拠・論証を評価する上での知性，思慮深さ，能力，偏見からの自由などの認知的徳について同等であり，かつ，(ii) p か否かという問いに関する証拠と論証への精通度が同等である主体のことである（cf. 須田，2021, 39）。そして，認識的対等者の中でも，対等者か否かについて十分な期間に渡る判断が行われていて，この期間における経験がどれも(i)(ii)が満たされていることを裏づけるものであったとか，第三者がこの評価を肯定しているなどの条件を満たす対等者が〈強い対等者〉である（cf. 須田，2021, 58）。

8) この方法は実践者間の任意の基準によって命題をひとまとめに扱うことを許すものなので，第2章で確認した真理の多元主義とは違い，〈個々の命題はその構成要素となっている概念のトピックによって所属ドメインが決まっている（どの命題がひとまとめにされるかが形而上学的にあらかじめ定まっている）〉という原子論的前提を受け入れる必要がない。よって，多元主義に生じた〈トピック合成性問題〉が方法論的インフレ主義には生じることがない。

240　第6章　機能主義的ミニマルインフレ主義と方法論的インフレ主義

(ii)任意の命題 p の真偽を議論する実践に参加する実践者たちが合意する任意の基準がある限りで，その基準に照らして〈p と同一の真理実現性質によって真偽判断がなされる命題群 P〉を選び出すことを暫定的に許容する。

(iii)この〈P のメンバー全体に当てはまる同一の真理実現性質〉が実際にどのような真理実現性質なのかについては，実践者間で意見が一致していなくともよい。

このうち，(i)は機能主義的ミニマルインフレ主義を前提に採るということなので，(ii)と(iii)が方法論的インフレ主義の独自の主張──機能主義的ミニマルインフレ主義にプラスアルファで追加された部分──である。

この(ii)(iii)を機能主義的ミニマルインフレ主義に追加する方法論的インフレ主義を採ることで，道徳命題に関する正当化懐疑論やその回避策なども展開することができるようになる。まず，道徳命題に関する進化論的暴露論証経由の正当化懐疑論を提示する論者も，その回避策を提示する Street も，対象となっている命題群が〈道徳命題〉という同一のものであることは認めている。これを彼らが選び出す際の基準は明確には分からないが，〈道徳的なことがらに関する命題である〉ことなどを念頭に置いているとここでは仮定しよう。すると，(ii)より，道徳に関わる命題すべてが命題群 P としてひとまとめにされ，P の真理を実現する性質は同一であると暫定的に考えてよいことになる。そのため，P のメンバー全体について，それを信じることを正当化する証拠の獲得方法を我々は持っていないとする〈正当化懐疑論〉や，この懐疑論を回避して道徳命題すべてについてその正当化の余地があることを示す Street の論証なども可能となる。また，(iii)より，正当化懐疑論を提示する論者は P の真理実現性質が〈我々の心理とは独立の事実との対応〉だと考えているが，その回避策を提示する Street は〈道徳判断の束との整合〉だと考えているという事態が説明可能となる。この論争の参加者は，P について，それが同一の仕方で真になることには合意しているが，実際にどのような仕方で真になるかについては意見を異にしているのである。このように，認識的評価の実践において，特定の議論に参加する実践者たちがある命題群を一般化し，その真偽を信じることの正当性を評価する実践をしていることや，その一般化された議論の是非をめぐる

6.2 方法論的インフレ主義とその利点　241

論争が起こること，これらを方法論的インフレ主義は適切に説明可能である。

　ただし，方法論的インフレ主義の考えには注意点もいくつかある。まず，どの命題を命題群 P としてまとめるかの選び出し基準について実践者間で合意がとれない場合は，p_1〜p_3 のような命題群をひとまとめに扱うことは許されない[9]。その場合，p_1 から p_3 の真理一般に当てはまる議論——〈正当化懐疑論〉など——は行えないので，方法論的インフレ主義を適用可能な命題群の範囲は，実践者間でひとまとめに扱うことへの合意が取れる命題群に限定される。次に，二つ目の注意点として，命題群 P としてひとまとめにされた命題の一部が実際には P の基準を満たさないことが判明した場合は[10]，その命題を P から除外するか，その命題を包摂できるよう P の基準を改定するかを実践者が議論しなければならない。ただし，この P の基準を満たさない命題が見つかる度に基準の調整をするという過程により，P の選び出し基準は我々の実践を適切に反映する形で洗練されていく——ひとまとめに扱う基準から恣意性が取り除かれていき，より適切な基準になっていく——ので，この二つ目の注意点は悪いものではない。また，最後の注意点だが，方法論的インフレ主義はあくまでオプションである。先に 6.1 節を通して見たように，我々が最低限採用しなければならないのは，機能主義的ミニマルインフレ主義のみである。実際に正しい構成理論が見つかるまでの間，各命題の真偽をプラティチュードを満たすかどうかで個々に検討することも，より一般化された視点から議論を行うために特定の命題群に同一の真理実現性質を仮定的に採用することも，どちらも可能なオプションに過ぎないことは注意する必要がある[11]。

---

9)　この合意は，実践者の全員一致を原則とする。なぜなら，本章注 7 で示したように，命題群 P の決定に関わる実践者はみな強い対等者であるので，一部の実践者の意見を無視するといった選択は正当でないからである。強い対等者との不一致において特定の対等者の意見を無視することが正当化されないという点については，須田（2021）を参照のこと。

10)　たとえば，〈自然科学で説明可能である〉という基準でひとまとめにした命題群 P の中に《拷問は悪い》という命題があったとする。この命題が P に含まれた理由として，悪さとは不快の状態をもたらすもののことであり，この不快の状態は人の脳状態を検査することで明らかにできるので，拷問の悪さの有無も自然科学で明らかにできるという考えがあったとする。しかし，実際には〈悪さ〉は〈不快の状態をもたらすもの〉とは同一視できない非自然的な性質だと判明したとしよう。その場合，《拷問は悪い》という命題は，命題群 P に含まれるための基準を満たしていないことが判明した，ということになる。

11)　ただし，方法論的インフレ主義を採ることで，機能主義的ミニマルインフレ主義はその選択の

242　第6章　機能主義的ミニマルインフレ主義と方法論的インフレ主義

　ちなみに，P について暫定的に同一の真理実現性質を仮定して，P のメンバー全体に一般化された議論を行う際，仮定する真理実現性質をどうするかについて実践者間で論争となるケースがある。たとえば，上述した道徳命題一般に関する議論では，正当化懐疑論の論者が〈対応〉という真理実現性質を，この懐疑論への回避策を提示する Street が〈整合〉という真理実現性質を持ち出していた。このうち，どちらの真理実現性質が適当かは，どちらの真理実現性質に基づく場合に道徳命題がプラティチュード①〜③をより良く満たすかによって決定される。これは，方法論的インフレ主義が(i)——機能主義的ミニマルインフレ主義——を前提に採用することからの帰結である。そのため，たとえば仮に道徳命題が〈整合〉を獲得しているときのほうが，〈対応〉を獲得しているときよりもプラティチュードをより良く満たすと明らかになれば，道徳命題一般に関する真理実現性質から，〈対応〉は除外されることになる。その場合，同時に，〈対応〉という真理実現性質を前提として道徳命題一般に対して提起された〈正当化懐疑論〉も，不適当な議論として排除されることになる。このように，プラティチュードをより良く満たす真理実現性質を選り分けながら一般化された命題群の真偽判断の実践を進めていく方法論的インフレ主義を採用することで，各命題について適切な真理実現性質を効率的に与え，真理の構成理論を完成に近づけていくことができる。

　以上のように，〈機能主義的ミニマルインフレ主義〉と〈方法論的インフレ主義〉によって，我々は真偽判断の実践，そして認識的評価の実践を十全に行っていくことができるのである。そして，この二つの立場のいずれか——あるいは両方——を採りながら，各命題の真理実現性質を明らかにしていった最終的な結果として，一元主義と多元主義のいずれが正しいのかという答えを我々は得ることができる。

　本章の議論をまとめよう。本章では，第5章で行われたインフレ主義の擁護論証と，そこで擁護された機能主義的ミニマルインフレ主義について，可能な批判1〜3の検討を行った。まず，機能主義的ミニマルインフレ主義が真理の構成理論として十分ではないとする批判1に対して，個々の命題の真偽を十全

　幅，可能となる議論の幅が大きく広がるので，その採用は望ましいものであるとは言えるだろう。

に判断するための真理の構成理論は，機能主義的ミニマルインフレ主義で十分であることを示した。次に，命題的正当化を与える証拠とミスリーディングな証拠の概念的区別は，機能主義的ミニマルインフレ主義を前提せずとも可能であるとする批判2を検討した。そして，この批判2に反して，各命題について〈命題的正当化を与える証拠〉と〈ミスリーディングな証拠〉を概念的に区別するためには，真理性質についてのインフレ主義を採らねばならないことが明らかとなった。この際，同時に，この機能主義的インフレ主義が，一元主義や多元主義ほどの形而上学的コミットメントを伴わないことを見た。この立場は，一元主義のように〈真理は特定の唯一つの真理実現性質によって例化される〉という主張にコミットすることも，多元主義のように〈真理実現性質は少なくとも二つ以上存在する〉という主張にコミットすることもない。機能主義的ミニマルインフレ主義がコミットするのは〈命題が真となるためには，その命題がなんらかの仕方でプラティチュードを満たすのでなければならない〉ということだけである。最後に，機能主義的ミニマルインフレ主義の擁護論証に用いられた〈証拠構成主義〉は，信念形成をはじめとした認識実践を過度に知性化する帰結を持つのではないか，という批判3を検討した。この批判は，認識実践を熟慮的なものとサブパーソナルものに区別することで取り除くことができる。

　以上から，機能主義的ミニマルインフレ主義は真理の構成理論としては欠点を持たないと本書では判断した。しかし，6.1.3項で示されたように，この理論では特定の命題群一般に対する認識論的主張・認識的評価が行えないため，我々の認識実践を不便にするという欠点がある。そこで，この欠点を補う方法論的インフレ主義を提示した。この〈機能主義的ミニマルインフレ主義〉と〈方法論的インフレ主義〉という二つの真理論によって，個々の命題の真偽を判断する経験的探究を行うための道具立てはすべて揃えることができる。そのため，デフレ主義を論駁して，かつ，個々の命題の真偽を適切に判断するための道具立てを与える新たなインフレ主義の理論を，本章で提案することができたと言えるだろう。

　最後に，真理論におけるインフレ主義の諸立場に対して，筆者が提案した機能主義的ミニマルインフレ主義がどのような関係に立つのかを述べておこう。

244 第6章 機能主義的ミニマルインフレ主義と方法論的インフレ主義

すぐ上で見たように，この立場は，一元主義と多元主義のどちらが正しいのか
についてはコミットしない。なぜなら，一元主義と多元主義のどちらが正しい
のかは，機能主義的ミニマルインフレ主義や方法論的インフレ主義を前提にし
て探究を進め，個々の命題の真理実現性質を与えていく実践の過程で明らかに
なる問いであり，現段階で答える必要はないからである。そのため，機能主義
的ミニマルインフレ主義は，一元主義や多元主義に対する対抗説という位置づ
けの理論ではない。むしろ，すべてのインフレ主義の前提となる立場として理
解されるべきものである。この機能主義的ミニマルインフレ主義（と方法論的
インフレ主義）を前提にした探究を進めていくことによって，これまで提案さ
れたインフレ主義（対応説，整合説，プラグマティズム説，多元主義）のどれが
正しいのかが今後明らかにされることになるのである。

まとめ

　以上，本章の議論を通じて，機能主義的ミニマルインフレ主義が，批判に耐
える十全なインフレ主義の真理論と認められることを見てきた。この立場は，
概念インフレ主義を採るプラグマティズム説の構想によっては代替できない。
保証と真理にギャップを持たせ，証拠概念を我々の実践を保存する仕方で区別
しようとする者はみな，必ず，最低限ミニマルインフレ主義を採らねばならな
いのである。

　ただし，この理論には一般化された認識論的主張を行う上での限界がある。
そのため，この限界を超えて認識実践を行いたい論者は，オプションとして採
用可能な方法論的インフレ主義を採ることが推奨される。しかしながら，これ
はあくまでオプションである。

　いずれにせよ，認識論における認識的評価という営みは，真理のインフレ主
義によって初めて可能になるものであることが本章で十全に示された。デフレ
主義の方法では，認識論の実践において必要となる証拠の区別を保てないので，
我々は機能主義的ミニマルインフレ主義を採用せねばならないのである。

結　語

　最後に，これまでの本書の道筋を簡単に辿り直し，本書で筆者が行ったことをまとめよう。

　本書では，真理のインフレ主義を，以下のように定式化した。すなわち，真理性質にはそれを実現する性質が存在し，また，真理性質やその構成理論を認めることなしには説明不可能な事象が存在する。これに対し，デフレ主義は，二つのコアテーゼを基に真理の実質性を拒否する。すなわち，〈真理性質は，それがなにによって成り立つかについての構成理論を持たない〉というコアテーゼ①と，〈真理性質は，その存在によって世界内の事実を説明可能にしてくれるような本性を持たない〉というコアテーゼ②である。

　インフレ主義を擁護するためにはこの両者の論駁が必要なのだが，その際には，いずれのコアテーゼを先行して論駁するかという点で，二つの異なるアプローチを採用することができる。第一のアプローチは，コアテーゼ①を先に論駁し，そこから，真理を成り立たせる構成理論が真理性質の説明力を担保してくれること――コアテーゼ②の否定――を導く〈構成理論アプローチ〉である。そして，第二のアプローチは，その逆の順序を採り，真理性質にはその本性上，不可欠な説明役割があると示してコアテーゼ②を論駁し，これを基に，そのような説明役割を果たせる真理性質には構成理論が必要であること――コアテーゼ①の否定――を示す〈本性的説明役割アプローチ〉である。

　本書では，まず第Ⅰ部で，構成理論アプローチの見込みを検討した。第1章では，真理性質の構成理論に単一の真理実現性質を設定する，一元主義のアプローチを検討した。これには，対応説・整合説・プラグマティズム説の三種類の理論があるが，いずれもスコープ問題と呼ばれる問題を抱えるため，現状では構成理論を十全に与えることはできない。第2章では，このスコープ問題の

246 結 語

回避を可能にする立場として，真理実現性質の多元化を主張する多元主義を検討した。この立場は，それが前提するドメインという概念が問題を生じさせるため，十全な構成理論を与えられないことが示された。第3章では，構成理論アプローチ自体が抱える原理的問題を示した。それは，正しい真理の構成理論を，現状の経験的証拠からは一意に選ぶことができないということである。それゆえ今のところ，構成理論アプローチを採る限り，デフレ主義の論駁は望めない。

　このことを踏まえ，筆者は構成理論アプローチを諦めて本性的説明役割アプローチを採る必要があると結論し，認識論という営みにおける真理性質の役割を第II部で検討した。まず，第4章では，認識的理由（証拠）が規範性を持つ規範理由として扱われる理由を，真理の実質性によって説明する，という方針の見込みを検討した。しかし，認識的理由は真理の実質性を仮定せずとも規範理由として扱われうるため，この方針には望みがないことを見た。第5章では，認識論という営みそのものにおいて真理性質が果たす不可欠な役割があることを示す試みがなされた。そのために，そもそも認識論という営みはいかに理解されねばならないかに関わるメタ認識論上の議論を参照し，認識的表出主義と呼ばれる立場を批判的に検討した。結果として，認識論という営みは，我々の認定とは独立に証拠としての地位を持つ〈認識的理由〉に基づいて抱かれている，〈正当性／合理性〉を例化する信念（認識的事実）を記述しようとする営みであることが判明した。この営みを担保する上では，ある種の証拠が存在論的に我々に依存しない形で証拠としての地位を持って存在していると言わねばならず，それには，実質的真理性質が証拠概念と構成的に結びついていると考えることが必須であることを示した。以上から，コアテーゼ①②はともに論駁されることとなる。そして，真理性質の本性については，機能主義を前提にした，真理性質・プラティチュード・プラティチュードを充足する真理実現性質という最低限の道具立てから成る機能主義的ミニマルインフレ主義が擁護されることになると示した。最終章となる第6章では，第5章の結論に対する反論の可能性を精査した。結果として，機能主義的ミニマルインフレ主義は，デフレ主義の道具立てによって代替することはできないこと，機能主義的ミニマルインフレ主義には真理の理論として十全な機能が備わっていることが明示され

た。ただし，機能主義的ミニマルインフレ主義には，特定の命題群全体に関わる一般化された認識論的主張ができないという限界があった。そこで，方法論的インフレ主義というオプションを提案し，ミニマルインフレ主義の限界を乗り越えることをも可能にする構想を示した。

　以上の本書の議論により，真理のインフレ主義は擁護され，真理は実質的性質と認められねばならないことが論証された。

参考文献

Alston, W. (1985). "Concepts of Epistemic Justification," *The Monist* 68(2): 57-89.
—— (1997). *A Realist Conception of Truth*. Ithaca and London: Cornell University Press.
—— (2005). *Beyond Justification: Dimensions of Epistemic Evaluation*. Ithaca: Cornell University Press.
Armour-Garb, B. (2012a). "Deflationism (About Theories of Truth)," *Philosophy Compass* 7(4): 267-277.
—— (2012b). "Challenges to Deflationary Theories of Truth," *Philosophy Compass* 7(4): 256-266.
Armour-Garb, B. and Beall, J. (2005). "Deflationism: The Basics," In B. Armour-Garb and J. C. Beall (eds.), *Deflationary Truth*. Chicago and La Salle: Open Court.
Armour-Garb, B. et al. (2022). "Deflationism about Truth," *The Stanford Encyclopedia of Philosophy* (Spring 2022 Edition), Edward N. Zalta (eds.), URL = <https://plato.stanford.edu/archives/spr2022/entries/truth-deflationary/>.
Asay, J. (2018). "Putting Pluralism in its Place," *Philosophy and Phenomenological Research* 96(1): 175-191.
—— (2020). *A Theory of Truthmaking: Metaphysics, Ontology, and Reality*. Cambridge: Cambridge University Press.
—— (2021). "The Best Thing about the Deflationary Theory of Truth," *Philosophical Studies* 179(1): 109-131.
Bar-On, D. and Sias, J. (2013). "Varieties of Expressivism," *Philosophy Compass* 8(8): 699-713.
Bar-On, D. and Simmons, K. (2007). "The Use of Force Against Deflationism: Assertion and Truth," In D. Greimann and G. Siegwart (eds.), *Truth and Speech Acts*. New York: Routledge.
Bastian, L. (2020). "Minimal Disturbance: In Defence of Pragmatic Reasons of the Right Kind," *Philosophical Studies* 177(12): 3615-3636.
Beddor, B. (2019). "Noncognitivism and Epistemic Evaluations," *Philosophers' Imprint* 19(10): 1-27.
Berker, S. (2013). "Epistemic Teleology and the Separateness of Propositions," *Philosophical Review* 122(3): 337-393.

Blackburn, S. (2006). "Antirealist Expressivism and Quasi-Realism," In D. Copp (eds.), *The Oxford Handbook of Ethical Theory*. Oxford: Oxford University Press.

Boghossian, P. (2014). "What is Inference?" *Philosophical Studies* 169(1): 1-18.

Bondy, P. (2018). *Epistemic Rationality and Epistemic Normativity*. London: Routledge.

Brink, D. (1984). "Moral Realism and the Sceptical Arguments from Disagreement and Queerness," *Australasian Journal of Philosophy* 62(2): 111-125.

Brownstein, M. and Saul, J. (2016). "Introduction," In M. Brownstein and J. Saul (eds.), *Implicit Bias and Philosophy Volume 1: Metaphysics and Epistemology*. Oxford: Oxford University Press.

Buckley, D. (2020). "Varieties of Epistemic Instrumentalism," *Synthese* 198(10): 9293-9313.

Capps, J. (2019). "The Pragmatic Theory of Truth," *The Stanford Encyclopedia of Philosophy* (Summer 2019 Edition), Edward N. Zalta (ed.), URL = <https://plato.stanford.edu/archives/sum2019/entries/truth-pragmatic/>.

Carter, J. A. (2016). *Metaepistemology and Relativism*. London: Palgrave Macmillan.

Carter, J. A. and Bondy, P. (2019). "Well-Founded Belief: An Introduction," In J. A. Carter and P. Bondy (eds.), *Well-Founded Belief: New Essays on the Epistemic Basing Relation*. NY: Routledge.

Carter, J. A. and Chrisman, M. (2012). "Is Epistemic Expressivism Incompatible with Inquiry?" *Philosophical Studies* 159(3): 323-339.

Chan, Lok-Chi (2021). "On Characterizing Metaphysical Naturalism," In U. Kriegel (ed.), *Oxford Studies in Philosophy of Mind Volume 1*. Oxford: Oxford University Press.

Chignell, A. (2018). "The Ethics of Belief," *The Stanford Encyclopedia of Philosophy* (Spring 2018 Edition), Edward N. Zalta (ed.), URL = <https://plato.stanford.edu/archives/spr2018/entries/ethics-belief/>.

Chrisman, M. (2007). "From Epistemic Contextualism to Epistemic Expressivism," *Philosophical Studies* 135: 225-254.

Christensen, D. (2007). "Epistemology of Disagreement: The Good News," *Philosophical Review* 116: 187-217.

―― (2009). "Disagreement as Evidence: The Epistemology of Controversy," *Philosophy Compass* 4(5): 756-767.

―― (2011). "Disagreement, Question-Begging and Epistemic Self-Criticism," *Philosophers Imprint* 11(6): 1-22.

―― (2016). "Disagreement, Drugs, Etc.: From Accuracy to Akrasia," *Episteme* 13: 397-422.

Church, A. (1956). *Introduction to Mathematical Logic*. Princeton: Princeton University Press.

Côté-Bouchard, C. (2016). "Can the Aim of Belief Ground Epistemic Normativity?" *Philosophical Studies* 173(12): 3181-3198.

Cotnoir, A. and Edwards, D. (2015). "From Truth Pluralism to Ontological Pluralism and Back," *Journal of Philosophy* 112(3): 113-140.

Cowie, C. (2014). "Epistemic Disagreement and Practical Disagreement," *Erkenntnis* 79(1): 191-209.

Cowie, C. and Greenberg, A. (2018). "Constitutivism about Epistemic Normativity," In C. Kyriacou and R. McKenna (eds.), *Metaepistemology: Realism and Antirealism.* Palgrave Macmillan.

Cuneo, T. (2007) *The Normative Web: An Argument for Moral Realism.* Oxford: Oxford University Press.

Damnjanovic, N. (2010). "New Wave Deflationism," In N. Pedersen and C. D. Wright (eds.), *New Waves in Truth.* New York: Palgrave Macmillan.

Damnjanovic, N. and Candlish, S. (2013). "The Myth of the Coherence Theory of Truth," In M. Textor (eds.), *Judgement and Truth in Early Analytic Philosophy and Phenomenology.* New York: Palgrave Macmillan.

David, M. (1994). *Correspondence and Disquotation.* Oxford: Oxford University Press.

—— (2018). "The Correspondence Theory of Truth," In M. Granzberg (eds.), *The Oxford Handbook of Truth.* Oxford: Oxford University Press.

—— (2020). "The Correspondence Theory of Truth," *The Stanford Encyclopedia of Philosophy* (Winter 2020 Edition), Edward N. Zalta (eds.), URL = <https://plato.stanford.edu/archives/win2020/entries/truth-correspondence/>.

Davidson, D. (1969). "True to the Facts," *The Journal of Philosophy* 66(21): 748-764.

Devitt, M. (2001). "The Metaphysics of Truth," In M. P. Lynch (eds.), *The Nature of Truth.* Cambridge, MA: MIT Press.

Dodd, J. (2008). *An Identity Theory of Truth.* New York: Palgrave Macmillan.

Dorsey, D. (2006). "A Coherence Theory of Truth in Ethics," *Philosophical Studies* 127(3): 493-523.

Dowden, B. and Swartz, N. (2022). "Truth," *Internet Encyclopedia of Philosophy,* URL = <https://iep.utm.edu/truth/>.

Edwards, D. (2012). "Alethic vs Deflationary Functionalism," *International Journal of Philosophical Studies* 20(1): 115-124.

—— (2013). "Truth as a Substantive Property," *Australasian Journal of Philosophy* 91/2: 279-94.

—— (2018a). "The Metaphysics of Domains," In J. Wyatt, N. J. L. L. Pedersen and N. Kellen (eds), *Pluralisms in Truth and Logic.* London: Palgrave Macmillan.

—— (2018b). *The Metaphysics of Truth.* Oxford: Oxford University Press.

Engel, P. (2013a) "In Defence of Normativism about the Aim of Belief," In T. Chan (eds.), *The Aim of Belief.* Oxford: Oxford University Press.

—— (2013b). "Doxastic correctness," *Aristotelian Society Supplementary* 87: 199-216.

Evans, G. (1982). *Varieties of Reference*. Oxford: Clarendon.

Evans, I. (2013). "The Problem of the Basing Relation," *Synthese* 190: 2943-2957.

Fassio, D. (2019). "Are Epistemic Reasons Perspective-Dependent?" *Philosophical Studies* 176(12): 3253-3283.

Ferrari, F. (2018). "Normative Alethic Pluralism," In J. Wyatt, N. J. L. L. Pedersen and N. Kellen (eds), *Pluralisms in Truth and Logic*. London: Palgrave Macmillan.

Field, H. (1994). "Deflationist Views of Meaning and Content," *Mind* 103(411): 249-285.

—— (1998). "Epistemological Nonfactualism and the A Prioricity of Logic," *Philosophical Studies* 92: 1-24.

Fratantonio, G. and McGlynn, A. (2018). "Reassessing the Case Against Evidential Externalism," In V. Mitova (ed.), *The Factive Turn in Epistemology*. Cambridge: Cambridge University Press.

Gamester, W. (2020). "Shopping for Truth Pluralism," *Synthese* 198: 11351-11377.

Gertken, J. and Kiesewetter, B. (2017). "The Right and Wrong Kind of Reasons," *Philosophy Compass* 12(5): 1-14.

Gibbard, A. (1986). "An Expressivist Theory of Normative Discourse," *Ethics* 96: 472-485.

—— (2003). *Thinking How to Live*. Harvard University Press.

Glanzberg, M. (2021). "Truth," *The Stanford Encyclopedia of Philosophy* (Summer 2021 Edition), Edward N. Zalta (ed.), URL = <https://plato.stanford.edu/archives/sum2021/entries/truth/>.

Grimm, S. (2008). "Epistemic Goals and Epistemic Values," *Philosophy and Phenomenological Research* 77(3): 725-744.

Grover, D., Camp, J. and Belnap, N. (1975). "A Prosentential Theory of Truth," *Philosophical Studies* 27(2): 73-125.

Hacking, I. (1967). "Possibility," *Philosophical Review* 76: 143-168.

Hazlett, A. (2013). *A Luxury of the Understanding*. Oxford: Oxford University Press.

Hieronymi, P. (2005). "The Wrong Kind of Reason," *Journal of Philosophy* 102(9): 437-457.

Hookway, C. (2008). "The Pragmatic Maxim and the Proof of Pragmatism: After 1903," *Cognitio* 9(1): 57-72.

Horgan, T. (2001). "Contextual Semantics and Metaphysical Realism," In M. Lynch (eds.), *The Nature of Truth 1st Edition*. Cambridge: MIT Press.

Horwich, P. (1998). *Truth 2nd Edition*. Oxford: Blackwell.〔ポール・ホーリッジ『真理』入江幸男・原田淳平訳，勁草書房，2016 年.〕

—— (2008). "Being and Truth," *Midwest Studies in Philosophy* 32(1): 258-273.

Howard, N. (2021). "Ambidextrous Reasons (or Why Reasons First's Reasons Aren't Facts)," *Philosophers' Imprint* 21(30): 1-16.

Jago, M. (2018). *What Truth Is*. Oxford: Oxford University Press.

James, W. (1922). *Pragmatism: A New Name for Some Old Ways of Thinking*. reprinted in 1922. New York; London: Longmans, Green, and Co.

Joyce, R. (2019). "The Denial of Moral Knowledge," In A. Zimmerman et al. (eds.), *The Routledge Handbook of Moral Epistemology*. New York: Routledge.

Kappel, K. (2011). "Is Epistemic Expressivism Dialectically Incoherent?" *Dialectica* 65: 49–69.

—— (2019). "Escaping the Akratic Trilemma," In M. Skipper and A. Steglich-Petersen (eds.), *Higher-Order Evidence: New Essays*. Oxford: Oxford University Press.

Kavka, G. (1983). "The Toxin Puzzle," *Analysis* 43: 33–36.

Kelly, T. (2002). "The Rationality of Belief and Some Other Propositional Attitudes," *Philosophical Studies* 110(2): 163–196.

—— (2003). "Epistemic Rationality as Instrumental Rationality: A Critique," *Philosophy and Phenomenological Research* 66: 612–40.

King, Jeffrey C. (2007). *The Nature and Structure of Content*. Oxford: Oxford University Press.

—— (2017). "Structured Propositions," *The Stanford Encyclopedia of Philosophy* (Fall 2017 Edition), Edward N. Zalta (eds.), URL = <https://plato.stanford.edu/archives/fall2017/entries/propositions-structured/>.

Kirkham, R. (1995). *Theories of Truth: A Critical Introduction*. Cambridge, MA: MIT Press.

Klenk, M. (2019). "Introduction," In M. Klenk (eds.), *Higher-Order Evidence and Moral Epistemology*. New York: Routledge.

Korcz, K. A. (2021). "The Epistemic Basing Relation," *The Stanford Encyclopedia of Philosophy* (Spring 2021 Edition), Edward N. Zalta (eds.), URL = <https://plato.stanford.edu/archives/spr2021/entries/basing-epistemic/>.

Kvanvig, J. (2003). *The Value of Knowledge and the Pursuit of Understanding*. Cambridge, MA: Cambridge University Press.

Leary, S. (2021). "Banks, Bosses, and Bears: A Pragmatist Argument Against Encroachment," *Philosophy and Phenomenological Research* 105: 657–676.

Lenman, J. (2003). "Disciplined Syntacticism and Moral Expressivism," *Philosophy and Phenomenological Research* 66: 32–57.

Littlejohn, C. (2014). "Introduction," In C. Littlejohn and J. Turri (eds.), *Epistemic Norms*. Oxford: Oxford University Press.

Loeffler, R. (2009). "Neo-pragmatist (practice-based) theories of meaning," *Philosophy Compass* 4(1): 197–218.

Lynch, M. (2004). *True to Life: Why Truth Matters*. Cambridge: MIT Press.

—— (2009). *Truth as One and Many*. Oxford: Oxford University Press.

—— (2010). "Epistemic Circularity and Epistemic Incommensurability," In A. Haddock,

A. Millar, and D. Pritchard (eds.), *Social Epistemology*. Oxford: Oxford University Press.

—— (2013). "Three questions about truth pluralism", In N. J. L. L. Pedersen and C. D. Wright (eds.), *Truth and Pluralism: Current Debates*. New York: Oxford University Press.

Lynch, M., Wyatt, J. and Kim, J. (2021). "Introduction to Part I," In M. Lynch et al. (eds.), *The Nature of Truth (Second edition)*. Cambridge, MA: MIT Press.

Mackie, J. L. (1977). *Ethics: Inventing right and wrong*. London: Penguin. 〔J. L. マッキー『倫理学――道徳を創造する』加藤尚武監訳, 哲書房, 1990 年.〕

Maguire, B. and Woods, J. (2020). "The Game of Belief," *The Philosophical Review* 129 (2): 211-249.

Margolis, E. and Stephen, L. "Concepts," *The Stanford Encyclopedia of Philosophy* (Spring 2021 Edition), Edward N. Zalta (ed.), URL = <https://plato.stanford.edu/archives/spr2021/entries/concepts/>.

McCain, K. (2016). *The Nature of Scientific Knowledge: An Explanatory Approach*. Switzerland: Springer.

McCormick, M. (2018). "No Kind of Reason is the Wrong Kind of Reason," In K. McCain (eds.), *Believing in Accordance with the Evidence: New Essays on Evidentialism*. Switzerland: Springer.

—— (2019). "Can Beliefs be Based on Practical Reasons?" In J. A. Carter and P. Bondy (eds.), *Well-Founded Belief: New Essays on the Epistemic Basing Relation*. New York: Routledge.

McGrath, A. E. (1999). *Science and Religion: An Introduction*. MA: Blackwell. 〔A. E. マクグラス『科学と宗教』稲垣久和・倉沢正則・小林高徳訳, 教文館, 2003 年.〕

McGrath, S. (2008). "Moral Disagreement and Moral Expertise," In R. Shafer-Landau (eds.), *Oxford Studies in Metaethics, Volume 3*. Oxford: Oxford University Press.

McHugh, C. (2015). "The Illusion of Exclusivity," *European Journal of Philosophy* 23 (4): 1117-1136.

Merricks, T. (2001). *Objects and Persons*. Oxford: Oxford University Press.

Misak, C. (2013). *The American Pragmatists*. Oxford: Oxford University Press. 〔シェリル・ミサック『プラグマティズムの歩き方――21 世紀のためのアメリカ哲学案内』上下, 加藤隆文訳, 勁草書房, 2019 年.〕

Mitova, V. (2016). "What Do I Care About Epistemic Norms?" In P. Schmechtig and M. Grajner (eds.), *Epistemic Reasons, Norms, and Goals*. Berlin: De Gruyter.

Moore, G. E. (2012). *Principia Ethica*. reprinted in (2012). New York: Dover Publications. 〔G. E. ムア『倫理学原理』泉谷周三郎・寺中平治・星野勉訳, 三和書房, 2010 年.〕

Moore, G. (2020). "Theorizing about Truth Outside of One's Own Language," *Philosophical Studies* 177: 883-903.

Moretti, L. and Piazza, T. (2018). "Defeaters in Current Epistemology: Introduction to the Special Issue," *Synthese* 195: 2845–2854.

Mulligan, K. and Fabrice, C. (2021). "Facts," *The Stanford Encyclopedia of Philosophy* (Winter 2021 Edition), Edward N. Zalta (eds.), URL = <https://plato.stanford.edu /archives/win2021/entries/facts/>.

Newman, A. (2002). *The Correspondence Theory of Truth: An Essay on the Metaphysics of Predication.* Cambridge: Cambridge University Press.

Oh, O. (2013). "Deflationism about Truth and Meaning," The City University of New York. Ph. D. Thesis.

Olson, J. (2010). "In Defense of Moral Error Theory," In M. Brady (ed.), *New Waves in Metaethics.* Basingstoke: Palgrave MacMillan.

—— (2018). "The Metaphysics of Reasons," In Star, D. (eds.), *The Oxford Handbook of Reasons and Normativity.* Oxford: Oxford University Press.

Pedersen, N. J. L. L., et al. (2018). "Introduction", In J. Wyatt, N. J. L. L. Pedersen and N. Kellen (eds.), *Pluralisms in Truth and Logic.* London: Palgrave Macmillan.

Pedersen, N. J. L. L., and Lynch, M. (2018). "Truth Pluralism," In M. Glanzberg (eds.), *The Oxford Handbook of Truth.* Oxford University Press.

Peirce, C. (1992). "How to Make Our Ideas Clear," In N. Houser and C. Kloesel (eds.), *The Essential Peirce vol. 1.* Bloomington and Indianapolis: Indiana University Press.

Perry, J. (1996). "Evading the Slingshot," In J. Ezquerro and A. Clark (eds.), *Philosophy and Cognitive Science: Categories, Consciousness, and Reasoning.* Dordrecht: Kluwer Academic Publishers.

Plantinga, A. (1993). *Warrant and Proper Function.* Oxford: Oxford University Press.

Price, H. (1998). "Three Norms of Assertibility, or How the Moa Became Extinct," *Noûs* 32(12): 241–254.

Pritchard, D. (2006). *What is This Thing Called Knowledge?* Routledge.〔ダンカン・プリチャード『知識とは何だろうか——認識論入門』笠木雅史訳，勁草書房，2022年（第4版の邦訳）.〕

Quine, W. O. (1986). *Philosophy of Logic (2ⁿᵈ Edition).* Cambridge, MA: Harvard University Press.〔ウイラード・V・クワイン『論理学の哲学』山下正男訳，培風館，1972年.〕

—— (1992). *Pursuit of Truth (Revised Edition).* Cambridge, MA: Harvard University Press.〔W. V. クワイン『真理を追って』伊藤春樹・清塚邦彦訳，産業図書，1999年.〕

Ramsey, F. (1990). "Facts and Propositions," reprinted in David Mellor (eds.), *Philosophical Papers.* Cambridge: Cambridge University Press.〔F. P. ラムジー「事実と命題」，D. H. メラー編『ラムジー哲学論文集』伊藤邦武・橋本康二訳，勁草書房，1996年.〕

—— (1991). *On Truth: Original Manuscript Materials (1927–1929)*. *Episteme*, 16, Nicholas Rescher and Ulrich Majer (eds.), Dordrecht: Kluwer Academic Publishers.

Ranalli, C. (2018). "What is Deep Disagreement?" *Topoi* 40: 983–998.

Rasmussen, J. (2014). *Defending the Correspondence Theory of Truth*. Cambridge: Cambridge University Press.

Reisner, A. (2009). "The Possibility of Pragmatic Reasons for Belief and the Wrong Kind of Reasons Problem," *Philosophical Studies* 145(2): 257–272.

—— (2018). "Pragmatic Reasons for Belief," In D. Star (eds.), *The Oxford Handbook of Reasons and Normativity*. Oxford University Press.

Ridge, M. (2019) "Moral Non-Naturalism," *The Stanford Encyclopedia of Philosophy* (Fall 2019 Edition), Edward N. Zalta (ed.), URL = <https://plato.stanford.edu/archives/fall2019/entries/moral-non-naturalism/>.

Rorty, R. (1991). *Objectivity, Relativism, and Truth*. Cambridge: Cambridge University Press.

—— (1998). *Truth and Progress*. Cambridge: Cambridge University Press.

Russel, B. (1912). *The Problems of Philosophy*. New York: H. Holt and Company.〔バートランド・ラッセル『哲学入門』髙村夏輝訳，ちくま学芸文庫，2005 年ほか.〕

—— (1918). *The Philosophy of Logical Atomism*. Peru, IL: Open Court.〔バートランド・ラッセル『論理的原子論の哲学』髙村夏輝訳，ちくま学芸文庫，2007 年.〕

Schechter, J. (2018). "Explanatory Challenges in Metaethics," In T. McPherson and D. Plunkett (eds.), *Routledge Handbook of Metaethics*. Routledge.

Schroeder, M. (2010). *Noncognitivism in Ethics*. London: Routledge.

Schulte, P. (2011). "Truthmakers: A Tale of Two Explanatory Projects," *Synthese* 181 (3): 413–431.

Schwitzgebel, E. (2021) "Belief," *The Stanford Encyclopedia of Philosophy* (Winter 2021 Edition), Edward N. Zalta (ed.), URL = <https://plato.stanford.edu/archives/win2021/entries/belief/>.

Shah, N. (2006) "A New Argument for Evidentialism," *The Philosophical Quarterly* 56 (225): 481–498.

Shapiro, S. (2009). "Review of *Truth as One and Many*," *Notre Dame Philosophical Reviews*. URL = <https://ndpr.nd.edu/news/truth-as-one-and-many/>.

Sher, G. (2005). "Functional Pluralism," *Philosophical Books* 46(4): 311–330.

Skipper, M. and Steglich-Petersen, A. (2019). "Introduction," In M. Skipper and A. Steglich-Petersen (eds.), *Higher-Order Evidence: New Essays*. Oxford: Oxford University Press.

Steglich-Petersen, A. (2011). "How to Be a Teleologist about Epistemic Reasons," In A. Reisner and A. Steglich-Petersen (eds.), *Reasons for Belief*. Cambridge: Cambridge University Press.

―― (2018). "Epistemic Instrumentalism, Permissibility, and Reasons for Belief," In C. McHugh et al. (eds.), *Normativity: Epistemic and Practical*. Oxford: Oxford University Press.

Street, S. (2006). "A Darwinian Dilemma for Realist Theories of Value," *Philosophical Studies* 127(1): 109-166.

Suikkanen, J. (2013). "Moral Error Theory and the Belief Problem," In R. Shafer-Landau (eds.), *Oxford Studies in Metaethics, Volume 8*. Oxford: Oxford University Press.

Sylvan, K. (2016). "Epistemic Reasons I: Normativity," *Philosophy Compass* 11(7): 364 -376.

Tarski, A. (1944). "The Semantic Conception of Truth," *Philosophy and Phenomenological Research* 4(4): 341-75.

Thagard, P. (2007). "Coherence, Truth, and the Development of Scientific Knowledge," *Philosophy of Science* 74(1): 28-47.

Valaris, M. (2020). "Reasoning, Defeasibility, and the Taking Condition," *Philosophers' Imprint* 20(28): 1-16.

Vignolo, M. (2010). "Does Deflationism Lead Necessarily to Minimalism about Truth-Aptness?" *Polish Journal of Philosophy* 4(1): 81-98.

Way, J. (2016). "Two Arguments for Evidentialism," *Philosophical Quarterly* 66(265): 805-818.

Wedgwood, R. (2002). "The Aim of Belief," *Philosophical Perspectives* 16: 276-97.

Williams, B. (1973). *Problems of the Self*. Cambridge: Cambridge University Press.

Wrenn, C. (2005) "Pragmatism, Truth, and Inquiry," *Contemporary Pragmatism* 2(1): 95-113.

―― (2014). *Truth*. Cambridge: Polity.〔チェイス・レン『現代哲学のキーコンセプト 真理』野上志学訳，岩波書店，2019 年.〕

―― (2016). "Tradeoffs, Self-Promotion, and Epistemic Teleology," In P. Schmechtig and M. Grajner (eds.), *Epistemic Reasons, Norms, and Goals*. Boston: De Gruyter.

Wright, C. (1992). *Truth and Objectivity*. Cambridge, MA: Harvard University Press.

―― (2001). "Minimalism, Deflationism, Pragmatism, Pluralism," In M. P. Lynch (eds.), *The Nature of Truth: Classic and Contemporary Perspectives*. Cambridge: MIT Press.

―― (2003). *Saving the Differences: Essays on Themes From Truth and Objectivity*. Harvard University Press.

―― (2013). "A Plurality of Pluralisms," In N. J. L. L. Pedersen and C. D. Wright (eds.), *Truth and Pluralism: Current Debates*. Oxford: Oxford University Press.

Wyatt, J. (2013). "Domains, Plural Truth, and Mixed Atomic Propositions," *Philosophical Studies* 166: 225-236.

―― (2016). "The Many (Yet Few) Faces of Defationism," *The Philosophical Quarter-*

ly 66(263): 362–382.

——(2021). "Truth and Insubstantiality: The Metaphysics of Deflationism," In M. Lynch, J. Wyatt, J. Kim, and N. Kellen (eds.), *The Nature of Truth: Classic and Contemporary Perspectives (2ⁿᵈ Edition)*. Cambridge: MIT Press.

Young, J. (2001). "A Defence of the Coherence Theory of Truth," *The Journal of Philosophical Research* 26: 89–101.

秋葉剛史（2014）『真理から存在へ──〈真にするもの〉の形而上学』春秋社.

魚津郁夫（2006）『プラグマティズムの思想』ちくま学芸文庫.

笠木雅史（2019）「進化論的暴露論証とはどのような論証なのか」『メタ倫理学の最前線』勁草書房.

児玉聡（2010）『功利と直観──英米倫理思想史入門』勁草書房.

佐藤邦政（2019）「解釈的不正義と行為者性──ミランダ・フリッカーによる解釈的不正義の検討を中心に」『倫理学年報』68巻，日本倫理学会.

鈴木真（2013）「哲学・倫理学における道徳判断研究の現状──道徳判断の本性と情理」『社会と倫理』南山大学社会倫理研究所.

——（2016）「価値判断の対立を言語の不確定性によって説明する試み」『倫理学研究』関西倫理学会.

須田悠基（2020）「真理の多元主義は実質性を保てるか──ドメイン概念の不備を指摘し真理の多元主義を批判する」『科学哲学』53号1巻，日本科学哲学会.

——（2021）「対等者間の不一致における妥協主義の擁護論証を補強する」*Contemporary and Applied Philosophy*, vol. 13, 応用哲学会.

——（2022）「認識的表出主義の二つの問題は本当に解決されたのか」『哲学』73号，日本哲学会.

松下晴彦（2017）「意味論「未来の帰結」としての意味の探究」加賀裕郎・高頭直樹・新茂之編『プラグマティズムを学ぶ人のために』世界思想社.

山岡謁郎（1996）『現代真理論の系譜──ゲーデル，タルスキからクリプキへ』海鳴社.

あとがき

　本書は，私が 2023 年 3 月に一橋大学に提出した博士論文を基に，修正・加筆を加えたものです。本書の出版に際しては，日本哲学会の 2022 年度林基金出版助成による助成を受けました。このような助成をくださった日本哲学会と，故林繁夫氏に深く御礼申し上げます。

　本書が主題としているのは，分析哲学における真理論と呼ばれる分野の議論です。しかし，修士課程の段階では，私自身の研究関心は真理論ではなく，言語哲学の，特に固有名の指示の理論などに向けられていました。『言語哲学大全』と『言語哲学重要論文集』を手に取り，そこで議論されていた指示の理論の面白さに惹かれたからです。修士課程でこの主題について研究するうち，言語哲学の議論でよく目にする「ある平叙文が真／偽である」ということばがどのような事態を表しているのか，種々の平叙文の真理はいかにして担保されるのか，ある平叙文の真偽が問えるのはどのような場合なのか，といった点を気にかけるようになり，研究の焦点が徐々に真理論の議論に移っていきました。

　そこで，博士課程では，真理論を研究の中心に据えることにしました。私はこの分野の研究を開始した当初からデフレ主義の真理理解にはあまり納得できず，不満を持っていたため，博士課程の比較的早い段階でインフレ主義を擁護する博士論文を書こうと決め，構想を練り始めました。最初に着目したのが，当時，真理論の議論で注目度と存在感を増してきていた機能主義的に真理を理解する多元主義の構想で，この立場からインフレ主義を擁護する方法をまず模索しました。しかし，検討を進めるうちに，どうもこの立場は課題を抱えており，現状ではこの立場からインフレ主義を擁護するのは難しそうだと判断するに至りました。そこで，ひとまず，これまでに精査した多元主義の課題をまとめて論文にし，別の方法でインフレ主義を擁護する道を探し始めました。

その作業を続けるうちに，認識論における真理性質の役割を検討する論者たちの議論に辿り着き，この議論に定位してインフレ主義的な真理理解を擁護していく道筋があるのではないかと考えました。博士課程の2年次から実際にこうした研究に比重を置き，1年ほどかけて〈認識論において用いられる道具立てを維持する上では，インフレ主義的に真理性質を理解せねばならない〉という主張を提示してこれを論証する，という構想を練り，この内容で博士論文を執筆することを決めました。また，多元主義の立場自体は現状では擁護が難しいだろうと考えたものの，機能主義的に真理性質を理解する，というこの立場の発想は非常に優れたものに思えたので，この考え方は活かすことにして，〈機能主義的ミニマルインフレ主義〉という立場を新たに提案することにしました。このような経緯で本書の基となる博士論文の輪郭が定まっていき，その輪郭に合わせて各章の執筆が進められ，執筆した各章の議論を整理して一つにまとめ直すことで博士論文として提出しました。その後，各章の議論の流れや扱った論証などは変えずに，記述が不明瞭だった箇所や説明の不足していた箇所を加筆・修正して，最終的に本書に記した内容で出版に至ります。

今後は，本書で提案した機能主義的ミニマルインフレ主義・方法論的インフレ主義という二つの立場を真理論と関連する個々の哲学の議論主題に具体的に適用することによって，そうした主題を前に進める提案ができないかを検討していきたいと考えています。また，本書の第II部で扱った主題をさらに突き詰めて，真理論と認識論の間の関係性をより詳細な形で明らかにしていく研究にも注力するつもりです。

本書の出版に至るまでの研究生活においては，数多くの方々にさまざまな仕方で助けていただきました。この場を借りて御礼を申し上げたいと思います。

まず，なによりも，大学院の指導教員である井頭昌彦先生に感謝を申し上げたいと思います。井頭先生には，修士課程と博士課程の計6年間に渡りご指導をいただきました。読者が論旨を理解できる論文を書くこともままならなかった私に，先生は一から丁寧に，根気強い指導をしてくださいました。先生のおかげで，研究と呼べる水準で文献調査や論文執筆を行うために気をつけるべきことや，研究に向き合う姿勢など，さまざまなことを学ぶことができました。

あとがき　261

教えていただいたことのすべてを十分に体得できたとはまだまだ言えませんが，先生の指導によって学ぶことができたものが，私の研究活動の土台となっています。長きに渡ってご指導いただき誠にありがとうございました。今後もさまざまな機会でお世話になることがあるかと思いますが，何卒よろしくお願い申し上げます。いただいた御恩には，研究を続けて，その成果を形にし続けることで応えていきたいと思っております。

吉沢文武先生と秋葉剛史先生には，本書の基となった博士論文の副査を勤めていただきました。最終審査の際には，専門的な見地から長大な博士論文の各箇所を詳細にご検討いただいた上で，疑問点や改善点，課題をご指摘いただきました。いただいたご指摘はいずれもクリティカルなもので，そのすべてに説得的な応答を用意できたと自信を持てるにはいまだ至っていませんが，今後の研究で，必ず説得的なお答えを提示したいと思います。誠にありがとうございました。

林基金出版助成の審査時の査読者の方々と，本書のいくつかの章の基となった論文について査読をしてくださった研究者の方々にもお礼を申し上げます。皆様，詳細に論文を読み込んでくださった上で，私自身が気づいていない問題点や改善の方向性を示してくださいました。このような作業は時間のかかるとても骨の折れるものであったはずですが，大変丁寧にコメントをくださいました。匿名査読であったためお名前を挙げてお礼を述べられないことが残念ですが，皆様のこうした学術的献身に支えられ，本書を出版することができました。ありがとうございました。

中学時代からの友人でライプニッツ研究者である丸山諒士氏は，私を哲学研究の道にいざなってくれました。自身の研究アイディアを心置きなく話し，議論を交わせる友人がいたことで，いつも研究のモチベーションをもらうことができました。ありがとうございます。

大学院の先輩である清水雄也氏には，大学院に入りたての頃に数えきれないほどお世話になりました。論文の調べ方といった基礎的なことも，最初に教えてくださったのは清水さんでした。ありがとうございます。

遠藤進平氏，上田尚徳氏，白川晋太郎氏，松井隆明氏，村山正碩氏，守博紀氏には，定期的に実施される進捗報告会で研究アイディアを検討してもらい，改善案や励みになることばをかけてもらうなどして，これまで何度も研究活動

をエンカレッジしていただいてきました。遠藤さんが進捗会のメンバーを誘って開いてくれることが多い茶話会も，私にとって重要な息抜きの機会になっています。皆様いつもありがとうございます。

私の現在の所属である東洋大学国際共生社会研究センターのセンター長である松丸亮教授，そして，仕事仲間の島村雅彦氏，加藤双美氏，小山可奈子氏には，私自身の研究と業務を両立できる環境を作っていただいています。そのおかげで，本書の執筆作業もスムーズに進めることができました。ありがとうございます。

そのほかにも，一橋大学の井頭先生のゼミの方々をはじめ，多くの方にお世話になりました。これまでお世話になった方々全員に感謝いたします。

勁草書房編集部の土井美智子さんには，出版の作業を担当していただきました。大変ご多忙なはずですが，常に迅速に対応してくださいました。各工程で行う作業についてもその都度詳細に教えてくださり，また，毎回必ず私の考えを丁寧に聞いてくださった上で，出版作業を進めてくださいました。そのおかげで，一切の不安なく書籍の執筆を行えました。初めての書籍の出版を土井さんに担当していただけて，とても幸運でした。誠にありがとうございます。

研究を始めた頃，いつか自分の本を出せたらいいなと漠然と思っていたので，本書をしっかりと出版でき，願望に近かった一つの目標を実際に形にできたことに喜びを感じています。しかし，研究の日々はこの後も続くので，一つ息をついたら，またすぐにこの先の研究に進んでゆきたいと思います。

私が研究を始めた頃に読んで影響を受けたり，研究の指針を示してもらったりした書籍のような役割を，本書がどなたかにとって果たせるようにと著者として願っています。

最後に，本書を母に捧げることをお許しいただければと思います。母は私が研究の道に進むことを常に応援し，力になってくれました。本当にありがとうございました。

2024 年 6 月

須田悠基

人名索引

A

秋葉剛史　44, 48
Alston, W.　1, 42, 155-156
Armour-Garb, B.　12, 15-17, 21, 28
Asay, J.　30, 39, 73

B

Bar-On, D.　3, 28-29, 128
Bastian, L.　145
Beall, J.　17, 21, 28
Beddor, B.　188
Berker, S.　184, 196
Blackburn, S.　130
Boghossian, P.　168
Bondy, P.　145, 149-150, 159, 167, 185, 206-207
Brink, D.　114
Brownstein, M.　233
Buckley, D.　147

C

Candlish, S.　58
Capps, J.　63
Carter, J. A.　178-179, 182, 191-193, 195, 206-207
Chan, Lok-Chi.　182
Chignell, A.　147-148
Chrisman, M.　179-180, 182, 191-193, 195
Christensen, D.　122
Church, A.　46
Côté-Bouchard, C.　164
Cotnoir, A.　103, 106
Cowie, C.　164-165, 169, 203
Cuneo, T.　113, 115, 121, 178, 183-184, 186-187, 189-190, 192

D

Damnjanovic, N.　22, 58
David, M.　39, 42, 52, 194
Davidson, D.　45-46, 48
Devitt, M.　12
Dodd, J.　23
Dorsey, D.　56, 58
Dowden, B.　61

E

Edwards, D.　4-6, 24, 78-79, 81, 94-95, 102-108, 110, 213
Engel, P.　168, 180
Evans, G.　168
Evans, I.　207

F

Fabrice, C.　39
Fassio, D.　144, 204-205
Ferrari, F.　88
Field, H.　31, 182
Fratantonio, G.　209

G

Gamester, W.　24, 102, 105-106
Gertken, J.　147
Gibbard, A.　130, 180
Glanzberg, M.　38, 41
Greenberg, A.　164-165, 169
Grimm, S.　151, 155, 157-158
Grover, D.　15

H

Hacking, I.　205
Hazlett, A.　143

Hieronymi, P.　168
Hookway, C.　62
Horgan, T.　43
Horwich, P.　2, 16, 18-19, 23-24, 30, 64, 194
Howard, N.　146

J
Jago, M.　2, 41
James, W.　61, 65-66, 69, 147
Joyce, R.　115, 121

K
Kappel, K.　123, 179, 181-182, 191-193, 195
笠木雅史　126
Kavka, G.　170
Kelly, T.　151-152, 154, 157, 170-171, 186
Kiesewetter, B.　147
King, Jeffrey C.　41-42
Kirkham, R.　39-40
Klenk, M.　122
児玉聡　59
Korcz, K. A.　207
Kvanvig, J.　189-190, 192-193, 195, 200

L
Leary, S.　145
Lenman, J.　19
Littlejohn, C.　180
Loeffler, R.　64
Lynch, M.　22, 28, 31, 41-42, 45, 56, 60, 74, 77-88, 90, 97, 102, 108-110, 136-137, 144, 148, 155-156, 223

M
Mackie, J. L.　114-115, 118-120, 127
Maguire, B.　160
Margolis, E.　4-5
松下晴彦　64
McCain, K.　144, 180, 184
McCormick, M.　144-145
McGlynn, A.　209
McGrath, A. E.　91
McGrath, S.　120, 122-123

McHugh, C.　172
Merricks, T.　107
Misak, C.　61, 63, 65-66, 69-70, 138, 231
Mitova, V.　180
Moore, G. E.　38, 54, 114
Moore, G. S.　13
Moretti, L.　122
Mulligan, K.　39

N
Newman, A.　42

O
Oh, O.　24
Olson, J.　119, 146

P
Pedersen, N. J. L. L.　73, 78, 82
Peirce, C.　61-63, 66
Perry, J.　46
Piazza, T.　122
Plantinga, A.　61
Price, H.　65-67, 69-70, 138, 226
Pritchard, D.　1

Q
Quine, W. O.　13-14

R
Ramsey, F.　12-13
Ranalli, C.　97
Rasmussen, J.　39-41, 44, 46
Reisner, A.　145, 170-172
Ridge, M.　125
Rorty, R.　61, 68-70
Russel, B.　38, 40, 52

S
佐藤邦政　93
Saul, J.　233
Schechter, J.　128
Schroeder, M.　11
Schulte, P.　30

人名索引　265

Schwitzgebel, E.　187
Shah, N.　148, 167-168
Shapiro, S.　109-110
Sher, G.　78, 89
Sias, J.　116, 128
Simmons, K.　3
Skipper, M.　169
Steglich-Petersen, A.　160, 169
Stephen, L.　4-5
Street, S.　126-128, 130, 235-236, 240, 242
須田悠基　73-74, 122, 124, 177, 239, 241
Suikkanen, J.　115, 119
鈴木真　112-113, 125, 130
Swartz, N.　61
Sylvan, K.　144

T
Tarski, A.　15-16
Thagard, P.　57

U
魚津郁夫　66

V
Valaris, M.　208
Vignolo, M.　19

W
Way, J.　166-167
Wedgwood, R.　148
Williams, B.　164
Woods, J.　160
Wrenn, C.　31, 69, 160-161, 227
Wright, C.　19, 60, 74, 84, 88, 212
Wyatt, J.　19, 21-22, 25-26, 29, 45, 76, 78-80, 87, 94-96

Y
山岡謁郎　16
Young, J.　55-57

事項索引

あ 行

意見の不一致　　67, 120-121, 138, 204, 220, 226

1命題 - 1ドメイン　　80-82

一貫性　　55-57

一般化された認識論的主張　　224, 234, 237, 240-242, 244, 247

意味論　　13, 17, 43, 45, 51, 57, 64, 129

　意味の使用説　　64

　指示的――　　43, 57, 64

　実践ベースの――　　64

因果理論　　207

インフレ主義　　ii-iii, 1, 3, 8-12, 18, 21, 23, 26-34, 35-36, 37, 53-54, 65, 70-72, 73-74, 81-82, 111, 117, 125, 130-133, 136-140, 141-142, 143, 148, 163, 175, 179, 204, 210, 214-215, 218, 221-222, 223-224, 226, 229-231, 242-244, 245, 247

　――的要請　　116-117, 132

　――の基本テーゼ　　10, 32, 35, 37, 73-74

　機能主義的ミニマル――　　34, 137, 139-140, 141, 214, 216-220, 222, 223-225, 227-229, 231-232, 234, 236-244, 246-247

　方法論的――　　34, 224, 237-244, 247

オッカムの剃刀　　52, 190, 193

か 行

概念　　i-iii, 4-7, 16, 34, 42, 45-46, 62-64, 67, 77-80, 82, 84, 86-92, 95-99, 108-110, 144, 146, 163-164, 177, 205, 208-211, 215, 217-221, 226-227, 230, 233, 239, 243-244, 246

　――種　　78-80, 95, 97

　――の包摂条件　　5-7, 16, 23, 63, 67, 88, 138-139, 226

　――例化同一性　　80

価値　　143-144, 149-154, 157, 160-163, 173-174

内在的――　　23, 155-159, 161-162

機能主義　　85-86, 99, 135, 137-138, 146, 246

規範構成主義　　218-221

規範性問題（認識的理由の規範性問題）　　147-150, 154, 159-161, 163-164, 173-175

規範表出主義　　180

奇妙さからの論証　　118-120

客観性　　44, 55-56, 66-67, 69, 87-89, 92-94, 138, 171, 226

虚構主義　　115

形而上学　　ii-iii, 11, 18, 21, 23, 26-27, 32-34, 35-36, 65, 70, 72, 73, 81, 94, 96, 98, 101-102, 106, 108, 110-111, 117-118, 122, 125, 128, 131-133, 135-138, 161, 173, 231-232, 239

　――的コミットメント　　7, 20, 231-232, 243

　――的要請　　116-117, 122, 125, 127-128, 130-133

構成的基準　　144, 163-165

構成理論アプローチ　　33-36, 70, 99, 101, 132-133, 135-136, 245

構造的共有関係　　39-41, 44, 51, 53

合理性（／合理的）　　iii, 58-59, 98, 186, 227

　実践的――　　185-186, 200-201, 203, 220

　認識的――　　152, 177-178, 182-186, 188, 196-197, 200-201, 203-204, 209, 211, 215-217, 220, 227-228, 230-231, 246

考慮事項　　144-147, 150, 159, 165-166, 168-169, 173-174, 206

個物　　41-43

混合原子命題問題　　89-90

混合推論の問題　　36, 83-85, 99

さ 行

錯誤説　　111, 114-116, 118, 121, 127-128, 130

指示　　4, 6-7, 11, 17, 20, 24, 40, 43, 45, 54, 83-85,

103-105, 113

—— 対象　17, 20, 46, 64, 82-83, 85, 106-107

事実　10-11, 22-23, 27, 29-30, 33, 38-53, 55, 57, 60, 68, 74-75, 77, 84, 90-91, 96-97, 109-121, 124-130, 136, 145-146, 152, 164-165, 194, 198, 234-236, 240, 245

自説の正当化問題　179, 186, 189-192, 195, 198-199, 201, 203

自然主義　107, 114

形而上学的——　179, 182

自然的事実　111-113, 117-118, 124

実在　5-6, 11, 29, 38-39, 48-49, 53-54, 67-68, 74, 107-109, 112, 115, 117-119, 124-128, 138-139, 177-178, 181-183, 189

実在論的直観　44, 60-61, 107

実践上の効果　62-64, 69

主意主義　166, 168-169, 172

主張力　66-67

述語　4-7, 24, 43, 49, 54, 62-63, 104-105, 113, 213-214

—— の適用条件　5-7, 15-17, 23, 31, 57, 63, 112-113, 199

証拠　61, 64, 121-124, 130, 144, 146-147, 152, 165, 169-172, 178, 180-181, 184-185, 188, 196-197, 201, 203-206, 209, 211-212, 214-215, 218, 221, 226-227, 229-230, 233, 236, 239-240, 244, 246

—— の区別条件　210-212, 215, 217, 228

一階の——　123, 168-169

高階の——　122-123, 169

ミスリーディングな——　208-212, 214-221, 226, 228-231, 243

命題的正当化を与える——　206-212, 214-217, 219-221, 226, 228-231, 243

証拠外在主義　209

証拠構成主義　218-221, 226-229, 232-233, 243

証拠主義　146, 180-181

進化論的暴露論証　126-128, 130, 235-236, 240

深刻な不一致　90, 97

心的状態　1, 38-39, 55, 136, 165, 174, 178, 180, 183-185, 187-189, 191-192, 197, 200, 207

心的態度　113-114, 144-146, 164, 171

信念　i, iii, 1-3, 12, 23, 34, 39, 55-61, 63, 66-69, 77, 87-94, 97, 99, 108, 111, 121-124, 126, 129, 136, 139, 143-155, 157, 159-161, 163-175, 177-182, 184-188, 191-197, 200-201, 204-207, 209-211, 215-217, 220, 227-228, 230-233, 235-236, 243, 246

—— 主体　55, 60, 149

—— 体系　38, 55-60, 194

—— の規範　143, 148, 160-161

—— は真理を目指す　148-152, 155, 162-165, 171

真なる——　i, 1, 3, 61, 121, 143, 149-155, 157, 159, 161, 173, 181, 185, 191-192, 195-197

筋が通った——　209

やむをえない——　209

信頼性　126, 181, 235

信頼性主義　146, 181

真理　i-ii, 1, 3

—— 概念　i-ii, 1, 3, 7, 9, 16, 18, 22-23, 25-26, 28-29, 65-70, 83-84, 138-139, 226-227, 229

—— 規範　163-164, 166-169, 171, 173-174

—— 寄与的　126, 235-236

—— 述語　i-ii, 1, 3, 7-10, 12-18, 20-21, 23, 26, 28, 31-33, 68, 82-85

—— 条件　i, 1, 11, 16, 19-21, 48, 51, 55, 57, 69

—— 性質　i-iii, 1, 3, 7-10, 12, 17-18, 20-34, 35-36, 37, 44, 55, 65, 67-71, 73, 81-86, 98-99, 101-102, 131, 135-140, 141-142, 144-145, 148-150, 152-153, 162-163, 165, 168, 172, 174-175, 177, 194, 204, 210, 212-214, 216-219, 221, 223-225, 228, 231, 238-239, 243, 245-247

—— の構成理論　ii, 9-11, 21-23, 27, 30-34, 35-36, 37-38, 44, 48, 50-52, 54-55, 61, 65, 70, 72, 73, 76, 81-82, 86, 89-90, 92, 94, 98-99, 101-102, 117, 122, 125, 131-133, 135-140, 141, 194, 198-199, 204, 214, 216, 218-221, 223, 225, 228-229, 233-234, 236-238, 241-243, 245-246

—— の実質性　iii, 31-32, 76, 95, 136, 143-144, 148-150, 154, 161, 163, 173, 175-176, 177, 245-246

—— の説明役割　10, 24, 27, 30-31, 33-34, 35, 102, 133, 135-137, 139-140, 141-142, 148, 175, 219, 245-246

268 事項索引

—— の担い手　12-13, 15-16, 38-41, 44, 48, 55, 60
—— 保存性　83-84
—— メーカー　30, 38-41, 44, 45
トリヴィアルな——　151, 153, 156-159, 161-162
真理概念の用法　68
　是認的用法　68
　脱引用的用法　68
　注意喚起的用法　68-69
真理実現性質　9-11, 18, 27, 30, 32, 35-36, 37, 43, 48, 52, 54, 61, 70-72, 73-78, 80-95, 98-99, 102, 104-110, 114-115, 135, 137-138, 140, 141-142, 216, 221, 223-225, 227-229, 231-232, 234, 236-244, 245-246
真理述語の機能　7, 12-13, 15-16, 18, 28, 31-32
　意味論的下降　14-15, 17
　意味論的上昇　14, 17
　省略　13, 16-17, 28, 31-32, 66
　代文　15-16, 28, 31-32, 66, 68
　脱引用　13-14, 17, 28, 31-32, 66, 68
真理適合性　2-3, 10-11, 18, 20-21, 32, 37, 43, 48-50, 53-54, 58, 64, 74-75, 89, 111, 114-116
　—— のミニマリズム　19-20, 64, 75-76, 82, 95, 98, 130, 135, 137, 223-224
真理の一元主義　ii, 36, 37-38, 48, 52, 54, 72, 73-76, 95, 101-102, 110-111, 116, 130, 133, 135-136, 231-232, 242-244
　一元主義の基本テーゼ　37-38, 73-74
真理の多元主義（真理の多元的理論）　ii, 36, 52, 60, 72, 73-78, 80-82, 99, 101-102, 108-111, 131, 133, 135-136, 138-139, 231-232, 239, 242-244, 246
　穏健な多元主義　36, 82-83, 85-99, 136-137
　穏健な多元主義テーゼ　82
　多元主義の基本テーゼ　74, 76-78, 81-82
　強い多元主義　36, 82-86, 99
　強い多元主義テーゼ　82
真理論　i, 7, 34, 35, 38, 42, 50-52, 58-60, 70, 72, 73, 112, 137-138, 179, 198-200, 204, 220, 232, 235-236, 243-244
少なすぎる理由からの異議　152-154, 156-159, 161-162, 170, 174

スコープ問題　36, 45, 50, 53-54, 60, 71-72, 73, 75-76, 99, 101-102, 108, 110-111, 113, 115-117, 125, 127, 130-133, 135-136, 138, 245
スリングショット論法　45-46, 48, 50-53
整合　38, 54-58, 60, 74-75, 77-78, 83, 85-94, 107, 194, 213, 221, 223-224, 227, 235-236, 240, 242
整合説　ii, 38, 54-55, 57-60, 71, 75, 111, 133, 135, 138, 198, 244, 245
　—— の基本テーゼ　55
性質　4-7
　関係的——　111-112
　客観的な——　104-106
　形而上学的に透明な——　22
　自然的——　54, 113-114, 124-125
　実質的真理——　iii, 136, 143-144, 152-153, 163, 165, 168, 171-174, 177, 204, 218, 246
　超自然的——　114
　投影的な——　104-106
　道徳——　50, 53-54, 79, 106, 108, 110, 112-115, 117-122, 124-128, 130
　認識的——　178, 180-186, 192-193
　非自然的——　7, 49, 113-114, 118, 124-125, 127-128, 241
　非実質的——　21, 29, 163, 174
　非 - 説明的な——　22-23
　物理的——　79
　豊富な——　22-24, 27, 104-106
　まばらな——　23-24, 104, 106
　論理的な——　22
正当化（／正当性）　iii, 3, 61, 118, 121-124, 126, 128, 130-131, 146-147, 152, 177-178, 180-182, 184, 186-193, 200, 203-207, 209-211, 215-217, 220, 227-228, 230-231, 234-236, 240, 246
　信念的——　206-207
　命題的——　206-208
正当化懐疑論　121, 124, 131-132, 234-237, 240-242
相対主義　81-82, 89-90, 94
阻却要因　122-124
　反証——　122
　無効化——　122-123
存在論　52, 112, 182, 208-211, 217-219, 221, 226-227, 246

事項索引　269

―― 的本性　106-108

―― 的身分　49, 52, 120, 145, 206

た　行

対応　10-11, 38-55, 57, 60, 74-75, 77-78, 83, 85-86, 90, 94-95, 104-105, 107-118, 121, 124, 178-179, 194, 213, 221, 223-224, 227, 236, 240, 242

対応説　ii, 10-11, 38-39, 41-45, 48-58, 60, 64, 71, 74-76, 101, 111-113, 115-117, 130, 133, 135-136, 198, 235, 244, 245

　　―― の基本テーゼ　38-39, 52

　還元的 ――　106, 111, 114, 117-118, 124-125, 127, 130, 132

　論理原子主義の ―― テーゼ　52

対等者間の不一致　122-124

多重実現可能性　85-86, 95

知識　58, 61, 93, 121-122, 155, 170, 180-181, 234

長期的な耐続可能性　63

直観主義　59, 126

適合方向　183-184, 187-189, 191-192, 197, 200

　心から世界へ　183-184, 187-189, 191, 197, 200

　世界から心へ　188

デフレ主義　ii-iii, 1, 3, 8-12, 15-21, 28-34, 245-246

　概念 ――　22, 25, 28-29, 65-67, 70

　冗長説　13

　性質 ――　28-29, 70, 163, 174, 226, 229-232

　代文説　15

　脱引用説　13-14, 17

　方法論的 ――　31

　ミニマリズム　18

デフレ主義の基本テーゼ　20

デフレ主義のコアテーゼ　21-22, 27, 30, 33, 37, 136, 221

　コアテーゼ①　27, 29-33, 35-36, 38, 44, 50, 55, 65, 71-72, 73, 81, 99, 101, 116-117, 131, 133, 137, 139-140, 142, 178, 193-195, 213-214, 218-219, 221, 223-225, 228-229, 245-246

　コアテーゼ②　27, 29-30, 33-34, 133, 136-137, 139-140, 141-142, 143-145, 148, 150-151, 153-154, 158, 162-163, 165-166, 168, 175-176, 177, 214, 219, 245

道具主義　149, 170

　客観主義的 ――　149, 154-155, 157-159, 161-162

　共通善路線　155, 157-158, 162

　主観主義的 ――　149-151, 153-154, 157-158

　内在価値路線　155, 157-159, 161-162

統語構造　41, 43, 51, 57

導出可能性　55-57

統制的想定　66, 226, 229

同値図式（ES）　15-20, 22, 25-33, 66-70, 103-104, 108, 131-132, 194-195, 198, 211-214, 228

道徳

　―― 懐疑論　120-121, 234

　―― 言明　111, 113, 115, 121, 125

　―― 実在論　94, 111, 113-114, 118-120, 122, 124-128, 130-131, 235

　―― 認識論　122, 234

　―― 判断　113-115, 118-119, 125-127, 129, 234-236, 240

　―― 文　ii, 49, 53-54, 58, 64, 113-116, 121, 127-128, 130-132, 234

透明性テーゼ　166-169, 173, 186

トピック　79-80, 87-98, 239

　―― 合成性　80, 82, 90, 95-97, 239

　―― 合成性問題　92, 95-96, 98, 239

　―― 同一性　79

ドメイン　36, 77-92, 94-99, 101-103, 131, 133, 135, 137, 139, 223, 239, 246

　―― 同一性　80

トリヴィアルな真理の問題　151, 153, 156, 158-159, 161-162, 174

な　行

二階の認識的評価の問題　179, 186, 191-192, 195, 200, 203, 220

認識的記述主義　177-178, 198, 202, 218

認識的規範　180, 183, 188, 190-193, 195-196, 198-199, 201-204, 218-221

認識的構成主義　142, 144-145, 149, 153, 163-175, 227

認識的事実　177-179, 181-183, 189-190, 192-193, 195, 202, 204-206, 209-211, 215-220,

270 事項索引

228-229, 231, 246
認識的対象　178, 180-181, 186, 193, 209
認識的対等者　239
　強い対等者　239, 241
認識的地位　121-123, 207, 234
認識的に関連する事実　181, 193
認識的評価　iii, 142, 151-152, 177-190, 192, 195-198, 200-204, 206, 209-211, 215-221, 229-230, 236, 240, 242-244
　──の基準1　203-204, 220
　──の基準2　203-204, 220
　──の基準3　203-204, 218, 220
　一階の──　186, 188, 191-192, 195-197, 210
　直接的な──　183-184, 187, 189, 191, 197
　二階の──　186-189, 191-192, 195-197
　派生的な──　184, 187
認識的表出主義　177-183, 186-193, 195-204, 210, 218, 220, 246
認識的理由　iii, 34, 142, 143-156, 158-161, 163-165, 167-176, 177-178, 182, 186, 189-190, 192-193, 195, 204-206, 218, 246
　──の規範性　iii, 34, 142, 143-145, 147, 149-151, 153-157, 159, 161-165, 173-176, 177, 246
　──のデフレ主義　159, 161-163, 173-175
認識様相　204-205
認識論　i-iii, 1, 3, 34, 62, 71, 97, 116, 122, 124, 133, 136, 139-140, 141-148, 152, 160-161, 163, 173-175, 177-178, 180, 203, 206, 211, 214-215, 217-221, 224, 226, 228-229, 234, 236, 244, 246
認知主義　115, 125, 128-131

は　行

反主意主義　153, 165-166, 170-173
非自然的事実　111, 118, 124
非認知主義　128, 131
評価的判断　87, 89, 92, 94
評価的判断命題の問題　87, 89, 92, 98
表出　116, 128-129
表出主義　111, 115-116, 118, 128-132
表象的　183-184, 187, 189, 191
開かれた問い　54, 130

──論法　54, 124
不一致からの論証　118-122, 124, 126-127, 130-131
プラグマティズム説　38, 61-65, 69-72, 111, 133, 135, 138, 186, 226, 230-232, 244, 245
　インフレ主義プラグマティズム　65, 70-72
　デフレ主義プラグマティズム　65, 70-71
　ニュープラグマティズム　69
　ネオプラグマティズム　69
　プラグマティズムの格率　62-64, 69
　プラグマティズムの真理テーゼ　61, 65-66
プラティチュード　77-78, 82-87, 91, 94-95, 98-99, 135, 137-140, 142, 143, 148-151, 162-163, 165, 171-172, 174-175, 177, 210-214, 217-221, 223, 225-229, 231-234, 237-239, 241-243, 246
　──①　77, 86, 88, 93-94, 99, 137-139, 141, 212-220, 223-224, 228, 230, 242
　──②　77, 86, 137-139, 141, 213-220, 223-224, 228, 230, 242
　──③　77, 86, 137-139, 141, 165, 212-220, 223-224, 228, 230, 242
フレーゲ・ギーチ問題　129-130
文脈原理　96-97
分離性　183-184, 186, 195
保証　38, 61-72, 75, 122, 138, 194, 212, 226, 229, 231-232, 244
本性的説明役割アプローチ　33-34, 35, 102, 133, 135-137, 139, 141-142, 175, 245-246

ま　行

命題　1-3, 8-18, 20-21, 23, 30-33, 35-37, 39-41, 55-66, 69-72, 73-83, 86, 90-92, 96-98, 102-104, 106-111, 122-123, 135-140, 141-142, 144-146, 150-158, 160-165, 167-168, 171-172, 174, 180, 184-185, 187-188, 192, 194-199, 201, 205-221, 223-232, 234-244, 247
　一階の──　123
　原子──　51-53, 78-81, 89
　高階の──　123-124, 169
　構造化された──　41-43, 51, 57, 113
　混合原子──　87, 89-90, 94-95
　道徳──　49-50, 58, 60, 111-118, 122, 125,

129-133, 236, 240, 242
トリヴィアルな―― 144, 153
否定―― 49, 53, 72
評価的判断―― 87, 89, 92-94
複合―― 51-53, 79
フレーゲ―― 41-42, 45
ラッセル―― 41-42, 45, 78
メタ認識論 iii, 34, 177-178, 190, 198, 204, 218, 246
目的論 142, 144-145, 149, 151, 153-154, 158-159, 162-163, 173-175
基づけ関係 207

ら　行

理由 iii, 144-146
規範―― iii, 145-154, 158-160, 163, 173-175, 177, 246
実践的―― 145, 147-148, 150, 158, 166, 171, 186, 233
説明―― 146
正しい種類の―― 147, 150, 165

認識的―― iii, 34, 142, 143-165, 167-176, 177-178, 182, 186, 189-190, 192-193, 195, 204-206, 218, 246
間違った種類の―― 147
例化 4, 7-11, 24, 27, 32-33, 35-36, 37, 39, 43-44, 49, 53-55, 70-71, 73, 79-83, 85-86, 99, 103, 109, 113-115, 118-119, 121, 125, 135, 137-140, 141-142, 144, 150, 153, 165, 172, 174, 178, 180-182, 204-205, 209-211, 213-218, 221, 223, 228, 231, 243, 246
論理原子主義 51-53
論理定項 51-53

アルファベット

AD（Alexander's Dictum） 106-108
Causal 条件 109-110
ES →同値図式
NFP（Neo-Fregean Principle） 106-107
RKR 問題（正しい種類の理由の定式化問題） 147-148, 150, 154, 158-161, 163-165, 173-175

著者略歴

1991 年　神奈川県に生まれる
2023 年　一橋大学大学院社会学研究科博士課程修了　博士
　　　　（社会学）
現　在　東洋大学国際共生社会研究センター研究助手
主論文　「真理の多元主義は実質性を保てるか」（『科学哲学』
　　　　53-1，2020 年）
　　　　「対等者間の不一致における妥協主義の擁護論証を
　　　　補強する」（*Contemporary and Applied Philosophy*
　　　　13，2021 年）
　　　　「認識的表出主義の二つの問題は本当に解決された
　　　　のか」（『哲学』73，2022 年）ほか

真理の本性　真理性質の実質性を擁護する

2024 年 9 月 20 日　第 1 版第 1 刷発行

著者　須　田　悠　基

発行者　井　村　寿　人

発行所　株式会社　勁　草　書　房

112-0005 東京都文京区水道 2-1-1　振替 00150-2-175253
　　　　（編集）電話 03-3815-5277／FAX 03-3814-6968
　　　　（営業）電話 03-3814-6861／FAX 03-3814-6854
　　　　　　　　　　　　　　　　　　精興社・牧製本

© SUDA Yuki 2024

ISBN978-4-326-10342-3　　Printed in Japan　

〈出版者著作権管理機構 委託出版物〉

本書の無断複製は著作権法上での例外を除き禁じられています。
複製される場合は、そのつど事前に、出版者著作権管理機構
（電話 03-5244-5088，FAX 03-5244-5089，e-mail: info@jcopy.or.jp）
の許諾を得てください。

＊落丁本・乱丁本はお取替いたします。
　ご感想・お問い合わせは小社ホームページから
　お願いいたします。

https://www.keisoshobo.co.jp

ダンカン・プリチャード／笠木雅史 訳
知識とは何だろうか
認識論入門

4400 円

上枝美典
現代認識論入門
ゲティア問題から徳認識論まで

2860 円

ミランダ・フリッカー／佐藤邦政 監訳・飯塚理恵 訳
認識的不正義
権力は知ることの倫理にどのようにかかわるのか

3740 円

野上志学
道徳的知識への懐疑

5500 円

蝶名林亮 編著
メタ倫理学の最前線

4400 円

ポール・ホーリッジ／入江幸男・原田淳平 訳
真　理

3850 円

シェリル・ミサック／加藤隆文 訳
プラグマティズムの歩き方
21 世紀のためのアメリカ哲学案内

上 4180 円／下 3850 円

児玉聡
功利と直観
英米倫理思想史入門

3520 円

＊表示価格は 2024 年 9 月現在。消費税 10％ が含まれております。